W0196505

GOLDMANN
Lesen erleben

Buch

Kann man sich noch ein Leben ohne Spülmaschine vorstellen? Will man den Rollkoffer wieder gegen den Rucksack eintauschen? Sascha Tegtmeier und seine Frau Paulina, beide Mitte dreißig, haben Deutschland für sechs Monate den Rücken gekehrt. Sie wollten um den Globus reisen, waren aber nicht bereit, ihr Hotelzimmer mit Kakerlaken oder einen Schlafsaal mit betrunkenen Mitreisenden zu teilen. Denn etwas Komfort möchte man sich mittlerweile doch schon gönnen. Mit diesen Ansprüchen sprechen sie vielen aus der Seele: Flashpacking heißt diese Art zu reisen und ist mittlerweile ein globaler Trend. Mit ihren unterhaltsamen Geschichten von Schlangen, Schamanen und Klimaanlagen ermutigen Sascha und Paulina alle Exbackpacker und spätberufenen Komfort-Abenteurer, den Rucksack zu entstauben und in die Welt zu ziehen. Mit praktischen Flashpacker-Tipps – ob für eine Woche Urlaub oder ein Jahr Auszeit.

Autor

Sascha Tegtmeier, Jahrgang 1978, hat schon als Zehnjähriger seine Traumrouten in den Weltatlas eingezeichnet und mithilfe der väterlichen Schreibmaschine seine Abenteuergeschichten zu Papier gebracht. Nach einem Studium der Journalistik und Germanistik in Leipzig war er als Redakteur bei der taz in Berlin tätig. Seit einigen Jahren denkt er sich PR-Konzepte für Unternehmen und die Politik aus. Gemeinsam mit seiner Frau Paulina nimmt er sich immer mal mehrmonatige Auszeiten, um die Welt zu erkunden – als Flashpacker. Beide leben in Berlin.

SASCHA TEGTMEIER

»Ich nehm dann mal das Upgrade!«

Als Komfort-Abenteurer um die Welt

GOLDMANN

Den Soundtrack zum Buch gibt es beim Musikstreamingdienst Spotify. Für jedes Kapitel hat der Autor dort eine Playlist hinterlegt, die für ihn das Thema und die Stimmung des Landes wiedergeben und das Reisen im Kopf begleiten. Über die Suchfunktion lassen sich die Kapitel und der Autor finden. Die Spotify-App ist kostenlos. Lediglich um die Lieder in der gewünschten Reihenfolge zu hören, bedarf es eines kostenpflichtigen Accounts.

Die in diesem Buch geschilderten Erlebnisse sind höchst subjektiv. Alle Fakten sind nach bestem Wissen und Gewissen recherchiert. Namen wurden teilweise zum Schutz der Persönlichkeitsrechte geändert. Der Autor und seine Ehefrau versichern aber, wirklich Sascha und Paulina zu heißen, tatsächlich an allen Orten gewesen zu sein und von keiner Firma oder Privatperson für das Erwähnen von Produkten oder Dienstleistungen Geld erhalten zu haben.

Alle Ratschläge in diesem Buch wurden vom Autor und vom Verlag sorgfältig erwogen und geprüft. Eine Garantie kann dennoch nicht übernommen werden. Eine Haftung des Autors beziehungsweise des Verlags und seiner Beauftragten für Personen-, Sach- und Vermögensschäden ist daher ausgeschlossen.

Der Verlag weist ausdrücklich darauf hin, dass im Text enthaltene externe Links vom Verlag nur bis zum Zeitpunkt der Buchveröffentlichung eingesehen werden konnten. Auf spätere Veränderungen hat der Verlag keinerlei Einfluss. Eine Haftung des Verlags für externe Links ist daher ausgeschlossen.

Das Max-Frisch-Zitat stammt aus: Max Frisch, Stiller.
© Suhrkamp Verlag Frankfurt am Main 1954.
Alle Rechte bei und vorbehalten durch Suhrkamp Verlag Berlin.

Verlagsgruppe Random House FSC® N001967

 Dieses Buch ist auch als E-Book erhältlich.

1. Auflage
Originalausgabe August 2017
Wilhelm Goldmann Verlag, München,
in der Verlagsgruppe Random House GmbH,
Neumarkter Straße 28, 81673 München
Umschlag: UNO Werbeagentur, München
Umschlagmotiv: FinePic®, München
Bildnachweis: Wegweiser: © shutterstock/Petr Vaclavek
Globus: © shutterstock/nikiteev_konstantin
Redaktion: Antonia Zauner
Satz und Layout: Buch-Werkstatt GmbH, Bad Aibling
Druck und Bindung: GGP Media GmbH, Pößneck
JE · Herstellung: IH
Printed in Germany
ISBN 978-3-442-17661-8
www.goldmann-verlag.de

Besuchen Sie den Goldmann Verlag im Netz

»Warum reisen wir? Auch dies, damit wir Menschen begegnen,
die nicht meinen, dass sie uns kennen ein für allemal;
damit wir noch einmal erfahren,
was uns in diesem Leben möglich sei –
es ist ohnehin schon wenig genug.«

MAX FRISCH

Für Paulina.

Inhalt

1. Wie wir wurden, was wir sind: Flashpacker.   13

2. Übernachten: Wie gut darf
ein Rucksackreisender schlafen?   27
   Ok, wir nehmen dann mal das Upgrade!
       Krüger-Nationalpark, Südafrika   29
   Übers Internet oder vor Ort:
   Warum die Zimmersuche nachts im Dschungel
   schwerfällt.
       Ilha Grande, Brasilien   41
   Traue keinem unter 30 Likes: Wie man nicht
   auf geschönte Hotelbewertungen hereinfällt.
       Matalla / Merissa, Sri-Lanka   46
   In Betten von Fremden: Airbnb
   Verschiedene Orte   58
   Hotel oder Hostel: Wo die Hängematten
   am schönsten schwingen.
       Salta / Tilcara, Argentinien   65
   Wie man sich Luxus für einen Tag gönnt.
       Yangon, Burma   74

3. Komfort-Abenteuer:

Wie gefährlich darf es sein? 79

Warum ich den Inca Trail nicht laufe –
und Machu Picchu trotzdem ein Riesenabenteuer wird.

Cusco/Aguas Calientes, Peru 81

Der Teufel, Koka, Superfood – und Horizonte voller Salz.

Tupíza/Salar de Uyuni, Bolivien 96

Wie ich mich auf einem Surfbrett in die Wellen
der Haibucht stürze – und warum die Kids
vom Township es trotzdem besser können.

Muizenberg/Monwabisi, Südafrika 108

Warum man sich beim Sandboarding nicht
entspannen sollte.

Huacachina, Peru 115

Wie ich fast in einer mexikanischen Telenovela
auftauche – und am Ende eine Maske trage.

Mexiko-Stadt 120

4. Essen und Trinken:

Wie genießt ein Rucksack-Gourmet? 135

Rooftopbars, ein Restaurant überm Fluss
oder lieber der Bananenpfannkuchenpfad?

Bangkok, Thailand
Inle See, Burma 135

Reisespeisekarte: Mit Genuss um den Globus

Verschiedene Orte 144

Wo das Rinderherz am rechten Platz sitzt,
Meerschweinchen auf dem Grill landen
und roher Fisch ein Weltstar ist.

Peru 150

Wo die Heuschrecken knacken, der Taco trieft
und die Mole mundet.
Mexiko 155
Wo Hühnerfüße scharren, eine Ente ganz schön
aufgeblasen ist und Knödel an warme
Semmeln erinnern.
   China 162
Wo man das beste Steak der Welt isst –
und wer als Kaffeebauer eine gute Figur macht.
   Kolumbien 168
In welcher Weinregion wir berauscht in
einem Park erwachten – und wo Penismännchen
beim Traubengenuss stören.
   Yarra Valley, Australien
   Ica, Peru 176
Heimat in der Fremde: die Biere der Welt
   Verschiedene Orte 183

5. Von A nach B: Ist der Weg wirklich das Ziel? 187
Wie man mit Flipflops in den Bus springt.
   Sri Lanka 189
Flugzeug: Alle Flashpacker fliegen hoch.
   Über den Wolken und in Peru 198
Bus: Karaoke-Terror und Panne in der Pampa
   Mandalay/Yangon, Burma
   Córdoba/Salta, Argentinien 205
Camper: Wie Kängurus auf Hippies reagieren.
   Ostküste Australien 213
Auf zwei Rädern: Himmel und Hölle in Burma
   Mandalay/Bagan, Burma 224

6. Omm-Faktor:

Wie viel Spirituelles verkraftet der Flashpacker? 237

iTravel: Wie viel Omm geht, wenn du immer »on« bist?

Verschiedene Orte 239

Wie ein mexikanischer Schamane
mein Herz zum Schwitzen brachte.

Tepoztlán, Mexiko 250

Beim Buddha: Wie ich einen Hügel hinaufpilgere
und kein Kloster zum Meditieren finde.

Mandalay, Burma 256

Bula Bula, Bob: Wie wir in der Südsee Göttliches
entdecken.

Yasawas, Fidschi 265

Nachwort:
Was bleibt vom Flashpacking –
zurück in der Heimat? 273

Anhang 277

Paulinas Packtipps für Flashpacker 279

Danksagung 283

Länderverzeichnis 284

Register 285

1. Wie wir wurden, was wir sind

|||||||||||||||||||||||||||||||||||||||||||||||||||||||||||||||||||||||||||||||||||||||||||||||||||||||||

Flashpacker

 MUSIK ZUM LESEN
http://spoti.fi/2nUE0Ld

Auf gar keinen Fall!

Paulinas Reaktion auf meinen Vorschlag, in Nepal wandern zu gehen, lässt wenig Interpretationsspielraum. Sie wischt mit der rechten Hand harsch durch die Luft, streicht mit der Linken ihr schwarzes Haar glatt, kneift die Augen zusammen und lehnt sich nicht ganz untheatralisch zurück. Selten sind Worte und Körpersprache eine so enge Verbindung eingegangen, wie an diesem Samstagnachmittag in einem Kreuzberger Café. Ich zücke möglichst lässig mein Smartphone, um einige Reiseblogger zu zitieren.

Als Argumentationshilfe sind diese Tagebuchschreiber im Netz ideal. Es muss ein Berufsethos geben, das besagt, dass in einem Reiseblog, jede noch so gottverdammte Gegend der Welt »atemberaubend« und für den Besucher »life changing« sein soll. Im Fall der von mir vorgeschlagenen zwölf zünftigen Tagesmärsche entlang des Annapurna-Gebirges kennt die Euphorie im Internet keine Grenzen. Die Menschen seien so unfassbar freundlich, die Landschaft ekstatisch schön und überhaupt: Es ist der H-I-M-A-L-A-Y-A, Baby! Außerdem kann man in einfachen *Teahouses* unterkommen, die wohl – und an der Stelle dachte ich, Paulina an Bord zu haben – auch über Duschen verfügen. Aber nichts kann sie angesichts der knapp zweiwöchigen Wanderung umstimmen. »No way«, sagt sie nun mit Nachdruck.

Meine Frau ist Mexikanerin – ein Volk, dem nicht nur Temperament, sondern auch Rigorosität nachgesagt wird. Ein Vorurteil, an dem etwas dran ist, wie Paulina an diesem Märznachmittag im Café »Goldmarie« unter Beweis stellt.

Wir sind dabei, unsere sechsmonatige Weltreise zu planen, von der wir seit Jahren an langen Arbeitstagen träumen. Die Aussicht auf eine Auszeit von unseren Jobs in der PR- und Werbebranche erfüllt uns mit Vorfreude. An diesem Nachmittag wird uns erst richtig bewusst, wie groß die Planungsaufgabe ist, die vor uns liegt. Das beginnt bei der Wohnung (untervermieten?), über den Job (kündigen?) bis hin zur Anschaffung einer wasserdichten Kamerahülle.

Wir blättern in der Broschüre vom Junge-Leute-Abenteuer-Reisebüro einige Straßen weiter. Als hätten wir das Wetter als Kontrast zu unseren tropischen Reisezielen bestellt, peitscht der Regen gegen die Fensterscheibe des Cafés. Und als hätten wir die anderen Gäste nur zu diesem Zweck gecastet, gucken sie alle gänzlich unexotisch und unabenteuerlich auf ihren Käse-Streuselkuchen. Einer lässt gerade seinen Cappuccino zurückgehen, weil ihm zu viel Schokopulver auf dem Milchschaum liegt.

Fünf Standardrouten des *Around-the-World-Tickets* werden in der Broschüre mit farbenfrohen Weltkarten vorgestellt. Diese Paketangebote von Flügen sollen sich besser verkaufen durch Namen wie »Sushi, Scheich, Riesenschlangen«, »Die Schnorchel Connection« oder »Bambus, Teebaum und Holz vor Onkel Toms Hütte«.

Wir wollen uns – inspiriert von »For Locos Only« – eine eigene Route für unsere Weltreise ab November zusammenstellen und verhandeln darüber nun im Stile von »Tausche Nepal gegen Myanmar« und »Wenn China, dann Cook Islands«. Jahrelang habe ich als Kind mit dickem Bleistiftstrich meine Wunschrouten in den Diercke-Weltatlas eingezeichnet, mir alle Inseln, Kontinente, Städte und Meeresstraßen eingeprägt. Und im Sommer ging es dann meist wieder nur an die Ostsee.

Während meine aktuellen Reiseplanungen also vor allem auf diesen Träumen der 80er-Jahre beruhen, ist Paulina besser auf die Realität vorbereitet: Sie weiß längst, dass man günstiger nach Fidschi kommt als zu der von mir präferierten Südseedestination Cook Islands.

Organisierte Mexikanerin trifft auf unstrukturierten Deutschen. Überhaupt fällt es Außenstehenden schwer, uns einzuordnen. Insbesondere im Ausland. Da ist dieser kräftige Mittdreißiger mit mitteleuropäischen Gesichtszügen, braunen Haaren, rotblondem Vollbart und der Körperlänge eines Latinos. Und da ist die etwas jüngere Frau, die als Vorbild für Disneys Pocahontas hätte dienen können: Die bronzefarbene Haut der mittelamerikanischen Ureinwohner vermischt sich mit dem Körperbau der südeuropäischen Eroberer. Dazu kommt, dass wir in einem babylonischen Mix miteinander sprechen: Unsere romantische Ausdrucksform ist Spanisch, denn in dieser Sprache haben wir uns bei einem Austauschsemester in Madrid 2002 kennengelernt. Deutsch bestimmt oftmals den Alltag (»Ich hab einen Strafzettel vom Ordnungsamt.«). Und falls die Situation stressig wird – und das passiert natürlich auf einer Weltreise immer mal wieder –, sprechen wir Englisch miteinander. Dann gibt es weniger Missverständnisse und bei auseinandergehenden Meinungen sind unsere verbalen Waffen gleich.

Es geht an jenem Samstag im März in dem Café jedoch nicht nur um unsere Reiseroute, sondern auch um die Frage: *Wie* wollen wir reisen? Ich habe meine Abenteuer mit 16, 20, 25 im Kopf, als ich durch Europa und Südamerika getingelt bin. Damals nach der Leitlinie: Krasse Sachen erleben, die sich später zu Hause in 1a-Abenteuergeschichten gießen lassen. Und auch mit Paulina bin ich vor mehr als zehn Jahren, jung und frisch verliebt, durch Mexiko gereist: hygienisch fragwürdige Strandhütten, Dschungelwanderung und ein Riesenfreiheitsglücksgefühl im Bauch.

Doch jetzt möchte Paulina mehr Komfort und Planbarkeit. Wir haben in den vergangenen Jahren viel gearbeitet und noch keine Kinder zu versorgen, da haben wir uns ein wanzenfreies Bett auf der Reise verdient, so ihre grobe Argumentationslinie. Was sie wohl auch meint: Wir sind zu alt für die klassischen Leiden des Backpackers.

»Du kannst ja gern bei 40 Grad auf Hostelsuche gehen, ich buche lieber übers Internet«, sagt sie. Hatte ich schon erwähnt, dass Mexikanerinnen rigoros sind?

Paulina rutscht und rubbelt mit dem Finger auf der Karte über das peruanische Hinterland und sagt angesichts der straßentechnisch besonders heiklen Strecke: »Von Cusco nach Lima können wir für wenig Geld fliegen und uns die 24 Stunden im Bus sparen.«

Erlaubt der Backpacker-Gott solch einen schmerzlosen Komfort überhaupt, frage ich mich. Kann man das eigentlich abends im Hostel erzählen, wenn die anderen Reisenden von der aufreibenden, aber auch irgendwie »total magischen« Busfahrt berichten?

Aber Paulina hat recht. Wir sind Mitte 30, seit acht Jahren verheiratet und wohl einfach aus dem Abenteueralter raus. Wer sich sein Ecksofa in die Wohnung liefern lässt, Versicherungen für alle Lebenslagen abgeschlossen hat und ein Dasein ohne Spülmaschine als möglich, aber sinnlos erachtet, kann so jemand – also ich – überhaupt noch als echter Backpacker reisen?

Kann man den Rollkoffer im Kopf noch gegen den Rucksack eintauschen?

Cut, Szenenwechsel. Wir springen neun Monate in die Zukunft und rund 11 000 Kilometer gen Südwesten ins bolivianische Sucre – eine prächtige Kolonialstadt, die einiges über sich ergehen lassen musste. Das Sicht- beziehungsweise Hörbarste: Die meisten Besucher sprechen den Namen des Städtchens in den Anden falsch aus – so als wären französische und nicht spanische Kolonialherren für die herrlich weißgetünchten Gebäude in der Altstadt verantwortlich. Jedes Mal, wenn ein Besucher also von »Sücre« anstatt »Sucre« spricht, dreht sich vermutlich der Freiheitskämpfer und Namenspate Antonio José de Sucre in seinem Grab um.

Wohl wesentlich ärgerlicher für die heute 200 000 Einwohner: Die Hauptstadt Boliviens hat im 19. Jahrhundert gewaltig an Bedeutung verloren. Weil der Abbau von Silber in der Region plötzlich nicht mehr so rundlief und Sucre mit seiner Lage auf 2800 Metern schon immer schwer zu erreichen war, ist die Regierung kurzerhand in die noch höher gelegene Stadt La Paz gezogen. Aber wer die *Sucreños* heute auf der Plaza mit der Ruhe eines sedierten Zen-Buddhisten flanieren sieht, gewinnt den Eindruck: Vielleicht sind sie hier auch ganz froh, dass alles genau so gekommen ist.

Eine der wichtigsten Einnahmequellen der regierungslosen Hauptstadt sind mittlerweile die Nordamerikaner und Europäer, die sich einige Wochen in der Stadt einquartieren, durch das UNESCO-Weltkulturerbe an kolonialen Gebäuden und unzähligen Kirchen vorbeischlendern und die Sprache lernen. Für im Vergleich zu Granada oder Barcelona sehr wenig Geld können Rucksackreisende die ansässigen Spanischlehrer in den Wahnsinn treiben.

Paulina und ich sind hier in Sucre, um uns von den Strapazen unserer Tour entlang der ausgetrockneten Uyuni-Salzseen zu erholen, die man angesichts der 4000 Meter Höhe wirklich als »atemberaubend« bezeichnen darf. Wir haben einige Nächte in der wohl beliebtesten Unterkunft der Stadt gebucht, im »Café Berlin«. Das ehemalige deutsch-bolivianische Kulturzentrum hat Klaus aus Karlsruhe mit seiner bolivianischen Frau zu einem Hostel für rund 80 Gäste umgebaut. Der blonde Mann Ende dreißig reiste vor einigen Jahren mit dem Rucksack durch Südamerika und kam nach Sucre, um Spanisch zu lernen. Aber nicht nur die koloniale Architektur mit Blick auf die umliegenden Berggipfel faszinierte ihn.

»Ich habe mich an einem meiner ersten Tage in eine Bolivianerin verliebt«, sagt er und erzählt mir bei einem Hefeweizen seine Geschichte in aller Kürze. Klaus blieb, heiratete, bekam Nachwuchs und nahm das große Projekt »Café Berlin« in Angriff.

In einem der geräumigen Innenhöfe seines Hostels lernen auch an diesem Tag die Gäste ihre Spanischvokabeln und essen Empanadas oder eben deutsche Currywurst. Hier hocken College-Mädels aus den USA, die ihre Hotpants aus der Heimat mit traditionellen Anden-Accessoires wie bunten Alpaka-Pullovern und den Indio-Bommelmützen kombinieren, die man noch von den Panflötisten aus Fußgängerzonen der 90er-Jahre kennt. Jungs aus Deutschland, Frankreich oder England zeigen sich gegenseitig (und möglichst auch den Hotpants-Mädchen) ihre Verletzungen, die sie sich beim Mountainbiken zugezogen haben. Aber auch Thirtysomething-Pärchen wie Paulina und ich schlürfen hier ihren Coca-Tee und blicken auf die Jüngeren und damit auch ein wenig auf ihr Leben zurück.

Heute ist im Café Berlin *Party Night,* wie eigentlich immer, aber nun heißt der Abend auch so. Ich tanze aus einer Laune heraus Salsa mit dem betrunkenen Holländer Felix, wie nur zwei mitteleuropäische Männer ohne Tanzausbildung und ohne Talent miteinander Salsa tanzen können. Paulina lacht mir zu, sie muss mich wirklich mögen.

Felix ist Anfang 20 und trägt einen Rauschebart, um den ihn Berliner Hipster und der Kaufhausweihnachtsmann, den ich später in Lima kennenlerne, sicher beneiden würden. Durch Habitus (»Alter, trink doch mal dein Bier aus.«) und Reiseweise (»Der Schlafbus ist zu teuer.«) verkörpert er die Definition eines Backpackers. Ich erwäge ernsthaft, sein Foto zu dem entsprechenden Wikipedia-Beitrag zu stellen.

Felix ist seit einigen Monaten in Südamerika unterwegs und nun in Bolivien »hängengeblieben«, wie er mir bei einer Tanzpause sagt. Dabei krault er sich den Bart und schwenkt mit der anderen Hand seine 600-Milliliter-Flasche der bolivianischen Biermarke *Potosina*.

Während wir zu lauten Latinorhythmen mit herausgestrecktem Po wackeln, versuchen Backpacker in den Schlafsälen über uns ihre Magen-Darm-Probleme auszukurieren – oder unterhalten sich wie Veteranen eines Verdauungskriegs über ihre erfolgreich bekämpften Durchfallkrankheiten. Meist hat es mit einem Snack an einem »total untouristischen Ort« und am Ende mit Amöbenruhr zu tun.

Als Paulina und ich einige peinliche Tanzmomente später und einen Innenhof weiter die Tür unseres ruhigen Gartenhäuschens öffnen – und nicht wie Felix in einen der Gemeinschaftsschlafsäle stolpern –, kommt mir ein Gedanke, eine Erkenntnis sogar: Wir haben unseren eigenen Reisestil gefunden. Wir erleben das riesige Abenteuer der Rucksackweltreise, buchen uns jedoch den Komfort eines Doppelzimmers mit Bad dazu. Wir reisen weder übertrieben luxuriös noch scheuen wir, ein paar Euro mehr auszugeben, um bequemer zu übernachten oder von A nach B zu kommen. Und diese Art zu reisen hat bereits einen Namen, den ich in den vergangenen Wochen immer wieder gehört und im Internet gelesen habe: Wir sind *Flashpacker*.

Zunächst dachte ich: Was soll das überhaupt heißen, Flashpacker? Sind das Backpacker, die blitzschnell reisen? Tatsächlich hat es mit der Geschwindigkeit nichts zu tun. Das englische Wort *flashy* heißt »schick« und passt recht gut zu diesem neuen Phänomen, das nach dem Rucksackreiseboom der 90er-Jahre der nächste große Trend werden könnte. Flashpacker – das sind Rucksackreisende, die ihre Nächte komfortabler verbringen wollen als in Schlafsälen, wo es *bes-*

tenfalls nach Socken müffelt. Wir Flashpacker haben zwar den Rucksack dabei, nehmen aber, wenn möglich, das Upgrade: das schönere Zimmer, den bequemeren Sitzplatz. Das bedeutet keinesfalls, dass wir über ein Luxusbudget verfügen, aber eben über ein komfortableres als mit 18. Bei einem guten Angebot gönnen wir uns deshalb auch mal ein wenig Dekadenz und buchen etwa ein Zimmer in einem Boutiquehotel. Wir ziehen die Weinprobe der Bierbong[1] vor und buchen unsere Übernachtungen meist im Voraus mit Smartphone oder Laptop. Flashpacker wollen beides: Abenteuer und Komfort. Schamane und Klimaanlage. Dschungel und gutes Essen. Wir sind Komfort-Abenteurer.

Damit geht eine neue Art von Freiheit einher. Zum einen ist der Flashpacker frei von dem Leistungsgedanken, Abenteuersuperlative mit nach Hause bringen zu müssen: Schwimmen mit den gefährlichsten Haien, der höchste Bungeejump, das strikteste Schweigekloster. Zum anderen ist er frei von dem Anspruch, Antworten auf fundamentale Lebensfragen finden zu müssen. All das kann man natürlich machen und erleben, aber im Unterschied zum Backpacker fühlt man sich als Flashpacker nicht dazu verpflichtet.

Es ist wohl kein Zufall, dass wir uns hier im bolivianischen Café Berlin unseres Reisestils bewusst werden – wohnen hier doch Backpacker in einem und Flashpacker im anderen Teil des Hostels. Und vor allem ist es wohl kein Zufall, dass mir mit Blick auf unser Gartendomizil – eine im Dschungelgrünen gelegene Hütte mit Hängemat-

---

1 Eine Bierbong ist eine Trinkvorrichtung (meist ein Schlauch mit Einfülltrichter), die es dem Nutzer erlaubt, große Mengen Bier in kürzester Zeit zu konsumieren. Bitte probieren Sie das gar nicht erst aus, vor allem nicht zu Hause!

ten davor und Minibibliothek neben dem Bett – der Begriff wieder einfällt. Schrieb doch jemand in einer Online-Bewertung, diese Unterkunft sei wie gemacht für Flashpacker. Und das hat sich herumgesprochen: Wer hier im europäischen Winter spontan buchen will, bekommt höchstens noch ein Bett im Zehnmannschlafsaal.

»Alles richtig gemacht«, sagt Paulina auf unserer Veranda in die nächtliche Stille mit fernen Latinorhythmen hinein. Was sie vielleicht meint: »Habe ich doch recht gehabt.« Ich bin mir ziemlich sicher, mit dieser Einschätzung richtig zu liegen, weil ich Paulina gut kenne. Im Jahr 2007 heirateten wir gleich doppelt: zunächst vor dem Standesamt in meiner niedersächsischen Heimatstadt *Neustadt am Rübenberge,* einige Monate später mit kirchlichem Segen am mexikanischen Strand.

Gemeinsam zu reisen gehört seitdem zu unserer Ehe wie die Ringe an unseren Fingern. Der Beweggrund unserer Weltumrundung war daher auch nicht die Flucht vor unserem Leben in Deutschland. Es überwog der Wunsch, fremde Länder und Kulturen kennenzulernen. Anders ausgedrückt: Resetknopf im Kopf drücken, Horizont erweitern, andere Lebensentwürfe kennenlernen und nicht zuletzt landestypisches Essen und viel Sonne. Im Unterschied zu anderen Rucksackreisenden haben wir uns dabei eben nicht die Suche nach dem Sinn des Lebens vorgenommen oder uns anderen spirituellen Aufgaben gewidmet. Unsere Reise ist von Anfang an nicht als veganer Selbstfindungstrip angelegt.

Seit jenem verregneten Samstag in Berlin, als wir unsere Auszeit planten, haben wir unseren Reisestil immer wieder leicht verändert. *Feingetunt.* Paulina und ich haben uns auf einen gemeinsamen Standard geeinigt: Doppelzimmer mit eigenem Bad. Aber der Grad des Komforts variiert von Tag zu Tag und von Land zu Land. Mit dem Geld, das man beispielsweise beim Campen in Australien pro Nacht ausgibt, lässt sich am Titicacasee in Bolivien eine zweigeschossige Hütte mit Panoramablick eine Woche lang mieten. Damals in Berlin habe ich mich gefragt, ob man den Rollkoffer im Kopf wieder gegen einen Rucksack eintauschen kann. Meine Erkenntnis im bolivianischen Café Berlin: Ja, aber man muss wissen, wie.

Dieses Buch gibt Flashpacker-Tipps, aber keine konkreten Anleitungen. Vielmehr möchte ich Lust machen auf eine Reise als Flashpacker – und zeige anhand unserer Weltrumrundung, wie das gehen kann. Egal, ob die Tour zwei Wochen oder ein Jahr dauert. Das Buch folgt dabei nicht chronologisch unserer Route, sondern behandelt die relevanten Themen für einen Flashpacker: von der Übernachtung über das Essen bis hin zum Transport. Unsere Erlebnisse in den unterschiedlichsten Ländern dienen als Anschauungsmaterial, das zeigen soll: Komfort und Abenteuer schließen einander nicht aus. So lassen wir uns beim mexikanischen Schamanen in einer Schwitzhütte das Böse austreiben, machen Yoga mit Blick auf Kapstadt, reiten durch den kolumbianischen Dschungel und entgehen traumwandlerisch zahlreichen Gefahren.

Wer früher als Backpacker gereist ist, wird feststellen: Es ist noch lang nicht zu spät. Denn wer nicht mehr nach der Maßgabe *billig-billig* und *krass-krass* unterwegs ist, kann ein Rucksackabenteuer genießen – obwohl er zu Hause seit Monaten an nichts anderes mehr denken kann, als sich endlich das *Sky-Sport-Abo* zu bestellen. Flashpacking ist somit eine neue Chance für Ex-Rucksackdraufgänger – es ist das zweite Leben der Backpacker. Auch wer noch jung ist, kann zu dieser neuen Generation der Rucksackreisenden gehören. Denn: Die Welt zu entdecken muss zu keinem Zeitpunkt des Lebens wehtun. Der Geruch von Freiheit muss nicht mit dem Gestank von alten Socken einhergehen. Freiheit kann auch nach frischen Blumen in der Premiumunterkunft duften.

Allen Definitionen zum Trotz: Flashpacking zeichnet sich dadurch aus, dass es keine reine Lehre, kein Dogma, geben kann. Je nach Land und Situation ergeben sich Abstufungen des Komforts beim Übernachten und den Verkehrsmitteln. Bei Flashpackern, die zu zweit, vielleicht sogar als Paar unterwegs sind, kann diese Flexibilität des Reisestils zu unterschiedlichen Meinungen führen. Zumindest ist das bei Paulina und mir so.

Was sind Flashpacker?

- Flashpacker sind die neue Generation von Rucksackreisenden. Sie sind mit mehr Komfort und höheren Ansprüchen unterwegs als klassische Backpacker. Dabei bleiben sie Individualreisende, die Pauschalangebote und Massentourismus möglichst meiden.

- Der Begriff ist eine Wortschöpfung aus Backpacker und »flashy«, Englisch für »schick«.

- Flashpacker behalten trotz des komfortableren Reisestils den Sinn fürs Entdecken, den Pioniergeist. Sie sind Komfort-Abenteurer, die ausgezeichnete Restaurants, abgelegene Landschaften und Kontakt zu Einheimischen gleichermaßen suchen, um das jeweilige Land kennenzulernen.

- Der Flashpacker ist tendenziell älter als der Backpacker und verfügt über ein höheres Budget. Er nimmt gern ein Upgrade: das Doppelzimmer mit Klimaanlage statt Zehnmannschlafsaal, den VIP-Bus mit Premiumsesseln anstatt des Hühnertrucks.

- Der Flashpacker ist gut ausgerüstet: In seinem modernen Rucksack verstaut er das aktuellste Smartphone und einen Laptop.

Wie gut darf ein Rucksackreisender schlafen?

Hängematte am Titicacasee: Der Komfort-Abenteurer genießt mit bolivianischem Instrument Charango den Tag im Rucksackreisestil — verbringt die Nacht aber im Doppelbett der zweistöckigen Lehmhütte.

MUSIK ZUM LESEN

http://spoti.fi/2oyefhg

Ok, wir nehmen dann mal das Upgrade!

Krüger-Nationalpark, Südafrika

Unglaublich, aber nah: Zwei Löwenbrüder blicken auf Paulina im offenen Jeep.

»Nur eines noch«, sagt Luke mit genuschelter Beiläufigkeit. *One more thing.* Es entsteht eine Pause, weil unser Guide an der Küche des Camps herumnestelt. Er bindet einen Knoten, ohne den die Koch-stätte vermutlich mit einem Rumms auf dem staubigen Savannen-boden zusammenklappen würde. Paulina, ich und vier weitere Rucksackreisende, die eine viertägige Low-Budget-Safari durch den

Krüger-Nationalpark gebucht haben, warten. Geduldig – schließlich wollen wir nicht schon uncool erscheinen, bevor wir überhaupt den ersten Löwen gesehen haben.

Luke fährt fort: »Wenn ihr nachts vom Zelt zum Toilettenhäuschen lauft, passt gut auf, manchmal besucht uns eine Leopardin.«

Nach sechs Stunden in einem Van von Johannesburg hierher an den Rand des berühmtesten Nationalparks Südafrikas laufen die Fragen sehr langsam durch meine Hirnwindungen: Was bedeutet »gut aufpassen«? Und was passiert genau, wenn man nicht »gut aufpasst«?

Letzteres kann ich mir vorstellen, hatten wir doch auf dem Weg hierher ein *Sanctuary* besucht – ein Auffangbecken für kranke oder von Wilderern verletzte Tiere. Dort konnten wir uns, durch einen Zaun getrennt, einen Eindruck von den Zähnen eines Leoparden verschaffen. Fest steht: Meine unerfreuliche Begegnung mit einer Brotschneidemaschine als Vierjähriger erschien mir im Vergleich dazu wie eine Wellnessbehandlung.

Bevor jemand von uns die Fragezeichen im Kopf laut formulieren kann, schießt Luke direkt hinterher: »Und bitte macht die Reißverschlüsse der Zelte auch tagsüber gut zu, sonst suchen sich womöglich Schlangen ein warmes Plätzchen bei euch.« Er sagt das in sachlichem Ton, obwohl sich der Inhalt gut für den Singsang einer RTL2-Reportage eignen würde. *Schock im Krüger-Nationalpark: Deutsch-mexikanisches Paar von Riesenschlange verschlungen. Südafrikanischer Tourguide Luke zu der Tragödie: »Ja, das passiert hier öfters mal.«*

Wer ist dieser Luke? Zunächst einmal: Männer wie er tragen keinen Nachnamen. Zu viel Schnickschnack. Seine kräftig gedrungene Rugby-Statur hat er von den britischen Kolonialherren geerbt, die Ende des 18. Jahrhunderts die Niederländer von diesem Territorium vertrieben. Unter der südafrikanischen Sonne ist der Mann mit den blonden, fettigen Locken in rund 35 Jahren zu einer Mischung aus Indiana Jones und Kurt Cobain herangereift. Vom Film-Abenteurer hat er das Verwegene und von dem Grunge-Musiker das Verpeilte. Und die Frisur.

Seine Warnung vor den Schlangen erscheint Paulina und mir nicht abwegig. Wir hatten eine Stunde zuvor – gerade vom Van in Lukes Safarijeep umgestiegen – ein Prachtexemplar auf der Straße gesehen: eine dicke, braune Puffotter. Luke hielt den Geländewagen kurz an, um uns das Reptil vorzustellen. Die negativste Charaktereigenschaft der Puffotter: Ihr Gift lässt das Blut des Opfers verklumpen und das Gewebe um den Biss herum rasch absterben.

Aber, und das ist die gute Nachricht, es existiert ein Antiserum. Wer von der Puffotter gebissen wird, hat komfortable zwei Tage Zeit, in das Krankenhaus seiner Wahl zu schlendern, bevor er qualvoll an den Folgen des Giftes stirbt.

»Wenn euch die Puffotter beißt, bestellt einen Krankenwagen«, rief Luke vom Fahrersitz nach hinten, der Dieselmotor knatterte dazu im Leerlauf. »Wenn euch aber die Boomslang erwischt, dann ruft nur noch schnell eure Mutter an, um euch zu verabschieden.« Gegen das Gift dieser Baumschlange im Krüger-Park existiert kein Serum. Für den Menschen ist es innerhalb weniger Stunden tödlich.

Luke weist nicht nur, was die Rhetorik angeht, Ähnlichkeiten mit dem Dalai-Lama auf. Wie der Tibeter hat offensichtlich auch Luke den *Circle of Life* voll und ganz akzeptiert. Ob eine Antilope dran glauben muss oder einer seiner Gäste – ich bin mir nicht sicher, ob es für Luke einen Unterschied macht.

Paulinas Gesicht verrät mir: Auch sie erinnert sich an die Puffotter-Begegnung eine Stunde zuvor. Meine Frau hat weder ausgeprägte Angst vor Schlangen noch ist sie mit den Viechern besonders vertraut, nur weil sie in Mexiko aufgewachsen ist. In der 20-Millionen-Hauptstadt kreucht nie eine Viper durch den Berufsverkehr. Aber was Tiere in ihrem Zelt betrifft, ist Paulina sehr intolerant.

Ich habe zwar auch keine Lust auf Besuch in meinem Schlafsack, außerhalb unserer Schlafstätte würde ich aber gern weitere dieser Kriechtiere sehen. Schon als Kind war ich fasziniert von Schlangen. Obwohl die Kobras und Anakondas, die ich aus dem Magazin *Tierfreund* kannte, in der norddeutschen Tiefebene nicht heimisch sind, baute ich aus alten Holzbrettern eine Schlangenfalle im Garten auf.

Am Abend unseres ersten Tages im Krüger-Park erzähle ich Luke am Lagerfeuer von diesen vergeblichen Bemühungen. Und er lacht! Ja, in einigen Stunden findet er das richtig lustig. Jetzt aber steht er ernst in dieser Küche vor uns, die aussieht wie die Dschungelküchen in Bud-Spencer-Filmen: große Pfannen, die im Grünen hängen. Die Zelte, von denen schon die Rede war, schließen in Form einer kleinen Siedlung an. Und dann gibt es da noch diese Holzhütten mit eigenem Bad, von denen uns der Van-Fahrer bereits berichtet hatte. Gegen Aufpreis könnten wir dieses Upgrade bekommen und dort übernachten.

Neben mir lauscht eine junge blonde Frau in Funktionskleidung aufmerksam Lukes Erzählungen. Sie stammt aus Süddeutschland, ist am Ende einer sechsmonatigen Weltumrundung angelangt und will, so erzählte sie uns auf der Fahrt hierher, nur noch nach Hause – zurück zu ihrem Informatikstudium in Tübingen oder Darmstadt. Sie kann einfach nicht mehr: die stinkigen Schlafsäle, die schäbigen Busse, das ständige Weiterreisen. Steffi, so heißt sie, hat viel gesehen und viel gelitten, jetzt reicht's ihr.

Ein Deutscher Ende 40, der von sich behauptet, fast alle Länder der Welt bereist zu haben, steht schlaksig mit verschränkten Armen an Steffis Seite. Die abnehmbaren Hosenbeine seiner Tropen-Cargo-Hose ruhen auf seinen Schultern. Der Mann mit dem altmodischen

Namen Walter will, so stellt sich heraus, vor allem die kompletten Big Five (Elefant, Büffel, Nashorn, Leopard, Löwe) sehen – und möchte sie in der Tradition der kolonialen Großwildjagd schießen. Anstatt des größtenteils aus der Mode geratenen Gewehrs nutzt er dazu seine Kamera. Die digitale Spiegelreflex ist mit einem Zoom in Kinderarmlänge ausgestattet. Man merkt: Walter will alles genau dokumentieren, und er hakt gern ab. Er ist der Typ *Been there. Done that.* Ich bin sehr froh, dass ich niemals zu einem seiner »Diavorträge« gehen muss, die er vermutlich im örtlichen Freizeitzentrum anbietet. Auf den Plakaten in der Fußgängerzone steht dann: Walter wagt die Wildnis.

Während ich beim Beobachten meiner Mitreisenden mit den Gedanken abschweife, beginnt Luke die nächste warnende Anekdote. Es geht um den Honigdachs. Der sei nämlich, das wisse ja kaum jemand, eines der gefährlichsten Tiere Südafrikas. Im *Sanctuary* hatten wir bereits einen Honigdachs gesehen. Dieses Tier mit gräulichem Fell, das nicht größer als ein Schäferhund daherkommt, verfügt über die Gabe, Testosteron zu erschnüffeln. So verbeißt es sich zielsicher in die Hoden von Lebewesen jeglicher Größe und lässt – egal ob Zebra, Löwe oder Büffel – das Männchen ganz langsam verbluten.

Diesen Racker musste Luke – so berichtet er uns – eines Abends bekämpfen, um seine Männlichkeit zu verteidigen. Der Südafrikaner trägt keinerlei Waffen bei sich und verschanzte sich deshalb hinter einem Baum der Küche und warf Pfannen, Teller und Gläser auf das aggressive Vieh. Nach unzähligen Gabelsalven und halbstündigem Schreien verging dem Honigdachs wohl die Lust an seinem Opfer, und er verschwand.

Ein israelisches Paar hat sich inzwischen für eine Hütte begeistern lassen. Man könnte den Eindruck gewinnen, Luke baue absichtlich Drohszenarien auf, um die teureren Hütten zu besetzen. Aber wie sich im Laufe der darauffolgenden Tage herausstellt, ist er wirklich kein Vertriebstyp.

Ich begegne seinen Storys, wie ich es immer tue, wenn ich mich angesichts möglicher Gefahren beruhigen will: mit Statistik und Medienberichterstattung. Wie hoch ist die Wahrscheinlichkeit, dass ich mit Toilettenpapier unterm Arm nachts von einer Leopardin verspeist werde? Und solange ich mich nicht an die Headline »Deutscher von Honigdachs entmannt« auf Spiegel-Online erinnern kann, wird die Gefahr schon nicht allzu groß sein.

Außerdem: Wenn wir die vier Nächte hier überstanden haben, sind das doch die Geschichten, die du am besten zu Hause erzählen kannst: »Als ich gerade auf dem Weg zum Klo war, sah ich diese Augen im Dunkeln funkeln …«

Während ich an solche Heldengeschichten denke, erfragt Paulina bereits, wie teuer das Upgrade auf die Holzhütte eigentlich genau wäre. Ich überlege: Kann man das später den Backpackern erzählen? Sind wir Warmduschabenteurer, wenn wir in die Hütte ziehen?

Steffi erkundigt sich nach den Moskitonetzen im Zelt und schiebt sich währenddessen eine Malaria-Prophylaxe-Tablette in den Mund. Lukes Antwort höre ich gar nicht mehr, weil meine Gedanken zu laut werden. Wir haben uns vor der Reise überlegt, nichts gegen die Krankheit zu tun. Nur Mückenstiche vermeiden. Als ich sehe, dass alle Safariteilnehmer ihre Pillen zücken, komme ich ins Grübeln, ob das die richtige Entscheidung war. Die Hütten, das kann ich von der Dschungelküche aus sehen, haben Moskitonetze vor den Fenstern. »Ja klar gibt's hier Malaria«, antwortet Luke auf meine Frage. »Von Jahr zu Jahr wird es mehr.« Dann höre ich mich sagen:

»Ok, dude, wir nehmen dann mal das Upgrade.«

Das Upgrade ist ein Konzept, das die Deutschen lieben. Der Klassiker dabei ist der Mietwagen. Der gemeine Deutsche kennt ja kaum ein größeres Glücksgefühl als die Mitteilung beim Abholen des Leihautos, er bekomme ein Upgrade von der Economy- auf die Kompaktklasse. Für den gleichen Preis, versteht sich. Ich muss gestehen, da kann ich meine Herkunft nicht verhehlen: Mir schossen bei unseren Kurzreisen ans Mittelmeer auch direkt Endorphine ins Blut, wenn es ein kostenloses Upgrade gab – egal ob Auto, Zimmer oder Sitz im Flugzeug. Aber jetzt ist es etwas anderes: *Wir sind Rucksackreisende, verdammt noch mal!*

Und müssen Abenteurer nicht auf einer harten Isomatte oder einer bettwanzenverseuchten Matratze liegen, um das Land authentisch zu erleben? Muss man sich eigentlich schuldig fühlen, wenn man sich für die Hütte und gegen das Zelt entscheidet? Verpassen wir das Abenteuer? Sind wir Backpackbetrüger?

»So ein Quatsch«, unterbricht Paulina meine reisephilosophischen Grübeleien – ein halbblaues Dahinbrabbeln – abrupt. Wir liegen am ersten Abend unserer Safari in der Krüger-Park-Hütte und strecken auf dem Doppelbett Arme und Beine von uns. »Ihr Deutschen spinnt doch, dass ihr euch immer gleich schuldig fühlt.«

Paulina fächelt sich mit so großer Geste Luft zu, als wollte sie sagen: Wir haben ja noch nicht einmal eine Klimaanlage in dieser klapprigen Hütte!

Tatsächlich sagt sie: »Nur weil jemand in einem Zehnmann-Schlafsaal mit anderen Reisenden oder in einem Viermannzelt schläft, lernt er doch das Land und die Menschen nicht besser kennen.«

Mir ist zu heiß, um etwas Kluges zu antworten – außerdem beobachte ich die ganze Zeit diesen Monstermoskito, der an der Deckenlampe rumhampelt. Ich hätte jetzt auch gern eine Klimaanlage. Aber das kann ich Paulina nicht sagen.

Shakespeare hatte bekanntermaßen den Dreh ganz gut raus, wenn es darum ging, bei seinen Figuren einen Grundkonflikt anzulegen. Und so hatte ich schon beim Planen unserer ersten Unterkünfte das Gefühl, der britische Dichterfürst habe seine blutigen Fingerchen im Spiel gehabt. Die Hauptfiguren sind in diesem Fall, der Leser mag es ahnen, Paulina und ich. *Backpacker vs. Flashpacker.*

In mir schlummert der Backpacker vergangener Tage. Ein Miniatur-Sascha mit langen Haaren, in diesen 90er-Jahre-Sportsandalen, dreckigem Batikshirt, Gitarre in der Hand und dem viel zu schweren Rucksack auf dem Rücken wandert gerade durch meinen Kopf und sagt Sachen wie: »Du Weichei – früher haben wir in einer Hängematte am Strand geschlafen!« Oder er flüstert mir ein: »Du brauchst keine Klimaanlage, du liebst doch die Hitze.« zu.

Als hätte sie meine Gedanken mitgehört, fährt Paulina in mütterlichem Ton fort: »Mach dir keine Sorgen, wir werden auf dieser Reise noch oft genug ganz mies und unbequem übernachten.« Sie dreht den Kopf lächelnd zu mir, drückt meine Hand zweimal kurz und meint all das vermutlich überhaupt nicht als Trost. Mir geht es bei dem Gedanken an schreckliche Unterkünfte trotzdem besser. Im Moment würde ich mich dennoch sehr über eine Klimaanlage freuen, deren Luft die Mücken einschläfert. Ein zweiter Moskito springt vergnügt an der Lampe entlang. Wie auf einer Hüpfburg, denke ich. Paulina ergreift indes die Initiative, stellt sich auf das Bett und schnappt mit mehreren gezielten Bewegungen ihrer Hände beide Insekten aus der Luft. Wahnsinnsfrau.

Zupackend und pragmatisch, das ist ganz allgemein Paulinas Herangehensweise ans Reisen. Insbesondere was die Auswahl der Unterkünfte angeht. Wir stehen in Südafrika noch am Anfang unserer Weltumrundung, aber spätestens in Bolivien werden wir uns bewusst: Wir haben unseren Flashpacker-Reisestil gefunden. Trotzdem ist das *Wie* des Reisens an jedem Tag dieser sechs Monate ein Thema für uns. Und gerade dieses Austarieren ist schließlich einer der vielen Gründe, warum Reisen den Geist erfrischt. Man kann sich jeden Tag neu erfinden, den Menschen in jedem Hostel einen anderen Sascha, eine andere Paulina vorstellen. Wir haben auf Anmeldebögen von Hotels und Hostels weltweit einen Beruf angegeben, den wir niemals ausgeübt haben: Delfintrainer. Für uns ein Insiderwitz, der uns große Freude bereitet hat. Auch nach Monaten noch. Leider hat uns nie jemand auf unsere ungewöhnliche Berufswahl angesprochen. Und einfach um zu sehen, was passiert, haben Paulina und ich unsere Biografie in leichten Variationen den Reisebekanntschaften erzählt. Das macht Spaß und wirkt wie eine Frischzellenkur für das Lebensgefühl.

Bei der Frage »*Wie* möchte ich reisen, was für ein Reisetyp bin ich?« spielt die Art der Übernachtung natürlich eine zentrale Rolle. Die Backpacker-Ideologie beinhaltet dabei zwei Grundsätze. Es muss billig und cool sein. Letzteres bedeutet, dass die anderen Gäste einem selbst möglichst ähnlich sind: Rucksackreisende aus der Mittelschicht eines Industrielandes mit dem Willen, Land und Leute extrem authentisch zu erleben – und dem Bedürfnis, bis zur Bewusstlosigkeit zu feiern. Die Abgrenzung zu den *blöden Touristen* ist in vielen Variationen das Hauptthema, wenn Amis, Deutsche, Franzosen und Schweizer sich allabendlich bei Bier und einem regionalen Zuckerrohrschnaps in Hostels austauschen.

Ich weiß das so genau, weil ich selbst unzählige Male an diesem Ritual teilgenommen habe. Doch eine Einsicht ist in den Jahren, die seitdem vergangen sind, in mir gereift: Die Backpacker-Ideologie unkritisch zu übernehmen führt nicht zum besten Erlebnis. Und auch ohne Paulinas sanftes Einwirken ahnte ich auch schon vor unserer Reise: Manchmal ist es schlicht unvernünftig, das billigste Hostel zu nehmen.

Ein gutes Beispiel dafür schläft an diesem schwülen Abend im Krüger-Nationalpark nur etwa 100 Meter von uns entfernt. Informatik-Studentin Steffi hat vor der Safari in einem Hostel am Stadtrand von Johannesburg übernachtet, um im Vergleich zur Innenstadt zu sparen. So erzählte sie es uns im Van auf der Fahrt hierher. Wer die Ersparnis jedoch mal kurz umrechnet, kommt auf gut einen Euro. So viel kostet eine günstige Kugel Eis in Deutschland. Dafür verpasst Steffi das Apartheid-Museum, das von ihrer Bleibe zu weit entfernt ist. Das ärgert sie am Ende natürlich wahnsinnig. Denn wie Walter hakt auch sie gern Sehenswürdigkeiten und die Top-10-Listen von Reiseführern und Blogs ab.

Hier kommt der Flashpacker ins Spiel. Das würde ihm nicht passieren. Denn er kalkuliert genau, ob sich mit einem kleinen Aufpreis das Maximum an guter Lage und Bequemlichkeit erreichen lässt. Oft sind es lediglich 20 Dollar, die eine revitalisierende Nacht und einen Albtraum voneinander trennen. Der Flashpacker sucht nach der besten Wahl, dem optimalen Preis-Leistungs-Verhältnis: Lieber ein Doppelzimmer buchen als Käsefußterror im Schlafsaal eines Party-Hostels ertragen. Lieber ein Bett im günstigen Hotel als die Hängematte unterm Moskitonetz. Lieber Satellitenfernsehen als fliegende Kakerlaken im Kerzenschein. Lieber die kühle Brise einer Klimaanlage als laue Flatulenzen der sogenannten *Room Mates.*

Diese Flashpacker, das sind wir. Paulina mit vollster Überzeugung und ich eben mit Gewissensbissen hier und da. Was würde der Backpacker-Gott dazu sagen, dass wir im runtergekühlten Zimmer die Serie *How I met your mother* glotzen? Gemütlich zu zweit. Ganz ohne den nach Patschuli-Öl müffelnden Typen, der im Gemeinschaftsraum des Hostels einen Bob-Marley-Klassiker auf der Gitarre allzu frei interpretiert.

Wie gut darf ein Rucksackreisender schlafen?

Wir haben unseren Übernachtungsstandard für uns definiert und mit jeder Zimmersuche feinjustiert: Doppelzimmer möglichst mit eigenem Bad – und in heißen Regionen gern auch mit Klimaanlage. Am besten in einem Hostel, das nicht von Backpackern als überdachter Ballermann genutzt wird. Und am liebsten in einem Hotel, das sich charmanter und origineller anfühlt als eine der Ketten à la *Ibis*. Die *Top Choice*, die in Reiseführern wie dem *Lonely Planet* ausgewiesen wird, ist nach unserer Erfahrung tatsächlich oftmals die beste Wahl und muss nicht die teuerste Option sein.

Wie rustikal oder luxuriös der Flashpackerstandard genau ausfällt, hängt dabei stark von den Lebenshaltungskosten des jeweiligen Reiselandes ab. Traurige Faustregel: Je ärmer das Land, desto komfortabler kann man als Rucksackreisender mit gehobenem Budget übernachten. So verbringen wir fast eine Woche in Bolivien in einem Hüttchen mit Panoramablick auf den höchstgelegenen See der Welt: den *Lago Titicaca*. Küche, Hängematten und Besuch von Lamas inklusive. In Australien können wir mit dem gleichen Budget gerade mal einen Campingplatz bezahlen. Auf den Fidschi-Inseln – die Ausnahme von jener Faustregel – lässt sich ein Schlafsaal fast nicht verhindern, so teuer sind die Resorts in der Südsee. Eine eigene Hütte haben wir uns dort zwar gerade noch geleistet, ein Upgrade auf ein eigenes Bad oder Klimaanlage hätte jedoch ein zu tiefes Loch in unsere Reisekasse gerissen.

Es gibt noch keine offiziellen Statistiken zu dem Phänomen Flash-packer, aber eines steht fest: Immer mehr Reisende folgen diesem Trend. Es sind oftmals Paare, aber auch Alleinreisende, die schon einige Jahre gearbeitet haben und sich daher die Extraportion Komfort leisten können und wollen. Wir Flashpacker möchten trotzdem keinen Pauschaltourismus – keine Unterkünfte, die globalisiert austauschbar sind. Manche der Flashpacker sind früher schon als Back-packer gereist und wollen sich nun mehr Luxus gönnen. Andere sind das erste Mal mit dem Rucksack unterwegs – und steigen gleich mit etwas mehr Komfort in diese Reisewelt ein.

Der Trend des komfortablen Rucksackreisens geht an den Online-portalen nicht vorbei. Einige haben die neue Generation der Ruck-sackreisenden als Kunden bereits entdeckt und bieten Zimmer in der Kategorie »Flashpacker« an. Lässt sich also das beste Angebot übers Internet ausfindig machen – oder führt die Suche direkt vor Ort zum besseren Ergebnis? Eines habe ich bereits im Krüger-Park rasch gelernt: Lieber etwas mehr Geld ausgeben und in einer schlangen- und leopardensicheren Hütte mit eigenem Bad ruhig schlafen.

Was das angeht, herrscht also schnell Konsens bei uns. Aber bei der Frage, ob das Buchen übers Internet oder das Verhandeln von Angesicht zu Angesicht besser ist, da gehen die Meinungen auseinander. Zumindest zwischen Paulina und mir.

Übers Internet oder vor Ort: Warum die Zimmersuche nachts im Dschungel schwerfällt.

Ilha Grande, Brasilien

Wenn es in der Unterkunft nur Bachwasser und Schnaps gibt, lassen sie sich schnell wieder aufschnallen: unsere Rucksäcke auf der Ilha Grande.

Paulina ist der Überzeugung, Unterkünfte lassen sich am besten übers Internet reservieren. Sie hat in einem früheren Job mit dem Buchen von Hotelzimmern zu tun gehabt – und ist eben Expertin auf diesem Gebiet. Sie sucht auf ihrem iPhone nicht einfach auf einem der gängigen Portale. Nein, sie ist auf mehreren Seiten gleichzeitig unterwegs, spielt mit Filtereinstellungen, liest Bewertungen und schreibt Vermieter direkt an, um die Vermittlungsgebühr zu sparen. Paulina gerät bei dieser Recherche in einen fachfraulichen Flow.

Mit Bewunderung beobachte ich in einem Café in der Altstadt *São Paulos,* wie Paulinas rechter Daumen grazil auf dem Display des Smartphones hüpft, drückt und schiebt. Ich blättere währenddessen im beliebten Südamerika-Reiseführer. Ziel des Ganzen: Wir wollen einige Tage auf der brasilianischen Insel *Ilha Grande* verbringen.

»Komm, lass uns einfach hinfahren«, sage ich mit wachsender Ungeduld nach dem dritten Espresso. Ich hänge der Old-School-Methode an, die ich seit meiner ersten Interrail-Reise durch Südeuropa praktiziere: mit dem Rucksack auf dem Rücken von Hostel zu Hostel laufen und den Preis verhandeln. Nur vor Ort sehe ich, welche Zimmer wirklich die besten sind – wo das Preis-Leistungs-Verhältnis in goldener Ausgewogenheit erscheint. So habe ich mit vier Freunden 1996 auf einer Interrail-Tour ein günstiges Zimmer in der Altstadt von Barcelona oder im Jahr 2000 allein das Hostel mit dem besten Ausblick in Rio entdeckt.

Den Nachteil meiner Methode bringt Paulina nun mit Verve auf den Punkt: »Wenn du bei 35 Grad im Schatten mit dem Rucksack durch die Gegend laufen willst, um ein Zimmer zu suchen, kannst du das gern machen.«

Ich suche die Seite mit dem Eselsohr, das ich dort gerade hineingefaltet habe, klopfe mit dem Finger mehrfach auf die Seite und sage:

»Brauch ich nicht, hab schon was gefunden!« Leider verzichten wir darauf, die *Paradise Lodge* noch einmal zu googeln.

Einige Tage später landen wir mit der Fähre auf der *Ilha Grande* – eine Insel in Küstennähe zwischen *Rio* und *São Paulo*. Hier war ich bereits mit 22 Jahren und glaubte, das Paradies entdeckt zu haben. Damals teilte ich mir mit vier französischen Backpackern eine Hütte, eine von wenigen Übernachtungsmöglichkeiten. Mittlerweile ist die Infrastruktur bestens auf den Rucksacktourismus eingestellt. Flashpacker finden eine große Auswahl an Doppelzimmern mit Meerblick. Tagsüber füllt sich der Hauptort *Vila do Abraão* mit Männern und Frauen, die *Traumschiff-Szenen* nachspielen: Auf den Beibooten, die sie vom Luxushotelschiff in die Bucht bringen, blicken sie mit sonnengebräunter Sascha-Hehn-Miene und lassen das Leinen an ihren Körpern flattern.

Die Paradise Lodge soll laut Reiseführer lediglich 1,5 Kilometer vom Hauptstrand entfernt sein. Dort liege dieses »rustikale Fünfzimmer-Gästehaus« mitten im Regenwald. Der Gast werde mit einer »völlig anderen Erfahrung« belohnt – und wie rührend nett und aufmerksam doch das Besitzerpaar sei: ein Dschungel-Führer und seine deutsche Frau. Der Ausblick von der Open-Air-Dusche, so heißt es in dem Brasilien-Reiseführer, sei einfach »magisch«.

»Jetzt muss das aber auch wirklich zauberhaft sein«, sagt Paulina, nachdem wir bereits mehr als eine halbe Stunde mit unseren Rucksäcken einen schmalen Dschungelweg bergauflaufen. Luftfeuchtigkeit nach meinen Schätzungen knapp unter 100 Prozent, Temperatur kurz vor Siedepunkt des Blutes. Hauptsache, das Bier ist kalt, denke ich. Übrigens ein Gedanke, der mich in solchen Situationen wie ein Mantra begleitet und die nächsten Meter weiterträgt.

Als wir nach gut einer Stunde mit Nerven und Kräften am Ende in der »Lodge« ankommen, merken wir schnell: Hier stimmt etwas nicht. Paulo, der sympathische Dschungel-Führer, sitzt an einem mit Flaschen, Zigaretten und alten Joints zugemüllten Tisch. Eine speckige Hängematte am Baum daneben versucht halbwegs Haltung zu bewahren. Dahinter das Gästehaus schwelgt in Erinnerungen an bessere Tage. Übrigens eine Gemeinsamkeit mit Paulo, der mindestens einen Drink zu viel hatte. Euphemistisch könnte man es Caipirinha nennen, was der Mitdreißiger mit Afrofrisur in seinen Händen hält und mit großen Schlucken inhaliert. Dem Geruch nach muss man das Gesöff aber wohl eher als Schnaps mit Wasser bezeichnen.

Wer von dem Drink nicht blind wird, kann übrigens einen Blick auf die südöstliche Bucht der *Ilha Grande* genießen. Wir schenken uns vorsichtshalber erst einmal nur Wasser ein. Während mir Paulo erzählt, wie und warum ihn seine deutsche Frau verlassen hat, inspiziert Paulina die Zimmer im Gästehaus. Ihr Gesicht, als sie zu uns kommt: posttraumatisch. Die versprochene »andere Erfahrung« scheint ihr nicht zu behagen. Paulinas Sorge ist auch, wie sie mir zunuschelt, dass der Blick von der Open-Air-Dusche nicht nur für sie magisch sein könne, sondern auch für Paulo, der nur wenige Meter entfernt sitzt. Der entspannte Brasilianer sagt, er könne im Gefrierfach schauen, ob er noch Hähnchengeschnetzeltes finde. Wir lehnen freundlich ab und stoßen mit ihm an. »Schön, dass euch das Wasser aus dem Bach so gut schmeckt.«

Paulina schlägt vor, dass wir den Dschungelberg wieder hinunterlaufen. Sie zischt es mir in einem deutsch-spanischen Mix zu in der Hoffnung, dass der personifizierte Delirium tremens neben uns das nicht versteht. Es dämmert schon, und ich erinnere mich an eine Warnung im Reiseführer: Nicht im Dunkeln durch den Urwald laufen, dann könne man die Giftschlangen nicht mehr sehen.

Mit größtmöglicher Beiläufigkeit frage ich Paulo: »Sag mal, habt ihr denn ein schönes, kaltes Bier neben dem Hühnerfrikassee?« Nein, das Bier sei schon seit Tagen alle, gesteht er. Irgendwem habe er Geld gegeben, der sei aber nie wieder aufgetaucht. »Filho de puta«, schimpft er ganz klassisch. Aber eigentlich ist ihm alles egal.

»Pau«, so nenne ich Paulina meistens, »lass uns gehen.« Ratzfatz stehe ich mit dem geschulterten Rucksack bereit.

Es soll irgendwo noch ein anderes Hostel zwischen Lodge und Strand geben, aber die Zimmersuche im dunklen Regenwald gestaltet sich beim Licht des Handyblitzes sehr schwierig. Zwei flüchtende Vipern später erreichen wir den Strand. Es sind knapp unter 35 Grad, wir laufen durch den Sand von einer Pension zur nächsten. Alles ausgebucht. Die Gäste, von denen wir die meisten bereits auf der Fähre gesehen haben, sind schon beim Nachtisch angelangt. Paulina sagt nichts. Das ist das Schlimmste. Etwas später finden wir endlich ein Doppelzimmer bei einem zahnlosen französischen Auswanderer. Es ist sauber, schön und mit einer Klimaanlage ausgestattet – aber wesentlich teurer als die Angebote, die Paulina einige Tage zuvor im Internet gefunden hatte.

Im weiteren Verlauf der Reise stellen wir fest: Oftmals ist es sogar billiger, vor Ort in letzter Sekunde online zu buchen, als direkt mit den Besitzern zu verhandeln. Es gibt tatsächlich nur einen einzigen Vorteil daran, Unterkünfte vor Ort zu buchen: Man kann sich einen Eindruck machen – offline, mit allen Sinnen. Der Geruchssinn ist da manchmal nicht unwichtig. Die Kombination von Tipps aus Reiseführern, von anderen Reisenden und der Recherche im Internet bringt das beste Ergebnis. Aber egal wie man seine Unterkunft reserviert, der Kontrollblick ins Netz lohnt sich in jedem Fall.

Traue keinem unter 30 Likes:
Wie man nicht auf geschönte
Hotelbewertungen hereinfällt.

Matalla/Merissa, Sri-Lanka

Friedlich, bis sie zu einem tschechischen Hotelbesitzer sagt »I will hit you now!«: Paulina.

Sri Lanka? Ist da nicht Krieg? Den asiatischen Inselstaat hatte kaum einer unserer Freunde in Berlin auf dem Reiseradar. Sri Lanka liegt auch nicht auf den Routen, die wir uns bei der Vorbereitung in den

Broschüren des Jugendreisebüros angeschaut hatten. So viel wusste ich jedoch schon damals: Der Bürgerkrieg ist seit einigen Jahren vorbei. Nachlesen konnte ich: Die blutigen Auseinandersetzungen zwischen Singhalesen und Tamilen endeten im Jahr 2009.

Sri Lanka ist auf dem Globus als kleiner Knubbel zu erkennen, der beinahe Indien berührt. Dazwischen liegen an der schmalsten Stelle der Meeresenge *Palk Strait* lediglich 50 Kilometer. Das Land, das bis zu seiner offiziellen Unabhängigkeit vom Britischen Empire 1972 auf den klangvollen Namen Ceylon hörte, ist lediglich so groß wie Bayern. Der Inselstaat ist bisher kein Muss für Rucksackreisende. Der populäre größere Bruder Indien dagegen ist ein klassisches und sogar historisches Reiseziel für Backpacker: Seit den ersten Hippies in den 70ern und ganz massiv seit dem Rucksackboom in den 90er-Jahren pilgern die Reisenden an die Strände des kleinen Bundesstaates Goa, um mithilfe von Gras, psychedelischen Drogen, Yoga, möglichst häufigem Geschlechtsverkehr und veganem *Streetfood* dem Nirwana ein Stück näher zu kommen.

Dieser Räucherstäbchen-Nimbus Indiens hält sich bis heute. Befeuert etwa durch den verfilmten Bestseller *Eat Pray Love*. Im Hollywoodstreifen gelangt Julia Roberts in einem indischen Meditationszentrum zur spirituellen Erkenntnis. Eine Weltreise mit Rucksack, da gehört Indien irgendwie dazu.

»Ach, und nach Indien fahrt ihr also nicht«, hörten wir von einigen Bekannten. Die Backpacker, die wir auf der Reise treffen, können es gar nicht fassen: »Ihr reist ein halbes Jahr und macht keinen Stopp in Indien?«

Paulina hatte bei der Planung einen Tipp bekommen. »Fahrt lieber nach Sri Lanka«, empfahl ihre mexikanische Freundin Bere, die beide Länder kennt. »Das ist eher was für euch.« Tatsächlich ist Sri Lanka das perfekte Ziel für Flashpacker. Die Kultur ähnelt der Indiens, aber viele Unannehmlichkeiten des Subkontinents sind hier weniger oder milder anzutreffen: Kriminalität und hygienische Katastrophen zum Beispiel.

Wir landen in der Nähe der Hauptstadt Colombo und fahren mit dem Zug gen Süden. Das koloniale Vermächtnis der Niederländer, Portugiesen und Briten kann man gut in der Küstenstadt Galle betrachten (ausgesprochen nicht wie das Organ, sondern »Goll«). Hier spazieren wir am späten Nachmittag auf den rund 350 Jahre alten Festungsmauern und beobachten aus zehn Metern Höhe den lokalen Cricketclub beim Training. Weil heute der letzte Schultag ist, laufen Gruppen von Kindern und Jugendlichen durch die Kopfsteingassen, klopfen auf Trommeln und tanzen. Eine Gruppe winkt uns herunter. Wir tanzen mit. Also Paulina tanzt, ich bewege Po und Arme rhythmisch, norddeutsch.

Am nächsten Morgen beschließen wir, die nächsten Tage an einem einsamen Strand zu verbringen. Unser populärer Backpacker-Führer empfiehlt eine »traumhafte« Bucht mit »puderzuckerigem Sand« und »türkisfarbenem Wasser« (etc. etc.) in dem Gebiet Matara. Im Internet entdecken wir das Hotel *Bay View* mit insgesamt sehr guter Bewertung der Nutzer. *Herrlicher Ausblick auf die Bucht.* Die erste Nacht buchen wir direkt über das Internetportal und freuen uns auf ein wenig Luxus: Es gibt einen Pool mit Blick auf die gesamte Bucht. Das gebirgige Panorama, das man von den Zimmern aus sieht, legt sich sanft wie Gurkenscheiben auf die Augen. So zumindest meine Hoffnung, als ich die Bilder im Internet sehe. Dort ist auch zu lesen: Das Zimmer kostet ungefähr das Doppelte von dem, was wir für die Nächte in Sri Lanka ausgeben wollen. Ich stimme sofort zu, als Paulina den Vorschlag macht. Manchmal möchte man auch einfach nur Urlauber sein. Aber vor dem Abenteuer kann man sich nicht verstecken – wie wir hier in Matalla feststellen.

Von der Bushaltestelle aus nehmen wir die asientypische Motorrikscha, die lautmalerisch Tuk-Tuk genannt wird. Unser tuckender Zweitakter schafft den steilen Weg hinauf zum Hotel kaum. Immer wieder steigen Paulina und ich aus und unterstützen, indem wir das Gefährt anschieben. Belohnt werden wir von dem Ausblick, der mir besonders gut gefällt, als der Kellner des Hotelrestaurants uns eine eiskalte Literflasche *Lion Lager* auf den Tisch stellt. Selbst die beiden Biergläser kommen frisch aus der Tiefkühltruhe. Im Schatten sind es knapp über 30 Grad, aber ein kühlender Wind weht vom Meer her. Es ist früher Nachmittag, und wir haben absolut nichts vor. Die Bucht breitet sich als perfekt gezirkelte Sichel vor uns aus. Ich stelle meine Augen auf unendlich, den Kopf auf Autopilot und nippe an meinem Bier.

»Ich lieeebe Montage«, flötet Paulina und lacht ihr lautes, herzhaft-dreckiges Lachen. Es ist unser Running Gag seit einigen Wochen. Wir widerstehen der Versuchung, den Daheimgebliebenen montags ein Foto von uns mit Strand, Tempel oder Pool zu schicken. »Am besten mit dem Hashtag #ilovemondays«, ergänze ich.

Zu unserer Wir-sind-überglücklich-eine-Weltreise-zu-machen-Stimmung passt, dass der Kellner uns zwei Teller mit Curry und Reis auf den Tisch stellt. Kellner – das klingt nach weißem Hemd und Serviette über dem Arm. Nein, dieser Hotelangestellte trägt eine von diesen blauweiß gemusterten Surfshorts, ein ausgeleiertes T-Shirt, hat halblange schwarze Haare und präsentiert uns ein breites Grinsen inmitten seines Dreitagebartes. »Do you want to smoke, do you want to surf?«, bietet er uns seine Hobbys an. *One more beer, please.*

Die nächsten Stunden verlaufen so: mehr Bier, Spaziergang am

Strand (den Beschreibungen aus dem Reiseführer schon recht ähnlich), Schwimmen im Pool (ist eigentlich Chlor in dem grünlichen Wasser?) und ein ausgedehntes Nickerchen auf dem King-Size-Doppelbett (so breit, wie das Bett meiner Jugend lang war).

Am späteren Nachmittag trübt sich die Stimmung im Tropenparadies: Der Ventilator im Zimmer funktioniert nicht. Und der nette Surf-Kellner gesteht, es gebe kein kaltes Bier mehr.

»Irgendwie ist das ja ein First-World-Problem«, sage ich zu Paulina. Wie sich herausstellt steckt ein Entwicklungslandproblem hinter dem matten Ventilator und dem warmen Bier: Der Strom ist ausgefallen. Einige Stunden später, um acht Uhr abends, ist es dann zunächst ganz romantisch, wie wir mit den anderen Gästen bei Kerzenschein auf der Terrasse sitzen.

Dabei ist übrigens Miss Libanon, die gerade auf Hochzeitsreise mit einem in Beirut sehr prominenten Radiomoderator ist. Beide machen sowohl am Pool als auch im Kerzenschein eine Bella Figura.

Our Honeymoon in Sri Lanka. Darauf stoßen wir mit teewarmem Bier an. Das soll eh gesünder sein. Karl Lagerfeld und Madonna zum Beispiel trinken ausschließlich leicht erhitztes Wasser. Die Abendbrise weht uns ins Gesicht. Wir genießen es draußen, so lange wie die Mücken es zulassen. Wir ahnen, was sich kurz darauf bewahrheitet: Das Zimmer ist auf Biosauna-Temperatur, der Ventilator ruht in seinem Sockel und der Wind verirrt sich nur selten durch unsere Terrassentür. »Wir könnten mal an der Rezeption fragen, wann es den nächsten Aufguss gibt«, versuche ich die Stimmung etwas zu heben. Die Laune von Miss Libanon und Mister Radio eine Etage über uns nähert sich hingegen bereits ihrem Höhepunkt, wenn ich die Geräusche richtig deute. *Honeymoon.*

Paulina und ich liegen platt auf dem Rücken wie Gregor Samsa und versuchen zu schlafen. Ich denke an eine Redewendung meiner

Oma. Bei Kälte hat sie immer gesagt: »Mach dir warme Gedanken.«
Ich dreh mich zu Paulina und empfehle: »Mach dir kalte Gedanken.«
Aber sie schläft schon.

Am nächsten Morgen drücke ich hoffnungsvoll auf den Schalter
des Ventilators. *Klack, klack.* Es passiert nichts. Ich gehe ins fens-
terlose Bad, um mir beim Schein des Handys die Zähne zu putzen. Erst kommen noch ein paar Tropfen aus dem Hahn, dann versiegt der Strom gänzlich. »Shit«, schimpfe ich und klopfe gegen den
Hahn, als ließe sich das Problem auf diese Weise beheben. Wenn ich
mich recht erinnere, haben früher leichte Schläge bei Röhrenfern-
sehern manchmal Wunder gewirkt. Als klar ist, dass das bei Was-
serhähnen nicht der Fall ist, trabe ich mit größtmöglicher Coolness gen Rezeption. Denn: Ja, ich will mich beschweren. Aber: Ich
will nicht wie der meckernde Deutsche mit Stock im Arsch rüber-
kommen.

Am kleinen Empfangstresen nickt mir eine Tschechin zu, die eigentlich zu alt ist für wasserstoffblonde Rastalocken. Sie sieht aus
wie die Hippiedame, die Anke Engelke in ihrer Comedyshow früher
gespielt hat. Vielleicht konnte sie die Sendung in Tschechien empfangen, denke ich, denn sie kaut ganz rollengerecht Kaugummi zu
ihrer »Verkleidung«.

Die tschechische Engelke-Version hat wirklich keinen Bock auf
Problemlösungen. »Don't know, not my fault.« Sie schickt eine einheimische Kollegin vor. Ich versuche ihr zu verdeutlichen, dass wir
für die Hälfte des Preises bleiben – schließlich gibt es weder Wasser
noch Strom. Sie verschwindet, um mit dem Besitzer, einem Tschechen (der Mann von der Rastadame?), zu sprechen.

»Not possible, sorry«, sagt sie bei ihrer Rückkehr.

»Dann gehen wir jetzt schwimmen und kommen um drei zurück.

Wenn es dann kein Wasser und keinen Strom gibt, suchen wir uns ein anderes Hotel.«

»Ok, Sir.«

Es fühlt sich an wie ein Handschlag.

Paulina und ich entdecken entlang der Bucht drei alternative Unterbringungen: Die erste ist ein ayurvedisches Luxus-Kurhaus. Dort liegen braungebrannte Europäer und Amerikaner in weißen Bademänteln im Garten und nippen an Gesundheitsdrinks. Grünkohlsmoothies mit Seetang wahrscheinlich. Einer lässt sich gerad massieren und atmet dabei ostentativ ein und aus, er schnaubt frivol. Es sieht nach religiöser Sekte aus, kostspielig und als gäbe es kein Bier. »Mir machen die Angst hier, lass uns abhauen«, sage ich zu Paulina.

Die zweite Übernachtungsmöglichkeit einige Hundert Meter die Bucht entlang ist ein schlichtes Zimmer, das eine Familie an ihr Häuschen gebaut hat. Billig, rustikal, ein guter Ort für jeden Backpacker. Der Familienvater führt mir die Toilettenspülung vor, deren einwandfreie Funktion ich mit einem anerkennenden Nicken kommentiere. »Komm wir gucken weiter«, sagt Paulina und zieht mich weg in Richtung Strand. Der Mann und seine Frau winken zum Abschied.

Das dritte potenzielle Nachtlager ist das *Talalla Retreat* – ein großzügig gestaltetes Gartenareal mit Bambushütten, einem Restaurant und der Möglichkeit, Yoga zu praktizieren sowie surfen zu lernen. Die Menschen hier sehen fit und übertrieben glücklich aus. Kein Wunder, denke ich, die haben ja auch Strom und Wasser. Wir springen in den Pool und beobachten, wie eine Gruppe von Mädchen die Grundlagen des Wellenreitens lernt: mit dem Bauch stabil aufs Brett legen, paddeln, runterplumpsen lassen.

»Das Wasser ist hier gar nicht so grünlich wie in unserem Bay-

View-Hotel«, sage ich zu Paulina. Wir schauen uns vom Pool aus die zweigeschossigen Hütten an. Die Schlafzimmer sind zum Himmel hin offen. Leider übersteigt der Preis unser Budget doch deutlich. Also laufen wir um kurz nach 15 Uhr zu unserem Hotel zurück. Im Zimmer dann der Check: Wasser, nein. Strom, Fehlanzeige.

Wir packen also unsere Sachen. Paulina hat auf der Reise ein ausgefeiltes System entwickelt. Es beinhaltet die Sortierung in Jutebeuteln nach Einsatzarten der Wäsche. Ich dagegen schaufle einfach mit beiden Händen die benutzen Klamotten oben in den Rucksack hinein. An der Rezeption wollen wir unsere Getränke und das Essen vom Tag zuvor bei der Rezeptionsdame bezahlen. Auf der handgeschriebenen Rechnung entdecken wir den Posten »Late Check-out«. Ich mache auf den Fehler aufmerksam, sie verschwindet für einige Minuten und teilt uns mit, dass ihr Boss leider auf diesen Preis besteht.

»Das kann nicht sein, das war anders abgesprochen, ich will den Chef sprechen«, pruste ich hypertonisch in Richtung Tresen. Paulina greift sanft meinen Oberarm: »Ich hab im Reiseführer gelesen, du darfst hier nicht laut werden. Das gilt als sehr unhöflich und bringt nichts. Lass mich das machen.«

Die Dame huscht wieder weg.

Auftritt: der Tscheche. Er ist groß, er ist dick und kräftig, grobschlächtig durch und durch. Er trägt Muskelshirt, Schlabberhose, Latschen. Und er rollt auf uns zu. Er stampft und schnauft. »Ihr wollt nicht zahlen?«, grunzt er. Ich setze zum verbalen Gegenangriff an, aber Paulina – heute selbsternannte Diplomatin – unterbricht mich und erklärt dem Mann unsere Verstimmtheit: die Strom- und Wasserlage, der hohe Preis, keine Informationen, kein Ventilator, keine Klospülung und eben die Abmachung mit der Rezeptionistin.

Ob es an mangelndem Verständnis, Verstand oder Sprachkenntnis auf Seiten des Tschechen liegt, oder ob er Paulinas kräftige Stimme missdeutet, ist unklar. Die Reaktion dagegen ist eindeutig: Der Tscheche baut sich vor Paulina auf und droht immer lauter mit der Polizei. Meine Frau geht nun noch dichter an ihn heran und kündigt ihrerseits negative Rezensionen auf allen existierenden Portalen an. Ich trete dazwischen und schubse den Tschechen leicht zur Seite. Er kocht, er bebt – und deutet mit bebender Hand knapp über dem Boden an, wie viel er von Paulina und offenbar Mexikanern im Allgemeinen hält. Dann sagt Paulina diesen einen Satz, den ich nie vergessen werde. Eine Ankündigung, wie man sie selten hört.

»I WILL HIT YOU NOW!«

Paulina war als Jugendliche Teil des mexikanischen Schwimmteams und verfügt auch heute noch über eine ausgeprägte Armmuskulatur. Diese spannt sie nun an, ballt die rechte Faust. Ich sage nichts, kann so schnell nichts sagen, ich denke darüber nach, was nach diesem ersten Schlag zu tun sein wird.

Paulina dreht sich überraschend um. Will sie womöglich »Anlauf« für ihren Schlag nehmen? Nein. Hinter ihr steht eine offene Wasserflasche aus Plastik, die sie sich schnappt. Was will sie denn damit? Sie streckt den Arm aus und schüttet dem Tschechen den gesamten Inhalt über den Kopf. Der ist so überrascht, dass er die Prozedur bis zum Schluss über sich ergehen lässt. Dann rastet er aus. Er tritt nach hinten, stampft nach links, nach rechts, nach vorn, atmet schwer. Es arbeitet in ihm.

In der Zwischenzeit haben sich sämtliche Angestellte im Halbkreis um uns herum versammelt (mehr als ich dachte) und sehen sich das Schauspiel mit ihrem Chef und den Fremden ungläubig an.

»Mach ein Foto von mir und ruf die Polizei«, befiehlt der Tscheche einem seiner Untergebenen. Grund genug für Paulina, sich über ihn lustig zu machen: »Was willst du der Polizei sagen? Die Frau hat mein Shirt nass gemacht?«

Der Tscheche tritt den Rückzug an. Wir warten lange auf die Polizei, die nie kommt. Dann dürfen wir endlich unsere Rechnung zahlen, mit großzügigem Rabatt der Rezeptionistin.

Einige Stunden nach unserer Beinahe-Prügelei und anschließender Beinahe-Verhaftung brausen wir mit einem Tuk-Tuk vom Hof des Hotels – dem Sonnenuntergang entgegen. Paulinas lange Haare wehen im Wind. Wirklich, Hollywood hätte viel Aufwand betreiben müssen, um diese Szene so perfekt hinzubekommen. Während der Fahrt fragen wir uns: Hätten wir die Bewertungen im Internet besser lesen müssen? Wären wir dann gewarnt gewesen? Gab es Hinweise, dass einen bei einem Aufenthalt im Hotel Bay View nicht unbedingt rosige Aussichten erwarten?

Nachdem wir in dem Küstenort Mirissa unser Doppelzimmer im *Palm Villa* bezogen haben und mit Blick auf die Meeresbucht ein Chickencurry essen, schauen wir uns die Bewertungen des Bay View-Hotels noch einmal genauer an. Wir entdecken, dass die positivsten Bewertungen von Besuchern aus Tschechien geschrieben wurden, dem Heimatland des Besitzers. Das könnte ein Hinweis darauf sein, dass es sich um Gefälligkeitstexte handelt. Außerdem gibt es insgesamt wenige Beiträge, die letzten liegen schon einige Monate zurück.

Ein Hotel oder Hostel, das die Gäste begeistert, kann meist aktuelle Bewertungen vorweisen. Beim genaueren Durchlesen der Texte stellen wir fest, dass die Probleme des Hotels selbst in Rezensionen, die großzügig Bewertungssternchen verteilt haben, angedeutet werden. »Müsste mal wieder renoviert werden«, »Pool ist dreckig«,

»Besitzer kümmert sich nicht, ist unfreundlich«, »Aussicht großartig, Hotel ok«. Bei dem Hotel, in dem wir nun gelandet sind, können wir auch bei längerem Durchscrollen nichts von alledem finden.

Palm Villa ist die perfekte Flashpacker-Unterkunft: Unser liebevoll dekoriertes Doppelzimmer ist nachts auch ohne Klimaanlage kühl, das Restaurant serviert regionale Küche, und der Besitzer philosophiert abends bei einem Drink gern über die Zukunft seines Landes im Allgemeinen und der des Tourismus im Speziellen. Dazu liegt die Bucht ruhig und einsam – einen Strand weiter drängen sich Restaurants mit Feuerjongleuren aneinander.

Für das *Palm Villa* zahlen wir lediglich die Hälfte von dem, was die Unterkunft des Tschechen kostete. Hat sich also der Besitzer des *Bay Views* die positiven Bewertungen erkauft?

Angeblich bekommt ein korrupter Schreiberling rund fünf Euro pro Text. Wahrscheinlich sitzen viele dieser Leute auf Ko Phi Phi oder einer anderen Thai-Insel und finanzieren sich so ihr nächstes Happy Ending.

Wie viele Kritiken im Netz genau gefaket werden, kann niemand sagen. Ob ein Rezensent glaubwürdig ist, lässt sich oftmals mit einer kleinen Recherche herausfinden. Wie viele seiner Kritiken wurden von anderen Reisenden als hilfreich markiert? Und wenn man seine Texte miteinander vergleicht: Ähneln sich die Formulierungen bei unterschiedlichen Hotels? Solche Wiederholungen können ein Hinweis auf geschönte Kritiken sein. Schließlich arbeiten die Fake-Rezensenten effizient, kopieren also großzügig. Deshalb klingen die fingierten Bewertungen auch oft nach hölzernen Formulierungen aus einem Werbekatalog.

Es gibt auch fingierte schlechte Bewertungen, die von der Konkurrenz – vom Hotel nebenan – in Auftrag gegeben wurden. Ob gefaket oder nicht, wichtig ist bei der Hotelentscheidung, auch manchen negativen Bewertungen nicht allzu viel Bedeutung zuzumessen. Wenn sich jemand über einen zu kleinen Kleiderschrank entrüstet, nehmen wir den Verriss nicht sonderlich ernst. Meistens kommen diese Kritiker aus den USA, wo ja bekanntermaßen alles sehr groß ist: Autos, Cornflakespackungen und wahrscheinlich auch Kleiderschränke. Wenn Amerikaner den mangelnden Service beklagen, heißt das eigentlich nur, dass der Dienstleistungsgedanke hier so stark verwurzelt ist wie bei einem Kellner in Berlin. Er fragt zwar nicht kumpelhaft »How are you tonight«, aber erledigt seine Arbeit trotzdem irgendwann. Und falls mir mal alles zu lang dauern oder nicht gefallen sollte, habe ich ja noch eine Geheimwaffe an meiner Seite: »I will hit you now!«

In Betten von Fremden: Airbnb.

Außen sonnig, innen Landhausstil: unser stilles Gartenhäuschen mitten im Moloch Johannesburg.

»Wer etwas auf sich hält, fährt kein Tuk-Tuk, sondern einen Three-wheeler«, erklärt uns der Fahrer, den wir in der Stadt Kandy für den Weg vom Bahnhof zu unserer Unterkunft engagiert haben. Schön britisch ausgesprochen klingt das in jedem Fall besser als das deutsche Dreirad und technisch versierter als Tuk-Tuk. Ich glaube, das Fahrzeug ist das gleiche. Wir haben hier im Landesinneren Sri Lankas ein Zimmer über das Internetportal Airbnb gebucht. Die seit einigen Jahren sehr erfolgreiche Geschäftsidee aus dem Silicon Valley: Privatleute vermieten ihren Wohnraum – von einem Zimmer in der Großstadtwohnung bis hin zu einem gesamten Haus auf dem Land[1].

In Kandy werden wir in der Einfahrt des am Hang gelegenen Gebäudes von zwei Bediensteten, einer älteren Frau und einem Mann in blauer Uniform empfangen. Der Fahrer des *Threewheelers* reicht dem Mann unsere Rucksäcke sowie die Plastiktüten, in denen wir Gepäcküberhang und Proviant transportieren. »The British Empire is alive«, flüstere ich Paulina in Stifflip-Englisch zu, als wir das Haus betreten. Wände voller kunstvoller Teppiche, Tischchen mit Vasen und Großwildholzfiguren erzählen von vergangenen Tagen. Auf einer Ablage entdecke ich ein goldenes Glöckchen. »Wenn man klingelt, kommt bestimmt James«, sage ich zu Paulina. »Der heißt hier Rajij«, antwortet sie.

Die Hausherrin, eine Lady um die 70, empfängt uns herzlich. Sie geleitet uns in das Wohnzimmer, das den Stil des Eingangsbereichs auf die Spitze treibt. Eine antike Standuhr tickt großväterlich, auf einem Beistelltischchen steht eine Sammlung von Teetassen mit »floralem Dekor«, wie Paulina es nennt. »Geschirr mit Blumen drauf«, sage ich. Anstelle der Queen hängt ein handsigniertes Porträt des

---

1 In Deutschland, vor allem in Berlin, steht Airbnb immer stärker in der Kritik. Der berechtigte Vorwurf: Der ohnehin angespannte Wohnungsmarkt wird durch die steigende Anzahl von Ferienwohnungen weiter verknappt. Ob man diesen negativen Effekt durch eine Buchung unterstützt, hängt stark vom jeweiligen Land, der Lage (z. B. Metropole oder Provinz) sowie der Art der Unterbringung (komplette Wohnung oder Zimmer) ab.

Papstes an der Wand. Bis auf das Judentum sind in Sri Lanka alle Weltreligionen zu Hause: Buddhisten, Hindus und Muslime, rund sieben Prozent sind wie unsere Gastgeber Christen.

Wir trinken mit unserer Gastgeberin und ihrem Mann, der schon am Esstisch sitzt und ins Tal hinunterblickt, eine Tasse Ceylontee – und erfahren, dass die beiden früher eine Plantage besaßen und dort in den Bergen lebten.

»Es war ein anstrengendes, aber erfüllendes Leben«, fasst der Mann einen Großteil seiner rund 80 Jahre in einem Satz zusammen. Als ihnen die Arbeit dort zu beschwerlich wurde, verkauften sie ihr Land und zogen in die Stadt.

Erst seit Kurzem bieten sie zwei Zimmer ihres Hauses über Airbnb an. »Wir freuen uns über ein wenig Gesellschaft«, sagt die Lady. Bei der zweiten Tasse erzählen Paulina und ich, wie wir uns bei einem Uniaustausch in Madrid kennengelernt haben. Wir berichten von den zwei Jahren Fernbeziehung, wie Paulina zum Masterstudium nach Berlin kam und wie wir schließlich einige Jahre später heirateten. Die Lady präsentiert uns im Gegenzug Bilder von einer Europareise, die ihr Mann und sie in den 80er-Jahren mit einer Reisegruppe unternommen haben. »Als würden wir Verwandte besuchen«, flüstert Paulina mir zu, als am Tisch gerade die Möglichkeit eines *Cakes* diskutiert wird.

Im Unterschied zu Hotels oder Hostels kommt man über den persönlichen Kontakt mit Einheimischen schnell in der neuen Kultur an. Mittlerweile gibt es weitere Portale, die einen ähnlichen Service bieten. Airbnb hat es als Pionier auf diesem Gebiet geschafft, dem Produkt seinen Namen aufzudrücken – so wie die Marke *Tempo* als Synonym für Taschentücher gebraucht wird.

Eine Alternative bietet das *Couchsurfing*. Wie der Name schon sagt, stellen die Gastgeber meist nicht einmal ein eigenes Zimmer zur Verfügung. Dafür ist die Übernachtung hier komplett kostenlos. Paulina und ich haben uns gegen diese Option entschieden, weil wir am Abend gern vier Wände unser Eigen nennen. Stichwort: Privatsphäre. Die Airbnb-Art der Vermittlung eignet sich für Flashpacker, die auf diesen Komfort nicht verzichten möchten, daher besonders. Und wer nicht gerade ein einzelnes Apartment bucht, das weit weg von der Wohnung der Besitzer liegt, kann wie beim Couchsurfing mit den Vermietern in Kontakt kommen. Aber eben so dosiert, wie man gern möchte. Die Gastgeber – da ist das ältere Ehepaar in Kandy eine Ausnahme – sind bei Airbnb meist im Alter zwischen 30 und 40 und reisen selbst gern. Vor allem wenn die Vermieter in der Wohnung oder nebenan wohnen, hat man sofort einen Ansprechpartner, der einem bessere Tipps gibt als jeder Reiseführer.

So führt uns in Melbourne unsere Gastgeberin Nadeen zu ihrem Lieblingsitaliener mit der, wie sie sagt, »weltbesten Pasta«, die uns ohne ihre Hilfe sicherlich entgangen wäre. Die Enddreißigerin betreibt mit ihrem Mann im Erdgeschoss eine Möbelwerkstatt, in der ersten und zweiten Etage vermietet sie zwei Zimmer. Auch ihre Küche kann man als Gast mitbenutzen. Ein Japaner, der sich für einen ganzen Monat bei Nadeen einquartiert hat, brät gerade Gemüse, als wir ankommen.

Die Gastgeberin ist selbst viel mit dem Rucksack durch Europa gereist und weiß deshalb, was sich ihre Gäste wünschen. Das mit vielen liebevollen Details eingerichtete Zimmer verfügt über einen Wasserkocher, eine Mikrowelle, eine Kaffeemaschine und eine große Teeauswahl. Auf einem Wohnzimmertischchen liegen Informationen über Melbourne: vom Reiseführer über Flyer bis hin zu handgeschriebenen Zetteln mit persönlichen Empfehlungen. Die

Airbnb-Wohnungen liegen meist nicht in Hotelvierteln, sondern in Wohngebieten – dort, wo die Menschen ihren Alltag leben, ins Café oder zum Bäcker gehen. So habe ich nach nur wenigen Tagen in unserer Unterkunft im Stadtteil Carlton das Gefühl: Ich lebe in dieser Stadt, hier bin ich zu Hause. Die Kellnerin im Café an der Ecke kennt mich und meinen Kaffeewunsch (doppelter Espresso mit ein bisschen Milchschaum).

Authentischen Alltag erleben wir auch in Shanghai. Dort verbringen wir über Aibnb vermittelt drei Nächte in einem Hinterhaus, das auf einem anderen Planeten zu stehen scheint als die blinkenden Wolkenkratzer im Zentrum, wo auf gigantischen Bildschirmen an den Gebäuden die schöne, neue Technik- und Modewelt zu bestaunen ist. Hier nutzen die Bewohner das vermutlich einsturzgefährdete Treppenhaus als Küche und Lager, weil ihre Wohnungen ihnen zu wenig Platz bieten.

Wir freuen uns in Shanghai über die Möglichkeit, selbst zu kochen. Es ist nach einiger Zeit auf Reisen eine willkommene Abwechslung zu Restaurants und Snacks von der Straße. Und in unserer chinesischen Wohnung ist es im Vergleich zur Küche in einem Hostel erheblich entspannter. Denn hier können wir schnippeln und brutzeln, ohne dass Backpacker sich ihre Lauchgazpacho anrühren und hinterher doch vom Steak probieren wollen.

In Airbnb-Wohnungen entgeht man so dem »Where have you been so far«-Gesprächsterror der Hostels. Jeder, der schon einmal mit dem Rucksack gereist ist, kennt diese Konversationen, die ähnlich dem gegenseitigen Abfragen von Motorleistung beim Rennwagen-Quartettspiel ablaufen: *How long are you travelling for? Have you done the very-tough-mountain-hike-at-night?*

Wer dieses Spiel in Reinkultur erleben will, muss nach Thailand reisen, dem Mekka der internationalen Backpacker-Gemeinde. Zentrum dieser Bewegung ist die *Khaosan Road* in Bangkok, wo auf engstem Raum alle Klischees junger Rucksacktouristen erfüllt werden. Sonnenverbrannte Engländer exen lokale Reisbrände begleitet von »Drink, motherfucker, drink«-Sprechchören. Bauchfrei gekleidete Spanierinnen schleppen sich mit Rucksäcken, die fast so groß sind wie sie selbst, die Straße entlang. Amerikanerinnen halten kichernd ihre Beine in ein Aquarium und lassen sich von Fischen abgestorbene Hautzellen abknabbern. Ein paar Schweden stecken sich Tabakpäckchen in den Mund und suchen eine der berüchtigten Ping-Pong-Bars, in denen nicht – wie ich ursprünglich dachte – Tischtennis gespielt wird. Vielmehr haben sich meist reifere Thai-Damen darauf spezialisiert, Pingpongbälle aus ihrer Vagina meterweit in den Raum zu schießen. Eine Mordsgaudi.

Die Backpacker der Khaosan sind auf der Suche nach solchen Kicks, dem großen Abenteuer, das sie aus dem Film »The Beach« kennen: Leonardo di Caprio schlendert darin über die berühmte Straße und nimmt Insekten, Schnaps und Schlangenblut zu sich. Ich glaube, in genau dieser Reihenfolge.

Weit, sehr weit weg von dieser Khaosan-Welt haben wir in Bangkok eine Wohnung am Stadtrand bezogen. Eine Studentin überlässt uns ihr Apartment für eine Woche. Von der kleinen, klimatisierten Wohnung im 15. Stock blicken wir durch den Smog auf die Häuser, Straßen und Baustellen. Auf dem Dach des Wohnblocks gibt es ein Fitnessstudio und zwei Swimmingpools. Als ich am Beckenrand sitze und mir die Abendsonne ins Gesicht scheinen lasse, sagt Paulina: »Na, du Backpacker? Ist es dir hier nicht zu luxuriös?«

»Das ist etwas völlig anderes, wir sind hier doch, wo die Einheimischen wohnen.«

»Na ja, der Durchschnitts-Thai wohnt hier ja nicht.«

»Aber wir leben doch ganz authentisch und kaufen Gemüse auf dem Markt hier ein.«

»Hauptsache, du bist beruhigt.«

Hotel oder Hostel: Wo die Hängematten am schönsten schwingen.

Salta/Tilcara, Argentinien

Wer die Heilige Guadalupe finden will, muss erst durch die Hölle:
der Weg zum Teufelsrachen im nördlichen Argentinien.

Flashpacken ist nicht nur ein Trend, sondern zunehmend ein globales Business, ein Zukunftsmarkt. Schließlich ist der Flashpacker im Unterschied zum klassischen Rucksackreisenden prinzipiell bereit, Geld auszugeben. Wenn es sich lohnt.

Die Besitzer von Hotels und Hostels reagieren entsprechend und passen ihre Infrastruktur an die neuen Anforderungen an. Zum einen vermieten Hotels einzelne günstigere Zimmer, die aufgrund ihrer Größe oder Lage von Rollkoffer-Urlaubern verschmäht werden. Zum anderen bieten Hostels bewusst mehr Komfort an. Die Besitzer – nicht selten ehemalige Rucksackreisende – vermieten zunehmend Einzel- und Doppelzimmer mit eigenem Bad, was noch vor zehn Jahren die Ausnahme in den auf Mehrbettzimmer spezialisierten Unterkünften war. Außerdem steigern die Besitzer die Qualität ihrer Hostels. Das geht so weit, dass ein Pool oder sogar ein Jacuzzi installiert wird.

Meistens verbessern die Hostels ihren Standard jedoch mit dem Einsatz geringerer Mittel. Die Besitzer schaffen einige Hängematten an und tauschen die Plastikbestuhlung gegen folkloristische Holzstühle aus. Bei Renovierungen achten sie nicht nur auf Funktionalität: Da werden mediterrane Terracottafarben auf die Wände gewischt, denn diese Optik hat sich zu einem international anerkannten Reiselook entwickelt – so wie das Album »Buena Vista Social Club« oder die »Bob Marley's Greatest Hits« für viele die Tonspur zu diesem On-the-Road-Gefühl sind.

In genau so einem Reiselook wurde das Hostel *Prisamata* im argentinischen Kolonialort Salta gestaltet: Wände in Erdfarben, Spiegel mit eisernen Schnörkeln und ein Innenhof mit Tischen, Bänken und Stühlen, die – so würde ein bestochener Rezensent im Internet schreiben – zum »Verweilen einladen«. Paulina und ich konnten über ein Onlineportal das einzige Doppelzimmer des Hostels ergattern.

Am frühen Abend essen Paulina und ich Abendbrot in der Hostelküche. Es besteht ganz unexotisch und sehr, sehr unabenteuerlich aus Käse, Wurst, Tomaten und einem Baguette, das durch seine

Konsistenz zumindest für die Schneidezähne ein kleines Abenteuer darstellt.

Währenddessen: Ein groß gewachsener Typ in einer abgeschnittenen Jeans, die die männliche Physiognomie herausfordert, gleitet mit seiner rechten Hand über die Küchenwand. Die Augen zugekniffen, den Hals weit gestreckt, seine Nase droht die Wand zu touchieren – dann fährt er den Zeigefinger aus und klopft mehrfach gegen den Putz.

»Und so läuft man hier über eine Brücke, und schon ist man in Bolivien«, doziert er. *Piece of cake.* Was er dann sagt, höre ich nicht, weil ich gerade – volles Risiko – in das Brot beiße. Er grient jedenfalls sichtlich zufrieden. Ein Backpacker, der von einer anstrengenden Grenzüberquerung berichten kann, ist so happy wie ein Fünfjähriger am Heiligabend.

Der Backpacker ist rund 20 Jahre älter. Er heißt James, kommt aus Australien und steht vor uns wie auf einer Bühne. Auf die Wand hinter ihm haben die Besitzer des Hostels mit dickem Pinselstrich und doch erstaunlich detailgetreu den Straßenplan der Kolonialstadt sowie eine Landkarte des nördlichen Argentiniens und südlichen Boliviens aufgemalt. Das Publikum von James an diesem Abend sind seine australische Freundin, ein Paar aus Deutschland, eine Amerikanerin sowie Paulina und ich. Wir sitzen an einem Holztisch, der ausreichend Platz für eine Großfamilie böte.

Wir unterhalten uns mit unseren Reisekollegen über diese Region Argentiniens, die wenig bereist wird: Wir befinden uns 1500 Kilometer nördlich von Buenos Aires. Die Provinz Salta und der gesamte Norden des Landes haben vom Lebensgefühl her mit der Hauptstadt nichts zu tun. Buenos Aires ist eine der europäischsten Städte des amerikanischen Kontinents: Wer durch die Innenstadt spaziert, könnte – angesichts der Architektur, der Menschen in den Straßencafés, des hygienischen Standards – genauso gut durch eine spanische oder italienische Stadt laufen.

Hier in Salta haben wir auf einer Höhe von knapp über 1000 Metern bereits die Ausläufer der Anden erreicht. Die Landschaft ist karg, gebirgig. Was aber noch stärker ins Auge fällt als geologische Unterschiede zum frühlingsfrischen Buenos Aires, das sind die Menschen hier im Norden. Europäische Wurzeln lassen sich in den Gesichtern der Nordargentinier kaum noch erkennen. Sie sind im Vergleich von gedrungener Gestalt, haben breite, freundliche Gesichter und oftmals auffällig große Augen. Viele von ihnen tragen Ponchos, Tücher und Umhänge in leuchtendem Rot und Gelb. Ein Großteil der Bevölkerung hier im Norden ist *indigen*.

Eine Ureinwohnerin dieser Gegend besuchen wir im *Museum der hohen Berge,* dem MAAM. Leider ist sie schon tot. Vor knapp 500 Jahren wurde ein Mädchen auf einen 6700 Meter hohen Vulkan gebracht. Schon vorher bekam die 13-Jährige einen alkoholischen Drink und Drogen verabreicht – und ist dann bei Minusgraden und extrem trockener Luft *schockgefroren*. In ihrer letzten Ruhestätte, dem Museum in Salta, sitzt sie mit gut erhaltener Haut und Haaren. Das Kinn ruht auf der Brust, als wäre sie gerade kurz weggenickt. Man hat sie als Opfergabe für die Götter ausgewählt, weil sie als perfekte Schönheit galt. »Da hast du ja Glück gehabt, nicht damals geboren zu sein«, sage ich charmetriefend zu Paulina.

Das Mädchen, das *Jungfrau von Llullaillaco* genannt wird, toppt in puncto Gruseligkeit jede Moorleiche in Neustadt am Rübenberge, denke ich.

Auch wenn solche Rituale Jahrhunderte zurückliegen: Das Christentum der Eroberer konnte den Götterglauben nie völlig vertreiben. Heidnische Bräuche wie etwa Säuberungsrituale gegen den

Bösen Blick gehören zum Alltag. Beobachten lassen die sich beispielsweise auf dem Markt, wo Heilerinnen ihre Kunden mit Kräuterbüscheln abklopfen.

Der einzige Nachteil des Andengebiets: Wir sind damit auch im Panflötenland gelandet. Seit den 90er-Jahren, als in deutschen Fußgängerzonen verkleidete Musiker die Tradition der Anden mit viel Hall in der Stimme pflegten, hege ich eine Abneigung gegenüber diesem Speichelhauchinstrument.

Deswegen zögere ich, als James und seine Freundin der Gruppe den Vorschlag machen, zu einer *Peña* zu gehen. In diesen für Salta typischen Restaurants, so schreibt es der Reiseführer, wird in »originaler Atmosphäre« die regionale Musiktradition gepflegt. Ich spiele zischend Luft-Panflöte in Richtung Paulina und verziehe das Gesicht. »Ja, wir kommen gern mit«, flötet sie laut und – trotz meiner Knuffe und Fußtritte – extrem fröhlich. *Great!*

Sarah, die Kalifornierin mit asiatischen Wurzeln, lotst uns alle in eine »wenig touristische« *Peña*. So schreibt es ihr Reiseführer. In den »rustikalen Restaurants« treffen sich ab circa 22 Uhr Musiker. Nach meinen Erfahrungen dieses Abends würde ich ergänzen: um Trinkgeld zu verdienen, sich kostenlos am argentinischen Mixgetränk Fernet-Branca / Cola zu berauschen und nicht selten eine Touristin abzuschleppen.

Musiker im Alter von 20 Jahren singen an diesem Abend mit Inbrunst und spielen ihre Instrumente passioniert: Gitarre, Flöte, und einer übernimmt den perkussiven Part und haut zwei Esslöffel gegeneinander. So ähnelt die *peñas-übliche* Musik eher der fröhlichen Pubmusik Irlands als der melancholischen Andenmusik.

Wir löffeln mit James, seiner Freundin Sarah und dem deutschen Paar eine Maissuppe mit undefinierbaren Einlagen und tauschen

Backpacker-Seemannsgarn aus. Sarah hat die bolivianisch-argentinische Grenze schon überquert, von Nord nach Süd. Die Aktion dauerte annähernd 24 Stunden und klingt nach einer Geschichte, die sie heute nicht zum letzten Mal erzählen wird. Das australische Paar verbringt einen dreiwöchigen Urlaub in Südamerika und will vor allem ausgedehnte Wanderungen unternehmen.

»*Mi lagriiiima*« tönt eine Stimme mit ordentlich Timbre vom Ecktisch herüber. Die Panflöte schwingt sich zu einem Solo auf. Und selbst darüber freue ich mich an diesem Abend. Manchmal gibt es eben diese Momente, in denen man mit pastoraler innerer Stimme denkt: *Es ist alles guuut.*

Paulina und ich unterhalten uns mit den anderen über die Möglichkeit, als *Digital Nomad* zu arbeiten. Das Konzept: auf einer Reise ohne geplantes Ende mit Arbeit am Laptop Geld zu verdienen. Vom Blogger über Webdesigner und Programmierer bis hin zum Redakteur gefakter Hotelrezensionen ist da alles drin. Ich vertrete die Meinung, dass ich immer gern wieder in einen Alltag in der Heimat zurückkehre. Vermutlich denken die anderen: Wie spießig! Ich denke: Ich brauche dringend eine Pause vom Backpackertum.

»Lass uns auf dem Weg nach Bolivien einen Stopp in Tilcara machen«, sage ich zu Paulina. »Dort gibt es ein schönes Hotel mit Pool und großartiger Aussicht. Habe ich online gefunden.« Meine Frau schaut mich ungläubig an. »Da gibt es tolle Wanderungen, zum Beispiel zur berühmten Garganta del Diabolo«, ergänze ich wahrheitsgemäß. Auch um meine Backpackerehre zu wahren.

Zwei Tage und eine anderthalbstündige Busfahrt später erreichen wir die *Posada de la luz.* Hier gilt: Wer in rustikalem Ambiente mit Getränken und kalten Kompressen empfangen wird, der hat ein Boutique Hotel betreten. In der Posada trifft Gaucho-Folklore in

Holz und Stein auf Wellness. An der Rezeption sedieren uns meditative Gitarrenmusik und Räucherstäbchen, während wir auf das großzügige Areal vor Bergpanorama schauen. Einige der Hütten und Zimmer lassen sich über das Internet zur Nebensaison günstig mieten. Die Besitzer erreichen mit diesen Angeboten vor allem Flashpacker, die in der Region wandern wollen – und sich abends lieber beim Wein mit Andenblick ausruhen als in einem Hostel Bierdosen zu »stechen«.

Vom Pool aus bietet sich zumindest dem Rückenschwimmer ein rundum spektakulärer Blick: Felsen, Hügel, dahinter thronen die Anden, muskulös und filigran zugleich. Wir verbringen den Tag in Hängematten damit, dieses Steinstillleben mit all seinen Kratern zu bewundern. Außerdem nutzen wir die Gelegenheit – endlich funktioniert das WLAN mal wieder –, mit unseren Familien zu *skypen*. »Hallo Mama, ja, hier thronen die Anden, muskulös und filigran zugleich«. »Aha, und das Essen?«

Wir schlafen so gut in unserer Hütte mit unverbrauchter Matratzenhärte und der Ruhe der Wildnis um uns herum, dass wir am nächsten Tag viel zu spät aufbrechen. Der Plan: Wir wandern zu einer Schlucht namens *Garganta del Diabolo,* dem Teufelsrachen. Paulina habe ich gesagt, dass es sich eher um einen Spaziergang handelt – halb aus Unwissenheit, halb aus Berechnung. In der Mittagshitze ist der Weg mit stattlichem Höhengefälle körperlich beschwerlich, der Ausblick hingegen macht einem das Herz ganz leicht. Es lässt sich auf dem Weg zur Schlucht erkennen, warum die Gegend es in zahlreiche Bildbände geschafft hat, die auf *Coffee Tables* von Kapstadt bis Kalifornien liegen: Durch unterschiedliche Mineralien in den Gesteinen bilden sich Farbschichten. Es sieht aus wie diese Wohnzimmerdekoration aus dem Jahr 1992, bei der unterschiedliche Sandsorten zwischen zwei Glasscheiben Muster ergaben. Wir fühlen uns bei der Wanderung selbst wie in einem Glashaus: Die Sonne sticht mit unverständlichem Zorn auf unsere Köpfe, der Wind dagegen scheint diese Gegend zu meiden. Lediglich unsere Schritte wühlen den roten Staub auf, der durch unseren Schweiß an Beinen, Armen und selbst im Gesicht klebt. Wir werden paniert. Es kostet mich einen Großteil unserer Wasserration und viel Überzeugungskraft, dass wir auch noch die letzten Meter in die Garganta del Diabolo hinuntersteigen. In der Teufelsschlucht selbst zeigt sich, welch Schönheit sich hinter einem unattraktiven Wort verbergen kann: Tiefenerosion. Der Fluss Huasamayo hat sich über Jahrtausende an dem Gestein abgearbeitet und hat so die Garganta geformt. Ich teile übrigens dieses geologische Grundwissen mit Paulina, als wir durch die Schlucht schlurfen und einen Wasserfall suchen.

»Dazu sage ich nur zwei Worte.«

»Grand Canyon?«, frage ich zurück.

»Nach Hause!«

Als wir nach einigen Stunden wieder die *Posada de la luz* erreichen, springen wir, so schnell es geht, in den Pool, genießen die Aussicht und Ruhe. Keine Backpackergespräche, wir hören lediglich die Grillen, die ihren musikalischen Dienst tun und einige entfernte Stimmen von der Dorfstraße.

»Da kommen Leute«, sage ich zu Paulina, die gerade einige Bahnen gekrault ist. Eine Gruppe von zehn oder 15 Menschen läuft über das Grundstück und trägt eine liegende Frau an uns vorbei.

»La Virgen de Guadalupe«, sagt Pau. Es ist die hölzerne Figur der Schutzheiligen Mexikos. Im Jahr 1531 ist sie, so die Legende der Spanier, einem Mann im heutigen Mexiko-Stadt erschienen. Mittlerweile ist ihr Bild in ganz Lateinamerika in Kirchen zu sehen – als Lichtgestalt in Marienpose, mit etwas dunklerem Teint. Paulinas

Eltern haben der Schutzheiligen in ihrem Garten in Mexiko-Stadt eine Ecke gewidmet: mit ihrem berühmten Bildnis und Blumenvasen davor.

Diese Dame mit melancholischem Lächeln tragen die Bewohner von Tilcara am Pool vorbei – in Richtung eines Pavillons auf dem Grundstück unserer Posada. Paulina erinnert sich, dass sich in diesen Tagen die Erscheinung der mexikanischen Maria jährt, was mit Gottesdiensten ihr zu Ehren gefeiert wird.

»Euch wird zu dieser Zeit etwas Gutes passieren«, hatte Paulinas Mutter uns heute noch über Skype prophezeit. Nun nehmen wir – schnell abgetrocknet und angezogen – an der Andacht teil. Guadalupe hat in dem Pavillon einen reich mit Blumen verzierten Ehrenplatz eingenommen. Die Menschen aus dem Dorf sitzen in Wollpullis um sie herum, eine alte Frau mit Pudelmütze bittet uns, Platz zu nehmen. Es werden Geburtstagslieder für die Heilige gesungen. Ich nehme Paulinas Hand und drücke sie zweimal kurz.

Ich denke: Man kann in einem Boutique-Hotel übernachten und den Menschen des Landes näher sein als in einem Hostel, wo man eher die Kultur Englands und Australiens kennenlernt.

Darf ein Rucksackreisender also gut schlafen? Er sollte sogar. Denn nur wer ausgeruht reist, hält die Augen weit genug offen, um die kleinen Abenteuer des Alltags zu erleben. Und ausgeschlafen lassen sich auch Panflöten leichter ertragen.

Wie man sich Luxus für einen Tag gönnt.

Yangon, Burma[1]

Hineinschleichen und genießen: Pool in einem Luxusresort.

Wir haben es oft im Spreewald getan, dann in Sri Lanka, auf Fidschis Hauptinsel *Viti Levu* und an vielen weiteren Orten: Wir haben

---

1 Offiziell heißt das Land »Republik der Union Myanmar«, ein Name, der von der Militärjunta stammt. Viele Medien und Reisende verwenden daher lieber den älteren Namen Burma. So wie ich.

einen Tag am Pool eines luxuriösen Hotels verbracht. Ohne in dem Etablissement zu übernachten. Und das nicht immer ganz offiziell.

Es geht bei einer Unterkunft nicht immer nur um die Zeit zwischen Sonnenuntergang und Morgendämmerung. *From dusk till dawn.* Manchmal möchte der Reisende tagsüber keine Ausflüge unternehmen, Sehenswürdigkeiten besichtigen oder die Kultur auf andere Art entdecken. Nein, manchmal möchte der Reisende schlicht mit einem guten Buch oder einem schlechten Magazin in der Hand und seiner Lieblingsmusik auf den Ohren am Pool liegen.

Mit diesem Wunsch blicken wir an einem Morgen im burmesischen *Yangon* auf den vor uns liegenden Tag. Die wichtigste Sehenswürdigkeit, die *Shwedagon*-Pagode, hatten wir am Tag zuvor besichtigt. Die Wettervorhersage auf unserem Smartphone geht davon aus, dass die Temperatur auf 39 Grad steigen wird. Schon jetzt sorgt die hohe Luftfeuchtigkeit dafür, dass wir beim Frühstück in unserem wasserbeckenlosen Hotel um 10 Uhr ins schwer zu kontrollierende Schwitzen geraten. Paulina blättert im Reiseführer: Früher war es wohl möglich, gegen Gebühr den Poolbereich eines Hotels zu nutzen, steht da.

»Das kann doch nicht wahr sein«, sagt sie und wählt über Skype bereits die Nummer der Luxusherberge. »Können wir zum Lunch kommen und Ihre Anlage den Nachmittag über nutzen?« Die Frage hat sich in der Vergangenheit schon mehrfach gelohnt. Insbesondere in der Nebensaison lassen sich Portiers gern darauf ein, und wir profitieren doppelt: von einem exzellenten Mittagessen und einem Nachmittag mit Schwimmbecken. *Win Win Win.*

Aber wir telefonieren gerade mit dem besten Haus am Platze in einem Land, das zu dieser Zeit von einer Militärjunta regiert wurde. »No!«, tönt es aus dem iPhone-Lautsprecher. Angesichts der weiter steigenden Temperaturen, beschließen wir, kein Nein zu akzeptieren. Mit möglichst wenigen Bewegungen packen wir Schwimmsachen in unseren Tagesrucksack und nehmen ein Taxi zum *Chatrium Hotel Royal Lake*. Die Einfahrt hält, was der Name verspricht: Königlich geht es die reichbeflaggte Auffahrt einen Hügel empor, vorbei an dem namensgebenden See. Ein uniformierter Page mit Deckelhut eilt zu unserem Taxi, hält uns die Tür auf. »*Welcome, Sir.*«

Ein noch besserer Empfang: die kalte Luft, die uns aus dem Eingang entgegenströmt. »Ob man uns ansieht, dass wir Betrüger sind?«, flüstere ich Pau zu, als wir die Lobby betreten. »Sind wir doch gar nicht, wir sind hier zum Teetrinken.«

Schon längst hat meine Frau jenseits von dunklem Holz, Goldverzierungen und mächtigen Gemälden den Eingang zum Restaurant entdeckt. Mit der Selbstverständlichkeit eines geübten Hochstaplers schreiten wir über den Teppich, der so weich ist, dass wir wie auf Watte wippen.

Das burmesische Militär versteht so einen Spaß sicher nicht. Kaum wabert dieser Gedanke durch meine Hirnwindungen, sehen wir plötzlich eine Gruppe von Soldaten. Ich war nicht beim Bund und kenne mich mit militärischen Dienstgraden nicht aus. Doch diese vielleicht zehn bis 15 Männer sind so hochdekoriert, so behangen mit Orden-Lametta, dass ich schätze: Generäle. Zu ihrem Schutz haben sich Soldaten niederen Ranges, aber dafür schwer bewaffnet, an den Fenstern positioniert. Paulina und ich biegen schwungvoll in das Restaurant ab und bestellen mit Blick auf den Poolbereich zwei Tassen Tee. Es wird britisches Gebäck gereicht. Von dem kühlen Nass trennen uns Glas, eine Etage und rund 50 Meter.

»Ich gehe mal auf Toilette«, sage ich zu Pau und zwinkere ihr zu. Ein Stockwerk tiefer scheitere ich an einem Hotelbediensteten, der den Weg zum Schwimmbereich verstellt. Ich trete den Rückzug an, wie es die Militärs hier vermutlich ausdrücken. Die sind übrigens nicht nur burmesische Landsmänner, sondern eine internationale Truppe. Zumindest habe ich darunter auch US-Amerikaner ausgemacht. Als ich ohne Erfolgsmeldung zu Paulina zurückkehre, rückt sie ihrerseits aus. *Mission Wasserschlacht.*

Es dauert keine zehn Minuten, da sehe ich meine Frau, wie sie vor dem Restaurant zwischen zwei Büschen auftaucht und mir Zeichen gibt – offensichtlich aus dem Poolbereich kommend. Was für eine Frau, denke ich, bezahle den Tee und mache mich über einen Hinterausgang des Restaurants auf dem Weg zu ihr. Wir schaffen es am Ende mit dem zwischenzeitlichen Entwenden von Hotelhandtüchern, unseren Aufenthalt am Pool gänzlich für Außenstehende zu legitimieren. Stundenlang entspannen wir hier so, wie wir es uns erträumt hatten, und stellen fest: Ein schlechtes Gewissen kommt so schnell nicht auf, wenn man mit einem Drink am Infinity-Pool liegt.

Flashpacker-Tipps:

- **Upgraden statt down sein:** Oft sind es lediglich 20 Dollar, die zwischen einer revitalisierenden Nacht und einem Albtraum liegen.

- **Luxushostel für Partypooper:** Suche Hostels, die als Zielgruppe Flashpacker entdeckt und sich entsprechend herausgeputzt haben. Beim Stichwort *Partyhostel* schnell wegklicken!

- **Mein Pool, mein Kingsize, mein Rucksack:** Boutique-Hotels bieten manchmal Zimmer für Flashpacker an. Immer auf dem Schirm haben!

- **Schleichen, sonnen, schlemmen:** Es gibt fast immer eine Möglichkeit, einen Tag am Pool eines Luxushotels zu verbringen.

- **Nicht ohne mein Internet:** Ein Zimmer online zu buchen ist billiger und bequemer als vor Ort zu suchen. In jedem Fall: Recherchiere online, bevor du ankommst!

- **Schau mir in die Augen:** Prüfe die Rezensenten hinter den Bewertungen im Netz ganz genau!

3. Komfort-Abenteuer

||||||||||||||||||||||||||||||||||||||||||||||||||||||||||||||||||||||||||||||||||||||||||||||||||||||||||||

Wie gefährlich darf es sein?

Ein Abenteuer, vor allem wenn man das erste Mal auf einem Pferd sitzt: durch den kolumbianischen Dschungel.

MUSIK ZUM LESEN

http://spoti.fi/2oKI0O9

Warum ich den Inca Trail nicht laufe – und Machu Picchu trotzdem ein Riesenabenteuer wird.

Cusco/Aguas Calientes, Peru

Relikte eines Imperiums in den Anden: Wir blicken atemlos auf Machu Picchu. Knapp neben dem Inca Trail.

6.30 Uhr, 2700 Meter über dem Meeresspiegel. Es ist ein beschwer-
licher, ja ein verdammt harter Weg hier hoch. Zumindest für den un-
trainierten Flachlandbewohner, wie ich einer bin. Paulina hält sich
tapfer, crosstrainergestählt, sagt nichts. Der Pfad schlängelt sich zunächst geduldig um den Berg, dann steigen einige Passagen hektisch
an – sodass wir gebückt mit dem ganzen Gewicht die Füße gegen
das Geröll rammen müssen, um nicht zu kippen. Doch der Kampf
des Aufstiegs wird schon auf dem Hinweg mehrfach belohnt, wenn
wir uns auf Terrassen umdrehen und sich die Landschaft wie eine
Fototapete vor unseren Augen ausrollt. Gegenüber ein zweiter Berg
in Form eines Zuckerhuts, ein zartes Grün überzieht die Hügel. Darüber dampft noch Morgennebel. Dahinter immer weitere Berge,
unterschiedlich hohe Kuppen, scheinbar nach Gutdünken hinterei-
nander aufgestellt. Ein Horizont voll grün-grauem Massiv. Paulina
und ich wechseln während des Aufstiegs nicht mehr als drei Worte: *Wow! Uff! Foto?* So viel frische Luft an diesem Morgen, allein es
fehlt der Sauerstoff.

Es ist knapp acht Uhr morgens, als wir den felsigen Gipfel des *Huayna
Picchu* erreichen – der »Junge Berg«, wie die Inka ihn getauft haben.
Wir blicken hinab auf eines der schönsten Fragezeichen der Weltge-
schichte: auf die Ruinenstadt *Machu Picchu,* die sich an den namensgebenden Zuckerhut – den »Alten Berg« – schmiegt. Fragezeichen
deshalb, weil niemand wirklich weiß, warum die Inka diese Anlage im Jahr 1450 eigentlich errichtet haben. Und Fragezeichen auch,
weil niemand eine Erklärung dafür hat, warum die Bewohner ihre
Stadt wohl 100 Jahre später einfach verlassen und dem Willen des Ur-
walds überlassen haben. Nur 15 Kilometer entfernt bewohnten die
Inka bereits die Stadt Llactapata. Lediglich 75 Kilometer weiter lag
ihr Machtzentrum, ihre Hauptstadt Cusco. Von hier aus beherrsch-

ten sie ein riesiges Gebiet bis nach Chile und Argentinien – auch bis in die Region Salta, wo sie unter anderem Kinder rituell schockgefrieren ließen.

Seit 1911 – als der amerikanische Geschichtsprofessor Hiram Bingham mithilfe von Studenten der Yale-Uni die Ruinen von Machu Picchu ganz offiziell wiederentdeckte – rätseln Forscher weltweit und haben unzählige Theorien zu der Inka-Stadt aufgestellt. Bei einem sind sich die Wissenschaftler jedoch einig: Der 38-jährige Bingham lag falsch mit seiner Vermutung, die Inka hätten auf der Flucht vor den Spaniern ihre Hauptstadt hierherverlegt.

Die schlüssigste Theorie, warum der neunte Inka-Herrscher Yupanqui, der sich selbst den unbescheidenen Vornamen Pachacútec (Retter der Welt) gab, die Stadt in solcher Einöde erbauen ließ: Er wollte einen Ort schaffen, um hier den Sonnengott Inti in schönster Umgebung zu verehren. Fernab der Intrigen der Hauptstadt, die selbst die Autoren einer mexikanischen Telenovela nicht besser hätten erfinden können. Pachacútec war diesbezüglich selbst kein Kind von Traurigkeit. Stichwort: Brudermord.

Wir blicken 560 Jahre später ganz unvoreingenommen auf das hinab, was dieser Mann erschuf beziehungsweise was davon übrig geblieben ist. Die Grundmauern der 216 Gebäude, die auf Terrassen errichtet wurden, sind noch gut erhalten. Das eine oder andere Dach ist zu erkennen. Steintreppen im gleichen Farbton führen steil nach oben. Torbögen geben Einlass in die einstigen Gassen dieser Stadt, in der schätzungsweise 1000 Menschen lebten.

Wie wir später beim Gang durch diese Fußwege von einer Reiseführerin erfahren, wohnten unterschiedliche soziale Schichten und Berufe in eigenen Stadtvierteln. In den besseren Gegenden gab es mehrstöckige Privatgebäude, damit dort auch Bedienstete Platz fanden. Es war insgesamt ein streng durchregulierter

Beamtenstaat. Also eigentlich so, wie man sich die EU in Brüssel vorstellt.

Landwirte bauten an den Hängen vor allem Mais an. Die Felder wurden mit ausgeklügeltem Inka-Hightech sehr exakt automatisch bewässert.

Einige der offenen Wasserleitungen, die durch die Stadt laufen, sind noch heute zu erkennen. Die Häuser verfügten schon damals über ein Frisch- und Abwassersystem. Ansonsten verbrachten die Bewohner von Machu Picchu ihre Zeit damit, dem bereits erwähnten Gott Inti im Sonnentempel zu huldigen. Was auch immer sie genau dort unten trieben: Die Inka haben uns etwas hinterlassen, das jeder als etwa Besonderes wahrnimmt.

So sieht das auch ein keuchender Kanadier, der bei seiner Ankunft am Gipfel des *Huayna Picchu* brüllt: »This is the most amaaaazing thing I've ever seen.« So ungelenk es sich auch aus dem Munde des Übergewichtigen in Turnschuhen anhört – der Mann hat recht.

Paulina und ich erklimmen einen Felsen, packen unsere mitgebrachten Sandwiches aus, blicken hinunter und fragen uns kauend: Warum haben diese alten Steine zwischen zwei Bergen eigentlich so eine starke Wirkung auf uns Menschen? Da ich besonders gern mit Schinken zwischen den Zähnen philosophiere, beginne ich: »Man weiß nicht, wo die Ruinen aufhören und die Berge beginnen, man spürt die Einheit von Mensch und Natur.« Paulina kontert mit einem abgewandelten Forrest-Gump-Zitat: »Machu Picchu ist wie Schokolade, jeder mag es.«

Sehr harmonisch, alle sind sich einig. *Wie* man allerdings am besten hierherkommt, da gehen die Meinungen auseinander. Zumindest zwischen Paulina und mir.

Und diese Auseinandersetzung begann schon einige Wochen vor diesem Moment, in dem wir auf dem Gipfel sitzen.

Wer sich mit Südamerikareisenden unterhält, der kommt zwangs-
läufig nach spätestens zehn Minuten auf das Thema Machu Picchu.
Denn entweder waren sie bereits dort oder sie haben es fest ein-
geplant. Auf unserem Weg von Argentinien bis hierher nach Peru
konnten wir also in unzähligen Gesprächen darüber sinnieren, wie
man sich der Inka-Stadt am besten nähert.

Es gibt im Wesentlichen zwei Möglichkeiten: ein mehrtägiger
Fußmarsch oder eine dreistündige Zugfahrt. Der sagenumwobene
Inca Trail ist darunter der Klassiker und zieht Backpacker an, wie ein
Eimer frisches Blut die Haie. Man folgt mit einer Gruppe rund vier
Tage lang einem der Hauptpfade der Inkas – und ist auf diese Weise
dann wirklich auf ihren Spuren. Dabei überquert man drei Gebirgs-
pässe auf jeweils rund 4000 Metern. Wer da noch geradeaus gucken
kann, genießt dramatische Aussichten. Die Höhenunterschiede auf
der Strecke sind so groß, dass man sowohl Schnee als auch tropische
Pflanzen zu sehen bekommt. Abends sitzen die Wanderer mit ihren
Alpacamützen am Lagerfeuer.

Die Teilnehmer erhalten am Ende der Tour ein T-Shirt mit der Aufschrift »I did the Inca Trail«. Wie nach einem absolvierten Marathon-
lauf. Die Besitzer eines solchen Hemdchens, die wir treffen, erzählen
unisono, wie anstrengend, aber lohnend und *life changing* das Unterfangen sei. Mir kribbelt's in den Beinen, ich bekomme Lust auf diese
herausfordernde Wanderung.

»Du hast dir doch extra diese teuren Trekkingschuhe gekauft«, beginne ich das Gespräch an einem Abend.

»Mmmh«, antwortet Paulina, die bisher akribisch darauf geachtet
hat, ebendiese Schuhe vor allem nicht zu verschmutzen. Ich erinnere
sie an die Stunden, die wir im Laden eines großen Reiseausstatters

in Berlin verbracht haben. Wie viele Paare Paulina anprobiert hat, wie oft sie in dem Laden über eine Brücke mit den unterschiedlichsten Gesteinen gelaufen ist. Diese Schuhe sitzen perfekt, sind leicht und geben auch bei steinigem Untergrund sicheren Halt. Apropos schwieriges Terrain: Paulina hat intuitiv gemerkt, in welche Richtung das Gespräch gehen soll und sagt: »Den Inca Trail gehe ich auf keinen Fall. Lass uns, statt vier Tage zu leiden, doch lieber direkt zum eigentlichen Highlight vorspulen.« Und ich dachte immer, die Deutschen seien weltweit führend in puncto Direktheit.

Bei mir kommen derweil einige Fragen auf: Kann man den Zauber Machu Picchus überhaupt erleben, ohne auf dem Pfad der Inka zu wandeln? Braucht es nicht den Schweiß und die Schmerzen von vier Tagen, um des Anblicks würdig zu sein? Benötigt man eine mystisch-masochistische Vorbereitung für den Blick, der sich einem bieten wird? Und vor allem: Wie soll man das einem Rucksackreisenden beibringen? *Och, wir sind da mit der Bimmelbahn hin.*

Zwei Tage vor unserem Ausflug nach Machu Picchu erreichen wir in den frühen Morgenstunden mit einem Nachtbus Cusco und flanieren durch die Gassen, bis endlich das erste Café öffnet. Die frühere Inka-Hauptstadt präsentiert sich heute als Mix dreierlei Kulturen: Von den Erbauern der Stadt im 12. Jahrhundert sind im Wesentlichen noch einige Originalmauern übrig geblieben, die Touristen mit Begeisterung betatschen (ich wollte, habe aber nicht). Ansonsten leistete der Eroberer Pizarro 1533 ganze Arbeit: Die Spanier rissen die Inka-Tempel nieder, erbauten auf dem Schutt ihre Kirchen mit den Materialien heiliger Stätten aus der Region und schifften alles Gold und Silber nach Europa. So schrecklich all das ist, das Vermächtnis der zweiten Kultur in Cusco ist eine koloniale Perle. Auf dem *Plaza de Armas* – schon seit Inka-Zeiten das Zentrum der Stadt – haben die

Spanier ein Ensemble aus drei Prachtbauten hinterlassen: Die wuchtige Kathedrale – erbaut auf dem Grund des Inka-Palastes – wird von zwei Kirchen flankiert. Eine heißt passenderweise »Triumph«. Wir sitzen in einem Café am Rande der *Plaza* und entdecken einen weiteren Gruß der Erbauerkultur: Über dem Platz weht die Regenbogenfahne, die seit jeher Inka-Gebiet signalisiert. Zwei europäisch aussehende Männer in kurzen Hosen lassen sich gerade Arm in Arm vor dieser Flagge fotografieren. Wohl ein Missverständnis.

Sie sind Teil der dritten Kultur, die in Cusco Einzug gehalten hat: der internationale Tourismus. Am Plaza de Armas bieten McDonald's und KFC Schnellfrittiertes an, entlang der originalen Inka-Mauer hüpfen mit Federschmuck verkleidete Nachkommen dieser Kultur zu Flötenmusik für Gäste aus aller Welt. Eine der Gassen wird *Gringo Alley* genannt, weil die Restaurants und Bars sich auf diese Zielgruppe spezialisiert haben. Was auffällt: Lokale Geschäfte und die gesamte Tourismusbranche unterscheiden hier nach Einheimischen und Auswärtigen: Selbst bei dem Fastfoodladen KFC sind zwei Preislisten angeschlagen, eine für Peruaner, die andere für Ausländer.

Am Abend gehen Paulina und ich in einen *Irish Pub,* in dem der Einfachheit halber für jeden alles teuer ist. Diese Bierbars findet man auf der ganzen Welt. Sie sind für den Backpacker ein Stück Heimat mit ihrer immer gleichen Einrichtung und Atmosphäre: Dunkle Holzvertäfelung, irische Biere, eiskaltes Foster's und dazu läuft Guns'n'Roses. Man spricht Englisch.

Wir treffen die Schottin Erin. Sie ist Ende 20, sehr blond und wenig schüchtern. Es ist recht frisch am Abend in Cusco, sie trägt ein bauchfreies Top. Für die Inka war ihre Hauptstadt der »Nabel der Welt«, so die wörtliche Übersetzung des Namens. *It all makes sense.*

Wir sprechen mit Erin selbstverständlich über Machu Picchu.

»Der Inca Trail ist doch was für Touristen«, sagt sie nach dem zweiten Bier. Die *Salcantay*-Route sei das richtige Abenteuer. Die Inkas waren sehr fleißige Pfadbauer, und deshalb gibt es noch einige weitere Wege, die nach Machu Picchu führen. Es dauert zwei Tage länger, diese Strecke zurückzulegen. »Aber wenn du dann ankommst, ist das wie ein Orgasmus«, sagt sie. Selbst mir – alte Backpackerseele und Mann – macht sie damit die noch beschwerlichere Strecke zu den Ruinen nicht schmackhaft. Paulina hat eh schon auf Durchzug gestellt und versucht hartnäckig, sich in das WLAN der Kneipe einzuloggen.

Nun schaltet sich Josh in unser Gespräch ein. Keine Ahnung, wo der so plötzlich herkommt. Wahrscheinlich hat er das Signalwort Orgasmus gehört. Der schlaksige Josh mit Langhaarfrisur ist ein paar Jahre jünger als Erin und auf die Frage, wo er herkommt, antwortet er mit dem dumpfsten Hippiegeschwafel, das ich seit Langem gehört habe.

»Ich bin eher so Weltenbürger«, labert er drauflos, verrät aber durch sein Englisch, das er aus den USA stammt. Nicht einmal Erin zeigt sich beeindruckt, Paulina stupst mich unterm Tisch an und widmet sich weiter ihrem IT-Problem. Aus Höflichkeit frage ich den Weltenbürger, wie er denn gedenke, zu den Ruinen zu kommen. Das ist *sein* Stichwort. »Ich bin seit drei Monaten in Cusco und war noch nicht dort, und ich fahre auch nicht hin«, stellt er nicht ohne Stolz fest. »Mir ist es viel wichtiger, die Menschen kennenzulernen und die Sprache zu lernen.«

Erin bestellt sich ein neues Bier, es läuft das Lied *Wonderwall.* »Da bist du hier ja genau richtig«, sage ich zu Weltenbürger Josh. Er nickt.

Paulina versucht mittlerweile, auf Facebook zu posten, dass wir Machu Picchu besuchen werden.

»Wie kommt ihr eigentlich dorthin«, fragt Erin, wohl vor allem damit Josh Ruhe gibt. Warum ist mir meine Antwort in diesem Moment eigentlich peinlich? Ich bin kein Weltenbürger, ich trage kein bauchfreies Top, ich bin doch erwachsen.

Wir nehmen dann mal den Zug.

Inca Rail statt Inca Trail, denke ich, als ich die rote Aufschrift auf dem Wagon im Orientexpress-Look am nächsten Tag sehe. In einem Van, den wir uns mit zwei Mädchen aus Singapur teilten, sind wir nach *Ollantaytambo* gelangt – ein Bergdorf, das den Spagat von Ursprünglichkeit und Tourismus gut zu meistern scheint. In Ollantaytambo startet am Nachmittag die Zugreise Richtung Machu Picchu für all jene, die kein Ticket ab Cusco mehr bekommen haben.

Wir haben einen Zug mit Panoramafenstern (zwei gläserne Reihen im Dach des Wagons) gebucht und sitzen auf der linken Seite – so empfiehlt es der Reiseführer für den optimalen Blick. Während Erin vermutlich gerade in Hotpants mit dem letzten Aufstieg des Tages auf dem Inca Trail kämpft und japsend versucht, möglichst viel Sauerstoff aus der dünnen Höhenluft zu saugen, lassen Paulina und ich uns in die dick gepolsterten Ledersessel des Zugwagons plumpsen. Ein adrett in Schwarz-weiß gekleideter Kellner verteilt Süßigkeiten und Tee. Ich schaue mich um und stelle unsere Mitfahrer analysierend fest: *Das hier ist der Flashpacker-Express.*

Ein Italiener in unserem Alter, der mit seiner Freundin durch Südamerika reist und uns gegenübersitzt, sagt, während er an seinem Tee nippt: »Eigentlich wollten wir natürlich den Inca Trail machen, aber es war alles ausgebucht.« Übersetzt heißt das: *Wir, vor allem meine Freundin, hatten keine Lust auf eine viertägige Wanderung.*

»Bis vor wenigen Jahren konnte man noch mit dem Hubschrauber Machu Picchu erreichen«, sage ich zu dem italienischen Pärchen. »Was für Weicheier!«

Der Form halber hatte ich im Anschluss an Paulinas deutliche *No-Inca-Trail*-Durchsage auch im Internet nach Touren geschaut. Ich hätte ja auch ohne meine Frau wandern können. *Pah!* Meine kurze Recherche ergab für mich eine Erleichterung: Die Touren entlang des Inca-Trails waren auf Monate ausgebucht, lediglich die Salcantay-Route wäre noch möglich gewesen. Aber so lange konnte ich meine Frau ja nun wirklich nicht allein lassen.

Der Zug rattert, mal in Schrittgeschwindigkeit, mal im Galopptempo, durch das Urubamba-Tal. Es ist der Inca Trail im Schnelldurchlauf. Die zerklüfteten Berge rechts und links von uns ragen immer höher in den Himmel, die Gipfel lassen sich bald nur noch durch die Panoramafenster erkennen. Tropischer Urwald bedeckt niedrigere Teilstrecken. »Heeeerrlich«, sage ich zu Paulina, »ich war schon immer ein Zugfan!« Der Italiener bestellt süßes Gebäck nach.

Nach rund drei Stunden erreichen wir den Ort *Aguas Calientes,* der sich neuerdings aus Gründen des Standortmarketings *Machu Picchu-Dorf* nennt. Paulina hat eine Flashpacker-Unterkunft für uns übers Internet gebucht: ein Hotel mit wenigen Zimmern, in dem das Doppelzimmer kaum mehr kostet als in dem örtlichen Hostel.

Der französische Besitzer holt uns am frühen Abend vom Bahnhof ab. Die Luft hier auf knapp über 2000 Metern: kühl und klar, und es riecht nach Gegrilltem aus den zahlreichen Restaurants. Der Hotelbesitzer ist ein hagerer Mann, der uns unterwegs erzählt, was ihn hierherverschlagen hat. Mit zwei Freunden wanderte er vor einigen Jahren nach Peru aus, um eine französische Bäckerei und Konditorei zu gründen. Wegen Streitigkeiten stieg Mathieu, so heißt er, aus dem Laden aus.

Von unserem Zimmer aus, das sogar mit einem Fernseher ausgestattet wurde, blicken wir auf das entfernt an Hollywood erinnernde Schild »Machu Pichu Pueblo«. Dem 2000-Seelen-Ort fehlt der kalifornische Glanz. Im örtlichen Grillhaus ist das Meerschweinchen gerade aus.

Wir holen unsere übers Internet gekauften Eintrittskarten für die Ruinenstadt im Touristenbüro ab. Es hängen auch hier zwei Preislisten für die Züge und den Eintritt zu den Ruinen: eine für Peruaner und eine für Nicht-Peruaner. Für Letztere, also uns, ist das Gesamtpaket inklusive Zugreise teurer als zwei Tage Disney-Land, also grob geschätzt eine Woche Heide-Park. *Huayna Picchu* buchen wir trotzdem hinzu, von dort soll man nach einem anderthalbstündigen Aufstieg den besten Blick haben. In zwei Chargen werden täglich insgesamt nur 400 Menschen auf den Berg gelassen. Vor allem aus Sicherheitsgründen – angesichts des ungesicherten Pfads. Ich freue mich vor allem auf eine Aussicht: die Aussicht auf ein kleines Abenteuer.

Am nächsten Morgen, es dämmert gerade, bereitet uns Mathieu ein *Frühstück für Abenteurer:* Vollkornbrot, Müsli, starker Kaffee und der obligatorische Koka-Tee. Er schmiert uns außerdem Brote für den Tag, gibt uns Regenponchos mit auf den Weg für den Fall, dass das Wetter sich an die Vorhersage hält. Manch einer wäre froh, solch eine Mutter zu haben.

Schlaftrunken stapfen wir in Richtung Bushaltestelle, um möglichst mit der ersten Fuhre des Tages die letzten acht Kilometer zurückzulegen, die uns nun noch von Machu Picchu trennen. Als ich die Preise für Nicht-Peruaner sehe, erwäge ich doch noch, den Rest zu laufen.

»Dann verpassen wir doch unseren Eingangsslot zu *Huayna*«, warnt Paulina, die schon den passenden Betrag für zwei Personen zur Hand hat.

Wenig später geben uns die Drehtüren des Eingangsbereichs den Weg frei in die Welt Machu Picchus. Wir sind sofort eingenommen von dem Anblick. Was fasziniert so sehr an diesem Stillleben von Ruinenstadt und Bergen? Uns fällt auf: Das Original ist beeindruckender als die ikonische Überhöhung von Bildern. Wer dagegen in New York gemeinsam mit einem Touristenpulk auf die Freiheitsstatue blickt, hört mit hoher Wahrscheinlichkeit von irgendwoher jemanden aus dem Rheinland sagen: »Mensch Renate, dat hab isch mir aber viel größer vorjestellt.«

Wir haben keine Zeit, uns von dem Anblick weiter überwältigen zu lassen – wir haben schließlich einen *Terminslot*. Auf dem Gipfel des Huayna Picchu, wo ich etwas von der Einheit zwischen Mensch und Natur fasle und Paulina von Schokolade spricht, muss ich an unsere Pub-Bekanntschaften in Cusco denken. Es tut mir leid für Weltenbürger Josh, dass er diesen Moment nicht erleben wird. Für die Schottin Erin hoffe ich, dass ihre Ankunft nach sechs Tagen Schmerz und Schweiß auch wirklich voll und ganz ihren Erwartungen entspricht.

Wer gern wandert, kann natürlich auch als Flashpacker die Komfortzone ein paar Tage verlassen – und den Inca Trail oder eine der anderen Routen laufen. Es ist, da bin ich mir sicher, ein unvergessliches Erlebnis. Magisch meinetwegen. Aber die vier bis sechs Tage *Blut, Schweiß und Tränen* sind für das Abenteuer Machu Picchu eben nicht zwingend notwendig. Es reicht, frühmorgens auf den Berg zu kraxeln, bevor am Vormittag dann Horden von Touristen einfallen.

Abenteurer im eigentlichen Sinne sind die Menschen mit »I did the Inca Trail«-Shirts[1] auch nicht. Sie zahlen für ihre Bequemlichkeit: Einheimische Sherpas tragen das ganze Gepäck inklusive Proviant für das Abendessen unterm Sternenhimmel.

Ein wahrer Abenteurer war dagegen der Machu-Picchu-Entdecker Hiram Bingham. Als er vor mehr als 100 Jahren dort ankam, musste er sich noch mit der Machete den Weg zu den Ruinen freischlagen. Machu Picchu fand er im Dornröschenschlaf überwuchert von dichtem Gestrüpp. Die schlangenverseuchten Ruinen mussten Bingham und seine Männer erst mühsam freilegen. Ein riskantes Unterfangen, bei dem ihm ein Junge aus der Umgebung half, der wenig später in Machu Picchu starb. Manche sagen: die Rache der Götter dafür, dass er diesen heiligen Ort preisgegeben hat.

Muss ein Abenteuer gefährlich sein, um ein Abenteuer zu sein?

In der ursprünglichen Begriffsbedeutung, die bis zur Ritterepik zurückreicht: Ja. Als Eroberer oder Entdecker á la Alexander von Humboldt, Marco Polo oder James Cook ihre Segel hissten, war die Wahrscheinlichkeit hoch, dass sie Europa zum letzten Mal sahen. So ein Abenteuer musste man *bestehen*. Diese Zeiten sind lang passé. Wer heute noch ein Abenteuer solchen Formats erleben möchte, muss schon kreativ werden – und zum Beispiel in einem Kanu den Atlantik überqueren. Und selbst das hat es schon mehrfach gegeben.

---

1 Wer schummeln möchte: Es gibt diese T-Shirts auch am Rande der Ruinenstadt käuflich zu erwerben.

Mit dem Motorrad, dem Fahrrad, dem Solarflugzeug, einem Heißluftballon um die Welt, kilometertief in den Mariannengraben tauchen – die Menschheit hat all das längst auf ihrer *Bucket List*[1] abgehakt. Auf dem Mount Everest kommt der Wanderer zur *Rush Hour* kaum zum Gipfel, so überfüllt ist es dort mittlerweile.

Extreme Situationen gehören für mich nicht zur Definition des Abenteuers. Vielmehr geht es darum, etwas Außergewöhnliches zu erleben, außerhalb der Normalität unseres Alltags. Die Routine durchbrechen. Eine Reise, die nicht von einem Anbieter durchpauschalt wurde, ist insofern per se ein Abenteuer. Denn so akribisch man seine Exkursion auch plant, es werden einem Dinge passieren, die man nicht vorhersehen kann. Es ist immer eine Fahrt ins Unbekannte, auf die wir uns spontan einstellen müssen. Wir haben auf einer Reise keine andere Wahl, als kleine Abenteuer zu bestehen. Und genau das ist das Schöne daran.

Als Flashpacker reist man mit kalkuliertem Risiko. Das klingt mehr nach Spießertum, als es in Wirklichkeit ist. Denn die gefährlichen Situationen kommen ganz von allein, es ist nicht notwendig, sie zu provozieren.

Im Norden Thailands verlasse ich nachts unsere Berghütte, um im Schutz der Dunkelheit in die Landschaft zu pinkeln. Kaum habe ich den sogenannten Eingriff meiner Unterhose von innen nach außen genutzt, blicke ich in den Lauf eines Maschinengewehrs. Vielleicht zehn Männer in Tarnanzügen laufen an mir vorbei. Wie sich später herausstellt: eine Drogenbande. Der Mann hinter dem Gewehrlauf

---

[1] Die vor allem über soziale Medien auch in Deutschland bekannt gewordene »Bucket List« beinhaltet jene Dinge, die man unternehmen möchte, bevor man stirbt – *before* you *hit the bucket*. Auf Deutsch müsste diese Liste also Löffelliste heißen.

fordert mich mit seiner Gestik sogar dazu auf, ruhig draufloszu-
pinkeln – kann ich aber nicht, wenn mir jemand zuguckt.

Das sind Situationen, in die man nicht geraten möchte. Was sich
jedoch nicht vermeiden lässt, sind die unzähligen Hürden und Herausforderungen, die das Reisen jeden Tag bereithält. Der Flashpacker sucht das Erlebnis. Er kann die gefährlichste Straße der Welt
runterbiken, muss er aber nicht. Er kann den Inca Trail laufen, muss
es aber nicht. Wir Flashpacker wissen: Man braucht nicht tagelang
zu leiden, um etwas zu erleben. Wir sind Komfort-Abenteurer. Dazu
gehört auch, ein paar Dollar oder peruanische Sol mehr auszugeben
für eine angenehmere und sicherere Tour.

Der Teufel, Koka, Superfood – und Horizonte voller Salz.

Tupíza/Salar de Uyuni, Bolivien

Ein Leben auf Messers Schneide in Bolivien: Mit Hannah und Tim aus England täuschen wir das Auge in der Salzwüste Uyuni.

Die Warnungen klingen zunächst übertrieben: dauerbetrunkene Jeep-Fahrer, übermüdet und trotzdem überdreht aufgrund von Kokablättermissbrauch. Viele der Fahrzeuge sollen technische Probleme aufweisen, von abgenutzten Bremsen ist da die Rede. Auch vor schlechtem Essen auf der mehrtägigen Tour wird gewarnt. Ich stelle mir das vor wie eines dieser Wimmelbilder für Kinder: Auf dem Bild sind unzählige Geländewagen zu sehen, die im Gebirge herumdüsen. Die Fahrer schwenken Schnapsflaschen und schielen mit roten Augen, die Touristen auf der Rückbank haben Kameras vor dem Bauch und schauen erschrocken drein, manch einer muss sich übergeben. Selbst Unfälle, die sich ereignen, sind nur ein kleines Missgeschick. Man müsste Ali Mitgutsch damit beauftragen.

Natürlich sieht die Realität nicht so kindgerecht aus: Menschen lassen hier bei Unfällen regelmäßig ihr Leben. Jemand, der die Tour zu den ausgetrockneten Salzseen – *Salar de Uyuni* – bereits unternommen hatte, erzählte uns von seiner Horrorfahrt. Er habe irgendwann das Steuer übernommen, der Fahrer sei einfach zu hacke gewesen. Um solche Erlebnisse zu vermeiden, haben wir (also eher Paulina) im Internet recherchiert, welcher Touranbieter am vertrauenswürdigsten ist. Und natürlich wer das beste Essen kocht. Es stellte sich heraus, dass es eine Option für den klassischen Backpacker gibt und eine andere, die den Flashpacker anlacht.

Die billigste Variante ist, die Jeeptour von der namensgebenden Stadt Uyuni aus zu starten. Hier bieten rund 80 Unternehmen die viertägigen Trips an. Die Konkurrenz ist also groß, die lokalen Reiseagenturen unterbieten gegenseitig ihre Preise. Das geht am Ende auf Kosten der Sicherheit und Bequemlichkeit für die Reisenden: Die Agenturen quetschen möglichst viele Touristen in die Jeeps, nehmen es bei der Wartung der Fahrzeuge sehr lax und stellen nur einen Mann pro Jeep ab, der Fahrer, Reiseführer und Koch in Personalunion darstellt. Das kann nicht gut gehen.

Im weiter südöstlich gelegenen Ort Tupíza ist der Wettbewerb unter den Anbietern dagegen deutlich geringer. Das bedeutet zwar, dass man einen etwas höheren Preis zahlen muss, dafür aber gute

Chancen auf einen angenehmen Ausflug hat. Ein weiteres Plus im Vergleich zum Startpunkt Uyuni: Die Jeeps von Tupíza aus erreichen die meisten Attraktionen der stark standardisierten Route zu einem anderen Zeitpunkt als jene aus Uyuni. So lassen sich Menschenmassen vermeiden. Auf dem Reiseblog unserer mexikanischen Freundin Bere finden wir einen Tipp für einen soliden Anbieter: *Los Salares* heißt das kleine Familienunternehmen, das ein Hotel betreibt sowie vier Jeeps zu dem ausgetrockneten Salzsee, dem *Salar,* schickt.

Angesichts der Vielzahl guter Argumente bin ich sofort für diese Option und habe keine Backpacker-Bedenken einzuwenden. Zumal auch diese Tour wenig komfortabel ist. Übernachtet wird in Mehrbettzimmern in schlichten Hotels an der Strecke. Später erfahren wir von teureren Touren, bei denen die Teilnehmer in schick ausgestatteten Campern übernachten. Dieses *Glamping* (Glamour plus Camping) beinhaltet einen Luxus, der hier im Hochland Boliviens wichtig sein kann: eine Heizung. Für uns dagegen wird es kalt, verdammt kalt.

Wir brechen um 7.30 Uhr von Tupíza mit dem Geländewagen auf, unser Gepäck und Proviant sind unter einer Plane auf dem Dach des Toyotas festgeschnallt.

»Wie eine Safari, nur ohne Löwen«, sage ich zu Paulina. Die lacht, schlägt mir gegen den Oberarm und nennt mich einen *Menso.* In Mexiko heißt das so viel wie Quatschkopf. Neben dem Fahrer Victor setzt sich eine Frau Ende 20, die durch ihre Hochlandkleidung – grauer Rock, Strickpulli – etwas älter wirkt. Sie stellt sich als *Soledad* vor, sie ist hier in der Gegend geboren und wird in den nächsten vier Tagen für uns kochen. *Hola Soledad, schöner Name.* Wie passend er für diese Gegend Boliviens ist, werden wir in den kommenden Tagen erleben. Soledad heißt Einsamkeit.

Auf den Rückbänken nehmen Tim und Hannah aus England Platz. Sie sind einige Jahre jünger als wir. Wir haben den Besitzer des Tourunternehmens am Vorabend mit Schokolade bestochen, damit diese beiden unsere Reisepartner werden – und nicht die besoffenen Bayern, die wir auch im Vorfeld kennengelernt hatten. Das britische Paar ist auf einer einjährigen Weltreise und nimmt sich allein für Südamerika sechs Monate Zeit. Der groß gewachsene Tim und ich vergleichen Bartlängen, eine Art alternative Zeitmessung unter männlichen Reisenden. Er zeigt mir ein drei Monate altes Foto, das ihn zu einer Zeit zeigt, als er noch für eine Bank in London arbeitete: Er ist kaum wiederzuerkennen, und nicht nur wegen des damals glatt rasierten Gesichts. Seine Freundin Hannah ist zierlich und hat ihren blassen Teint auch unter der Sonne Südamerikas bewahrt.

Tupíza liegt 3000 Meter über dem Meeresspiegel. Und wir fahren höher hinauf, ins Gebirge hinein. Es geht zunächst durch staubige Landschaften in Ocker. So weit das Auge reicht stark zerklüftete Felsen, deren Farben von hellrot bis fast ins Schwarze changieren. Verdorrtes Gestrüpp, Kakteen in allen Größen – man stelle sich die Umgebung des Grand Canyon vor. *Hier ließe sich ein Western drehen,* denke ich, und versuche das Mundharmonika-Intro von »Spiel mir das Lied vom Tod« zu pfeifen. Klappt leider nie.

Anfangs ist der Weg noch asphaltiert, aber bald wühlt sich der Vierradantrieb durch losen Schotter, Stein, Staub. Victor knallt Panflöten-MP3s in das Autoradio, die in dieser Umgebung aber plötzlich gar nicht mehr so übel klingen. Vielleicht ist es wie beim Retsina-Wein. Der schmeckt ja auch nur gut im Griechenlandurlaub.

Je höher wir kommen, desto surrealer die Landschaft. Kein Zufall, dass ein Teil dieses Gebietes *Salvador-Dalí-Wüste* getauft wurde.

Es würde mich nicht wundern, wenn seine berühmten schmelzenden Uhren am Horizont auftauchten.

Wir passieren einige simple Siedlungen von Familien, die seit Generationen ihr Leben den Minen in der Umgebung widmen – und oftmals wegen der giftigen Mineralien auch opfern. Einst gab es hier so viel Silber, es schien unerschöpflich. War es natürlich nicht.

»Wie kann man hier leben?«, frage ich Soledad in der Plattheit des ZDF-Historians Guido Knopp. Für sie gebe es keinen schöneren Ort auf der Welt, schwärmt sie und reicht dazu passend einige Süßigkeiten im Jeep herum. »Ich habe eine Weile in Potosí gewohnt und bin froh, wieder hier zu sein.«

Die einstige bolivianische Silbermetropole ist die höchstgelegene Stadt des Erdballs und liegt einige Busstunden von hier.

Insgesamt acht Stunden werden wir heute in dem Geländewagen verbringen. Es geht dabei bis fast auf 5000 Meter rauf, dann wieder runter.

»Da, Lamas«, ruft Hannah im britischen Quiekton. Wir springen alle begeistert aus dem Jeep. Das erste Mal ein exotisches Tier in seiner natürlichen Umgebung zu sehen ist wie einem Prominenten zu begegnen. Man hat ihn tausendfach im Fernsehen gesehen und nun steht er einem gegenüber. Affen, Koalas, Kängurus, Elefanten, Löwen – das sind für uns solche Tierpromis. Und eben die Lamas, denen wir uns gerade vorsichtig nähern. Denn, das wissen wir ja bereits aus Kinderbüchern, diese Tiere spucken einen an, wenn sie sich bedroht fühlen. Die Herde von rund 30 Lamas bleibt friedlich, wir bleiben trocken, und Paulina und ich begutachten in aller Ruhe ihren grinsenden Gesichtsausdruck. Dazu tragen sie farbigen Schmuck an den Ohren. Als hätte sie hier jemand als Fotomotiv hingestellt. Soledad erklärt uns die Unterschiede zwischen den Arten und Rassen: die zierlichen Vikunja, die zottligen Alpaca und die wildlebenden Guanaco. Was ich nicht wusste: Die Lamas gehören zur Gattung der Kamele, werden auch die *Kamele der Neuen Welt* genannt. Das erklärt, warum sie der extremen Trockenheit trotzen und Hitze wie Kälte vertragen.

Wir dagegen sehen zu, dass wir wieder in den Jeep kommen. Ein frostiger Wind weht einem hier direkt in die Knochen. Die Höhensonne verbrennt uns zugleich die ausgedorrte Haut. Lippen werden durch die Trockenheit rissig, der Staub mit seinen zum Teil giftigen Mineralien legt sich als zäher Schleim in den Rachen. Kurzum: Der menschliche Körper ist für diese Umgebung eigentlich nicht geschaffen.

Der Geist dagegen freut sich über die Fahrt durch Mondlandschaften, den Blick auf Vulkane und die Grüne Lagune, die in ebendieser Farbe hell strahlt. Diese weite, leere Einsamkeit, in der wir uns bewegen, ist ungewohnt. Die Nacht verbringen wir im Haus einer Familie, die neben der Zimmervermietung Lamas züchtet. Auch die anderen beiden Jeeps samt Saufbayern sind hier eingekehrt. Zum Abendessen wird das bolivianische Nationalgericht *Pique Macho* serviert, das man eher den britischen Inseln zurechnen würde: ein Rindfleisch-Würstchen-Paprika-Ei-Ketchup-Salat mit Pommes. Tim und Hannah schmeckt es richtig gut. Zum Runterspülen wird bolivianischer Rotwein kredenzt. So schlecht ist Retsina auch nicht, denke ich nun.

Unser Fahrer Victor – ein hagerer Mann Anfang 40 – führt mich in die Kunst des Kokablätterkauens ein. Es ist ganz einfach: Man nehme ein Häufchen der getrockneten Blätter und stecke sie sich zwischen Lippe und Gaumen. Es ist also eher ein Saugen als ein Kauen. Victor reckt sein Plastikbeutelchen zunächst mit beiden Händen über den Kopf, um sich bei *Mutter Erde* für die heilige Pflanze zu bedanken. »Das ist keine Droge«, sagt er, »man braucht ein ganzes Kilo dieser Blätter für ein Gramm Kokain.«

In Bolivien ist der Anbau von Koka legal und wird sogar staatlich gefördert, ist doch Präsident Evo Morales selbst ehemaliger Koka-Bauer. Die Wirkung der Blätter in meinem Mund ist vergleichbar mit einem veritablen Kaffeerausch. Der Geschmack: Grüner Tee, Heu im Abgang. Nachweislich helfen die Inhaltsstoffe dem Körper, besser mit der Höhe umzugehen.

Trotz dieser kleinen Helferlein wache ich in der Nacht mehrfach davon auf, dass mein Körper nach Sauerstoff verlangt. Ich fahre japsend aus dem Schlaf hoch, mit dem Gefühl zu ersticken. *Atemlos durch die Nacht.*

Tim geht es aber wesentlich schlechter, wie ich von der Toilette akustisch mitbekomme. Dazu pfeift ein eisiger Wind durch die Ritzen des Hauses.

Im Morgengrauen geht es weiter. Auch heute werden wir den Salzsee noch nicht zu Gesicht bekommen. Aber eine Geisterstadt.

Wir machen Halt in *San Antonio* auf 4200 Metern. Die verlassenen Häuser scheinen sich allmählich der Natur zu ergeben, ihre Mauern fügen sich bröckelnd ihrem Schicksal. Der lebendigste Ort ist mittlerweile der Friedhof, auf dem Skelette in Lehmhütten sitzen. Zum Teil in geselliger Runde.

Der Niedergang von San Antonio hat etwas mit Wertmetallen zu tun – und mit dem Teufel. Ein Mann, dessen Alter sich nur schwer von seinem hochlandgegerbten Gesicht ablesen lässt, führt uns für ein paar *Bolivianos* durch die Geisterstadt und erzählt uns die Legende. Sein Spanisch ist schwer zu verstehen. Diese Brocken reimen Paulina und ich uns zusammen: Die Bewohner von San Antonio schlossen einen Deal mit dem alten Beelzebub. Deshalb gab es hier eine Zeitlang unfassbare Mengen von Gold. Dann läuft irgendetwas schief. »Vertraue eher einem Gebrauchtwagenhändler als dem

Teufel«, sagt der Greis, wenn ich ihn recht verstehe. Er lacht jedenfalls zahnlos.

Am Ende vertreibt Luzifer alle Bewohner der Stadt und dreht in
den Minen den Goldhahn zu. Deshalb findet man, so erzählt uns der
Mann, hier kein einziges Körnchen des edlen Metalls mehr. Nach
seinen Berechnungen müsste der Fluch jedoch in einigen Jahren vorbei sein und es wieder Gold geben. Er wird geduldig auf diesen Moment warten.

Der nächste Stopp glänzt schon heute: Die *Laguna Celeste,* die
himmlische Lagune, sieht auf den ersten Blick wie die Karibik aus:
weißer Strand, türkisblaues Wasser. Darüber steht der Himmel in
Schwarzblau, als wären wir dem Weltraum nah. Ein weiterer Höhepunkt des Surrealen auf dieser Tour.

Tim ist dagegen auf einem Tiefpunkt angelangt. Er hat die ganze Nacht damit verbracht, sich zu übergeben. Schnelldiagnose von
Victor: Höhenkrankheit. Dieses Problem kann jeden ab einer Höhe
von 2500 Metern ereilen, wenn der Körper mit Unverständnis auf
den mangelnden Sauerstoff reagiert. In extremen Fällen endet die
Höhenkrankheit tödlich. Soledad ist der beruhigenden Meinung,
Tim habe sich lediglich den »Magen erkältet«. Jedenfalls bekommt
er ein mobiles Sauerstoffgerät umgeschnallt, und unser Jeep wirbelt
wieder Staub auf.

Beim nächsten Halt hören wir es bereits aus der Ferne blubbern
und gurgeln, sehen es dampfen: Geysire. Das Innere der Welt bahnt
sich seinen Weg an die Oberfläche. Victor führt uns herum und erklärt uns, welche der Löcher so heiß sind, dass man beim Hinein-
fallen sofort stirbt. Absperrungen gibt es übrigens nicht. Einige der
Backpacker, die zur gleichen Zeit wie wir hier sind, riskieren viel für
ihre Selbstporträts. Potenzielle Bild-Online-Schlagzeile: *Weitere Sel-
fie-Tote. Amerikaner im bolivianischen Geysir verbrannt.*

Nicht weit davon gehen wir ganz ungefährdet baden. Auch dies ist ein beliebter Stopp aller Touren, und so sitzen wir in Badesachen mit rund 20 anderen Touristen in einer heißen Quelle. Eine ältere Frau in traditioneller Kleidung steht mit ZZ-Top-Sonnenbrille unbeteiligt daneben. Sie nimmt einige *Bolivianos* dafür, dass man sich mit ihr fotografieren lässt.

Der Blick in die rote weite Mondwelt, die angenehme Temperatur des Wassers – erst als Victor uns zum wiederholten Male ruft, beziehungsweise jetzt pfeift er, kommen wir aus unserem Thermalbad heraus. Es soll übrigens bei Rheuma Wunder wirken.

Am Nachmittag erreichen wir die Rote Lagune, die ihrem Namen mit einem tiefen Bordeauxton alle Ehre macht. Mehrere Gruppen von Flamingos waten durch das seichte Gewässer. Bis auf wenige Meter können wir uns an die eleganten Vögel in Pink heranpirschen und sie dabei beobachten, wie sie mit ihrer Schlürftechnik Algen und Plankton aus dem hochgiftigen Wasser herausfiltern. Erst diese Stoffe sind es, so erklärt uns Soledad, die den Vögeln ihre pinke Farbe verleihen.

Wir übernachten in einem Dorf, das von Quinoa-Feldern umgeben ist. Die Samen dieser heimischen Pflanze sind in den vergangenen Jahren weltweit zum *Superfood* avanciert – ein durch seinen hohen Gehalt an Eiweiß, Magnesium und Eisen besonders gesundes Lebensmittel. Ich spreche einen Quinoa-Bauern auf der Straße an und frage ihn nach dem Boom seines Produkts.

»Ja, in den letzten Jahren verkaufen wir viel mehr als früher«, sagt er immer noch sichtlich verwundert über diese Entwicklung. Die Händler bringen ihre Ware jetzt nach New York und sogar Europa. An seinen Einkünften, so sagt er, habe das aber nicht viel geändert.

Den dritten Tag verbringen wir vor allem mit zweierlei Aktivitäten: Wir klettern zum einen auf Felsformationen herum, die an ein Kamel oder an den Weltmeisterpokal erinnern. Zum anderen versuchen wir stundenlang, eines unserer Smartphones an das Autoradio anzuschließen. Die Panflöte wird unerträglich. Der weiterhin höhenkranke Tim bringt mehrfach körperlich zum Ausdruck, was ich angesichts des Gedudels empfinde.

Am Abend endlich erreichen wir den Rand des *Salar de Uyuni* und übernachten in einem Salzhotel. Das Haus ist komplett aus gepresstem Salz erbaut worden, auch Möbel und der Fußboden bestehen gänzlich aus diesen Kristallen. Vor Kälte schützt Salz jedoch nur bedingt, wie wir in der frostigen Nacht feststellen müssen.

Vor Sonnenaufgang bepacken wir erneut das Dach des Jeeps. Unser Ziel ist es, den Tagesanbruch auf dem berühmten Salzfeld zu erleben. Tim ist noch einigermaßen unpässlich, aber aufgeregt wie wir alle. Das Salz knirscht unter den Reifen, als wir in der Dunkelheit auf den *Salar de Uyuni* fahren. Im Scheinwerferkegel ist nur ein enormes Nichts auszumachen. Allein andere Jeeps irrlichtern in der Entfernung.

Was erwartet uns? Der *Salar de Uyuni* ist mit einer Größe von 12 000 Quadratkilometern (beinahe fünfmal so groß wie das Saarland) der größte ausgetrocknete Salzsee der Welt. Auf Deutsch heißt das übrigens Salzpfanne. Die bewegte Entstehungsgeschichte des Uyuni-Salar erklärt uns Victor in professionellem Duktus. Sie beginnt mit dem Salzsee Minchín, der irgendwann vor rund 30 000 Jahren austrocknete.

Für weitere Details haben wir keine Zeit, die Sonne geht auf. Wir steigen aus und betreten mit großem Respekt den Salar. Unter unseren Füßen liegen zehn Meter Salzschichten. An der Oberfläche bil-

105

den die Kristalle in schönster Gleichmäßigkeit die typischen Sechsecke. So weit wir blicken können, ist es weiß. Der Horizont ist voller Salz. Langsam steigt ein batikroter Sonnenball empor – als zöge Gott ihn behutsam an einem Faden aus einem Farbbad. Nur die Kälte, dieser scharfe Wind, schmälert die Romantik.

Als die Sonnenaufgangshow vorbei ist, höre ich Paulina unseren Fahrer fragen: »Victor, hast du einen Dinosaurier dabei?«

Der antwortet: »Nein, aber ein Taschenmesser.«

Hätte ich vorher nicht bereits Fotos von Touristen auf dem Salar gesehen, ich hielte die geistige Gesundheit der beiden für gefährdet. Da es auf dem flachen Salzfeld keinerlei Referenzpunkte für das Auge gibt, lässt sich hier mit der Perspektive spielen: Alles, was nahe an der Kamera ist, erscheint riesig im Vergleich zu Objekten oder Personen im Hintergrund.

So erklimmen wir die Klinge des aufgeklappten Taschenmessers. Ich stehe als Zwerg auf Paulinas Schulter und flüstere ihr ein Geheimnis ins Ohr. Es scheint, als könnten wir meterhoch springen. Verzichten müssen wir auf das beliebte Motiv »Weglaufen vor dem Dinosaurier«, weil Victor den Spielzeug-T-Rex eben nicht in seinem Sortiment hat. Es ist gar nicht so leicht, den Fotoeffekt gut hinzubekommen. Wir hüpfen, legen uns hin, gestikulieren. In der Ferne sehen wir einige Jeeps mit Menschen, die das Gleiche tun. Das würde sich gut als Wimmelbild eignen, denke ich. Man sollte Ali Mitgutsch damit beauftragen.

»Ich freue mich auf unsere Ruhe in einem Doppelzimmer«, gestehe ich Paulina einige Stunden später. Wir fahren an die *Copacabana*, an die zweitberühmteste, jene am Titicacasee.

»Du Abenteuer-Backpacker, ich habe uns eine Hütte ganz für uns allein reserviert«, sagt Paulina. »Mit Ofen!«

Die Uyuni-Salzpfanne war für uns ein Abenteuer. Wir sind, während wir mit dem Bus weiter gen Norden fahren, froh, es gemeistert zu haben. Aber auch wer sich für einen privaten Fahrer oder das *Glamping* entscheidet, wird mit Sicherheit ein Erlebnis der Kategorie »Unvergesslich« mit nach Hause nehmen. Ein Teil des Abenteuers macht die körperliche Herausforderung aus, die die Höhe mit sich bringt.

Die meisten Reisenden suchen sich eine sportliche Aktivität, die sie an unterschiedlichen Orten der Welt ausüben. Der Flashpacker fühlt sich dabei nicht den Extremen verpflichtet. Es muss kein Bungee- oder Basejump sein. Paulina schwimmt mit Begeisterung an allen Orten der Welt. Sicherlich ist für andere das Golfen ein roter Faden ihrer Reise: *Mit meinem Siebener-Eisen um die Welt.*

Ich habe das Wellenreiten für mich entdeckt. Das schreibe ich nicht der Coolness wegen. Denn Surfen hat ja diese Reputation des übertrieben Lässigen, das weltweit von muskulösen, braun gebrannten, blonden *Beaus* zelebriert wird. So sehe ich ja gar nicht aus. Vielmehr möchte ich anhand meiner Surferfahrungen ein Beispiel geben, wie der Flashpacker eine Backpacker-Domäne bezwingen kann.

Wie ich mich auf einem Surfbrett in die Wellen der Haibucht stürze – und warum die Kids vom Township es trotzdem besser können.

Muizenberg/Monwabisi, Südafrika

Sie surfen, um dem Townshipalltag zu entkommen: Kinder mit einer Mitarbeiterin des Projekts »Waves 4 Change«. Die Haie fürchten sie nicht.

Es gibt dieses Phänomen des Anfängerglücks. Wenn jemand ganz unbeschwert zum ersten Mal etwas ausprobiert – und es gelingt einfach. Ohne Übung, ohne Verstand. Nur so lässt sich erklären, wie ich im Jahr 2000 auf der brasilianischen Insel Florianópolis in den frühen Morgenstunden eine stattliche Welle mit einem Surfbrett erwische und sie mich einige Sekunden in Richtung des Sandstrandes trägt. Ich war damals als Backpacker unterwegs und zwei surfverrückte, schon um sieben Uhr bekiffte Brasilianer hatten mich zu den besten Wellen der Insel mitgenommen.

An diesem Morgen vor 15 Jahren haben sich zwei Dinge bei mir eingebrannt: die brasilianische Sonne schmerzlich in meine ungeschützte Haut – und die Idee, dass Surfen zu einer Leidenschaft werden könnte. Dieses Gefühl, die Naturgewalten zu bezwingen. Der Augenblick, wenn dich die Kraft des Meeres mitreißt und du es durch Gewichtsverlagerung schaffst, über das Wasser zu gleiten. Und natürlich der Moment, wenn du mit dem Brett den Strand entlangläufst.

Anderthalb Jahrzehnte später sind Paulina und ich im Landeanflug auf Kapstadt. Südafrika ist eines der Top-Gebiete fürs Wellenreiten. Aber: »Da halte ich gerade mal einen Fuß ins Wasser«, sage ich zu Paulina im Flugzeug mit Blick auf die Küste. Seit Jahren faszinieren mich auf YouTube zwei Arten von Videos: Wellenreiten und Haiangriffe.

Dabei liegt es nahe, dass ich des Öfteren in den Genuss komme, dass sich meine beiden Bewegtbildleidenschaften in einem Video thematisch überschneiden. Und gerade die *False Bay* von Kapstadt kenne ich gut aus Internetfilmchen. Hier gibt es die weltweit größte Population des Raubfischs, dem Steven Spielberg zu zweifelhafter Bekanntheit verholfen hat.

»Ich gehe auf jeden Fall schwimmen«, sagt Paulina, als sich das Miniflugzeug auf dem Kabinenbildschirm langsam über den Schriftzug »Capetown« schiebt. »Das ist doch Wahnsinn«, antworte ich und schildere in den nächsten Minuten mit viel Liebe zum Detail, wie Seehunde erst durch die Luft und dann in das Maul eines Hais fliegen.

Wir haben in Kapstadt das Glück, bei einer gastfreundlichen Familie aus der Schweiz unterzukommen – in einem Häuschen in Kapstadts bester Lage. Von der Terrasse aus blicken wir aufs Meer sowie auf den Pool, der Keller bietet erlesene Weine. Vielleicht ist dieses behütete Ambiente schuld daran, dass mich doch die Surflust im Haigebiet packt – und mich in den »Surfshop Africa« treibt. Wir sind eine gute halbe Stunde mit dem Mietwagen von Kapstadt in den Vorort Muizenberg gefahren, der an ebenjener haiverseuchten False Bay liegt.

Der Name Muizenberg (gesprochen: Müsenberg) geht auf den holländischen Offizier Wynard Muijs zurück, der hier im 18. Jahrhundert eine Militärstation gründete. Zu seiner heutigen kolonialen Schönheit gelangte der kleine Ort am Atlantik aber erst, nachdem die Engländer sich die Herrschaft hier blutig erkämpft hatten: Ende des 19. Jahrhunderts baute die High-Society Kapstadts ihre Wochenendhäuschen und stellte am Strand bunte Umkleidekabinen aus Holz auf, die bis heute das Wahrzeichen von Muizenberg sind.

Wenige Hundert Meter von diesen Zeitzeugen entfernt betreten Paulina und ich den »Surfshop Africa«, der aussieht wie solch ein Laden überall auf der Welt, von Koblenz bis Kapstadt. Shorts und Shirts, bedruckte Boards und natürlich überall die gleichen Typen, die in diesen Läden abhängen. Zur Begrüßung machen sie diese Geste, bei der Daumen und kleiner Finger abgespreizt und geschüttelt werden. Oder sie zuppeln an ihren Salzwasserhaaren, als würden sie einen Rosenkranz beten. Es wird in diesen Shops der Surfkult Kaliforniens zelebriert, der in den 60er-Jahren entstand. Damals hieß das: Der Surfer verbringt seine Zeit wochenlang unter dem Einfluss von Marihuana an einem abgelegenen Strand. Nachts schläft er am liebsten in einer Hängematte, und das selten allein.

Insofern passt das Wellenreiten zum Backpacker wie das Handtuch fürs Liegebelegen zum deutschen Urlauber. Doch auch der Flashpacker kann diesen Wassersport betreiben und danach ein Gourmet-Abendessen genießen. Er nimmt sich Einzelunterricht in einem der Top-Surfgebiete der Welt. Seine Begleitung macht dabei zwei, drei Fotos und lädt sie auf Facebook oder Instagram hoch. So war es bei uns.

Paulina weiß, dass hier wohl nicht mein größtes Talent schlummert, aber sie unterstützt dieses Hobby. Das muss Liebe sein. So auch heute im »Surfshop Africa«. Mein Lehrer, der schon auf mich wartet, gehört nicht der kalifornischen Boheme an. Er stellt sich als Crazy vor – und ist ein etwas gedrungener Mann mit schwarzer Hautfarbe und der für das Surfen typischen Arm- und Schultermuskulatur. Er kommt aus einem Township ganz in der Nähe.

Crazy hat es in einen »weißen« Surfladen geschafft. »Entspann dich«, sagt er in dieser übertrieben relaxten Surfermanier und haut mir für meinen Geschmack ein wenig zu kumpelhaft auf die Schulter.

»Ich bin doch entspannt«, will ich ihm eigentlich zuzischen. Aber als ich im Spiegel sehe, wie ich mit hochrotem Kopf versuche, meinen Körper in den Neoprenanzug zu zwängen, bleibt mir eh kurz die Luft weg. Paulina sitzt zum Glück auf einem Sandsack in dem Teil des Ladens, in dem ein Café betrieben wird, und versucht wieder einmal ihr iPhone mit dem Internet zu verbinden. Ich muss zwei schlecht kopierte Zettel unterschreiben: Ich bin nun für alles selbst verantwortlich, was mir da draußen im 17 Grad kühlen Wasser passieren wird. Na toll.

Crazy, Paulina und ich gehen – extrem entspannt – die wenigen Meter zum Strand hinunter. Das Anfängerbrett, das ungefähr die Ausmaße eines Kanus hat, klemmt wie ein Fremdkörper unter meinem Arm. Mein Blick wandert zunächst zu dem Flaggenmast, mit dem ich mich vorher schon vertraut gemacht habe. Das System funktioniert so: In den Bergen, die gleich an der Küste 500 Meter in die Höhe ragen, blickt ein *Sharkspotter* auf die Bucht. Er sucht nach zwei bis drei Meter langen Schatten, die unter der Wasseroberfläche entlanggleiten könnten. Die Beobachtungen des hoffentlich wachsamen Mannes setzen die Kollegen am Strand in unterschiedliche Beflaggung um. Die grüne Flagge heißt: Das Wasser ist klar, wir können gut sehen, die Luft ist rein. Ausgerechnet eine weiße Flagge bedeutet, dass ein Hai in der Bucht gesichtet wurde und Badende und Surfer zusehen sollten, schnell aus dem Wasser herauszukommen – es sei denn, sie wollen sich ihrem Schicksal ergeben.

Heute wird die schwarze Flagge gehisst, was für mich keine besonders aufmunternden Nachrichten bedeutet. Das Wasser ist schlicht zu aufgewühlt, als dass der Mann in den Bergen einen Schatten ausmachen könnte – wenn denn einer da wäre.

Mit Paulina, die es sich auf einer Decke am Strand bequem macht, vereinbare ich zur Sicherheit ein Zeichen. Wenn sie eine Rückenflosse aus dem Atlantik auftauchen sehen sollte, ruft sie mich und stellt ihre Handkante auf den Kopf. Eine Art verrutschter FDJ-Pioniergruß.

Die nächsten 90 Minuten vergehen rasend schnell. Crazy und ich entfernen uns maximal 100 Meter vom Strand. Erst stupst er mich in die Wellen, dann paddle ich selbst auf sein Kommando hinein. Einige Male schaffe ich es, mich auf dem Brett aufzurichten und nicht gleich wieder in die eine oder andere Richtung zu kippen. Slapstick.

Ich paddle, schwanke, wackle, falle, paddle – und ja, surfe am Ende. Irgendwie. Unelegant, unbeholfen, klobig wie einer dieser Seehunde, die sich hier in der Gegend gern in die Sonne legen. Ich versuche Paulinas Kopf zu erkennen und ob sie mich mit dem Hai-Pioniergruß warnen möchte. Aber ich sehe sie nicht.

»Ich dachte am Anfang, du bist ein hoffnungsloser Fall«, grinst mich Crazy mit einem Blick an, der seinem Namen alle Ehre macht. Gerade war es mir gelungen, eine respektable Strecke auf dem Brett stehend zurückzulegen.

Hat Paulina das eigentlich gesehen? Jedenfalls ist es ein guter Moment, meinen in ganzheitliche Erschöpfung getauchten Körper ans Festland zurückzubringen. Und da liegt meine Haiwache Paulina am Strand, über einer Zeitschrift in der Sonne eingeschlafen. Ob wenigstens die Haialarmsirene sie aufgeweckt hätte, frage ich mich.

Die Kinder und Jugendlichen, die wir einige Tage später und 40 Minuten von Muizenberg entfernt, am Strand von *Monwabisi* treffen, haben im Unterschied zu mir überhaupt keine Angst vor Haien. »Die fressen doch nur weiße Männer«, sagt ein Knirps mit Brett unterm Arm.

Wir sind lediglich einige Kilometer von Kapstadts Ausgehmeile *Long Street* und den erstklassigen Restaurants entfernt – und doch liegen Welten zwischen dort und Monwabisi. Paulina und ich besuchen das soziale Projekt »Waves 4 Change«, das der Australier Tim Conibear vor vier Jahren ins Leben gerufen hat.

»Ich habe festgestellt, wie therapeutisch das Surfen bei den Kindern wirkt, die aus äußerst schwierigen Verhältnissen stammen«, sagt der 33-Jährige mit blonder Mähne. Mittlerweile leitet der gelernte Winzer und passionierte Hobbysurfer das Projekt hauptberuflich. Viele der Kinder, die nur wenige Hundert Meter vom Strand entfernt wohnen, müssen zunächst schwimmen lernen. Ungefähr 30 Jungs und einige wenige Mädchen paddeln in die Wellen und schwingen sich mit Leichtigkeit aufs Brett. Einer von ihnen hat neulich in Muizenberg einen Surfwettkampf gewonnen. Sie rennen immer wieder zu Paulina und mir, sie wollen, dass wir sie fotografieren. Bei den Kids im Township, in der *Community,* wie sie es nennen, gehören Drogen und gewalttätige Gangs zum Alltag. Einer von den Älteren am Strand, Lwandile, sagt mir: »Hier denkst du nur an die Wellen. Der ganze Mist aus dem Alltag in der Community ist für ein paar Stunden vergessen.« Die jüngeren, die er vom Surfen kennt, versucht der 16-Jährige auch im Township und in der Schule unter seine Fittiche zu nehmen – sie zu beschützen, so weit es eben geht.

Es ist selbstverständlich keine richtige Therapie. Aber manchmal öffnen sich die Kinder in der lockeren Umgebung des Surfens. Tim erinnert sich an unzählige Geschichten, die einem schlaflose Nächte bereiten können. Eine erzählt er uns: »Ein Kind kam zu uns, weinte und weinte. Es habe gesehen, wie sein Vater mit einigen Kumpels seinen Bruder totschlug, weil er glaubte, dass er Alkohol geklaut habe.«

Lwandile kommt bald in die 12. Klasse. »Mein Traum ist es, Accountant zu werden«, sagt er. Dafür müsse er noch viel lernen, aber er wolle es unbedingt schaffen, ein normales Leben zu führen. Für die Kids von »Waves 4 Change« ist dies eine große Herausforderung.

Warum man sich beim Sandboarding nicht entspannen sollte.

Huacachina, Peru

Dünen runterbrettern auf Pressholz: Sandboarding in Peru sieht verwegen aus, kann aber schmerzhaft enden.

Ich könnte auf meiner Liege bleiben, auf den Pool und die Bäume glotzen, ein weiteres beinahe tiefgekühltes Bier an der Bar bestellen und im Reiseführer schmökern. Das WLAN funktioniert hervorragend. Die Empanadas sollen auch gut sein, meint zumindest mein

Liegennachbar aus Argentinien. Ich könnte also wirklich gut in diesem Flashpacker-Paradies verweilen. Aber nur eine Poollänge von mir entfernt türmen sich Trilliarden um Trilliarden von Sandkörnern aufeinander. Gut 100 Meter ragt die Düne in die Höhe, die an unser Hotel grenzt. *Wie mag es sich anfühlen, durch diesen überdimensionalen Sandkasten zu stapfen? Was kann man vom Dünengipfel aus überblicken?* Es ist diese Neugierde, die mich schließlich zu dem Gartentor trägt, das den Weg zum gelben Gebirge freigibt.

»Ich mache Fotos von hier unten«, hat Paulina mir noch zugerufen, während sie an einem alkoholfreien Cocktail nippte. Der Sand unter meinen Turnschuhen fühlt sich fluffig an. Bis zu den Knien sinke ich an manchen Stellen ein. Das macht Spaß und erschwert mir zugleich das Vorankommen am Hang. Es ist mein erstes Mal in einer Wüste. Ich mache viele Pausen, lasse mich in den Sand plumpsen, nippe an meiner Plastikflasche und sehe zufrieden auf die überwundenen Meter zurück. Es ist heiß, aber nicht unerträglich. Nach rund 40 Minuten habe ich endlich den Gipfel erreicht.

Ich lasse den Blick über die Sandlandschaft schweifen, mache Hügel um Hügel aus. Der Horizont wird von Bergkuppen in Terracotta verdeckt. Im Tal unter mir erstreckt sich oval eine Oase, in deren Mitte ein See liegt – als wollte er mit seiner Wassermasse die Wüste provozieren. Einige Tretboote lassen sich auf dem grüntrüben Wasser ausmachen. Dort unten liegt das peruanische Dorf *Huacachina*. Wenige Hundert Menschen leben hier, fünf Busstunden südlich von der Hauptstadt Lima. Ich strecke alle viere von mir, wedele einen Engel in den Sand und versuche zu entscheiden, welche der beiden Legenden zur Entstehung der Oase mir plausibler erscheint.

Die erste Geschichte geht so: Es war einmal vor langer, langer Zeit. Eine Frau weint genau hier, wo ich jetzt sitze, um ihren verstorbenen Liebsten. Die Inkagötter sehen das und verwandeln ihre Tränen in den See, der deshalb als heilig gilt. Auf diese Begebenheit soll sich der Name Huacachina gründen: *Huaca* heißt in der Sprache Quechua »heiliger Ort« und *china* bedeutet »Frau«. Einer anderen Legende zufolge ist eine Inka-Prinzessin beim Blick in den Spiegel auf einen Jäger aufmerksam geworden, der sich ihr lüstern näherte. Vor Schreck ließ sie den Spiegel fallen. Aus den Scherben soll die Lagune entstanden sein, in der die Prinzessin seitdem als Meerjungfrau lebt.

Während ich über Götter und Prinzessinnen sinniere, drängen sich reale Protagonisten in mein Wüstenbild. Auf der anderen Seite des Sees rollen mehrere Jeeps an den Hängen entlang, hektisch wie Ameisen. Solche *Sandrallys* in wüstentauglichen Buggys sind der Grund, warum immer mehr Fremde wie wir nach Huacachina reisen.

Der Weg zurück zu unserem Hotel ist ein wahrgewordener Kinderhüpfburgtraum: Ich laufe, springe, rolle – in wenigen Minuten haben ich und mehrere Kilo Sand an meinem Körper den Pool und Paulina erreicht. Die unterhält sich gerade mit einer Mutter aus Frankreich, deren vielleicht achtjähriger Sohn neben ihr steht. Ein Verband verdeckt seine linke Gesichtshälfte. Wir erfahren: Schuld ist ein Unfall beim *Sandboarding*. Am nächsten Tag werden wir diese Sportart kennenlernen. Hautnah.

Unsere Tour startet von einem zentralen Buggy-Sammelplatz im Dorf. Dort macht gerade die Nachricht die Runde, dass am frühen Morgen zwei Buggys zusammengestoßen seien. Von Schwerverletzten ist die Rede. Unser Buggyfahrer heißt Pepe und macht einen beruhigend kompetenten Eindruck. Das Fahrzeug dagegen erinnert an ein zu groß geratenes Spielzeugauto für zwölf Personen: die gelben Metallbügel, die nach vorn spitz zulaufen, verleihen dem dachlosen Gefährt seine typische Käferform. Die Reifen wirken zu klein für die gelbe Hölle, in die uns der muskulöse Motor bringen soll. Wir, das sind der Fahrer Pepe, eine amerikanische Familie mit zwei Kindern und zwei junge Männer aus Südkorea. Schalensitze und Sportgurte sollen uns Halt geben, falls der Buggy umkippt. Als Pepe ordentlich Gas gibt und wir eine Düne im gefühlten 90-Grad-Winkel hinunterbrettern, erscheint dieses Szenario nicht unwahrscheinlich. Paulina schreit euphorisch aus vollem Halse wie in einer Achterbahn – und lacht und lacht. Die koreanischen Jungs werfen ihre Arme in die Luft. Ich bringe keinen Ton heraus. Unsere Welt geht auf und ab, wir werden in die Sitze gedrückt, dann hängen wir in den Gurten. Der Buggy klebt am Abhang, rollt wie irre hinunter und hüllt uns in eine Sandwolke. Wenn ich zwischendurch meine Augen aufbekomme, sehe ich andere Buggys durch das unendliche Ocker düsen. Karawane auf Kokain, denke ich.

Pepe parkt den Buggy auf einer Anhöhe und gibt das Motto aus: *Sandboarding!* Jeder von uns bekommt ein dünnes Holzbrett in die Hand gedrückt, das in die Form eines Snowboards gebracht wurde. Auch die *Bindungen* erinnern entfernt an den Wintersport. »Ok, ich probiere das«, sage ich zu Paulina, bevor ich die Abfahrt überhaupt in Augenschein nehmen kann. Sich abenteuerlustig zu zeigen hat ja auch immer etwas Männliches. Das denkt man zumindest als Mann.

Einer der beiden Koreaner ist als Erster dran. Weil ihm die hier hilfreichen Snowboarderfahrungen fehlen, legt er sich mit dem Bauch auf das Brett und wird von Pepe an den Hang geschoben. Es geht mehrere Hundert Meter steil hinab, der Koreaner johlt – er wird kleiner und kleiner. Als er im Tal zum Stehen kommt, ist er nur noch als winziger Punkt mitten in der Wüste zu sehen. »*Tú turno*«, sagt Pepe und zeigt auf mich. Ich bin dran.

Mein Vermögen auf Skiern ist sehr gering, auf einem Snowboard habe ich noch nie gestanden. Ich entscheide mich daher auch für die horizontale Variante. Unter Pepes Anweisungen lege ich mich bäuchlings auf das Brett, strecke die angewinkelten Beine nach oben und lege die Unterarme nahe am Körper auf das Holz. In den Alpen wäre das eine schwarze Piste, denke ich, als ich den steilen Abhang hinunterblicke. Und ich werde gleich *Schuss* fahren. Pepe schiebt mich langsam Richtung schiefe Ebene. Mein Puls puckert bis an die Schläfen. »Saschiiii«, höre ich Paulinas Stimme hinter mir. Hoffentlich nicht das letzte Mal.

Dann schrumpft meine Wahrnehmung auf ein einziges Gefühl zusammen: Geschwindigkeitsrausch. Die Eingeweide werden gegen den Rücken gedrückt, so scheint es. Der Geist verlässt den Körper kurz, um dieses irre Tempo wenige Zentimeter über dem Sand mit etwas Abstand zu betrachten. Die Wüste zischt nicht weit von meinem Kinn unter das Spanholzbrett. Ich lockere meine Arme aus ihrer verkrampften Stellung. Der Wüstensand ist von der Sonne erhitzt, wie ich nun an meinen Unterarmen spüre. Aber es wird immer wärmer. *Oh, es brennt.* Ich zucke zurück. Den Zustand meiner Arme muss ich mir gleich anschauen. Jetzt erst einmal das Baby hier heile nach Hause bringen, denke ich im Film-Machosprech.

Paulina kommt den Hang im Buggy herunter. Ich lehne mich möglichst lässig auf das Brett, das ich in den Sand gesteckt habe. Als hätte ich eine Hercules-Aufgabe bewältig, umarmt Paulina mich stürmisch, bis sie meine Verletzungen sieht: Die ersten Hautschichten meiner Unterarme hat der Sand sorgfältig weggeschmirgelt.

»Ist nur ein Kratzer.«

»Du bist ein Held«, sagt Paulina mit einer feinen Mischung aus Sorge und Ironie. Am Abend springen wir in den Pool und genießen den lauen Wüstenabend. Endlich bin ich auf meiner Liege und esse die wirklich ausgezeichneten Empanadas. Ganz glücklich und ganz Komfort-Abenteurer.

Wie ich fast in einer mexikanischen Telenovela auftauche – und am Ende eine Maske trage.

Mexiko-Stadt

Der Kampf Gut gegen Böse: Paulinas Bruder Kike und ich als mexikanische Luchadores in der »Arena México«.

Mexiko hat viele Abenteuer zu bieten: Man kann in unterirdischen Seen tauchen, Maya-Ruinen besuchen, surfen, in der Karibik schnorcheln, einen Fluss hinunterraften oder die höchstgelegene Zugstrecke der Welt abfahren. Das schreibe ich nicht nur, weil ich ansonsten in familiäre Schwierigkeiten geriete. Meine mexikanische Familie ist zwar groß und rigoros, aber es ist schlicht die Wahrheit.

Als wir im Verlauf unserer Weltreise einen Stopp in Mexiko einlegen, nehme ich mir die Freiheit, die Flashpacker im Vergleich zu Backpackern generell haben: Wir müssen keine To-do-Listen abhaken, damit wir davon in den Hostels dieser Welt berichten können. Der Flashpacker geht, wenn er mag, ins unterschätzte Eisenbahnmuseum oder verbringt den Tag am Pool mit einem guten *Gin Tonic*. Für den Flashpacker ist schließlich alles ein Erlebnis und damit Abenteuer.

In Mexiko entscheide ich mich dafür, die mexikanische Volksseele zu ergründen. Ich möchte mir anschauen, wie der größte Exportschlager neben Tequila und Mariachis produziert wird: die *Telenovela*. Manch einer ist der Meinung, der aktuelle Präsident Peña Nieto habe der Liebe seines Volkes zur Telenovela sogar seinen Wahlsieg zu verdanken. Einige Monate zuvor hatte er den Serienstar »La Gaviota« geheiratet.

Was ist eine Telenovela eigentlich genau? Charakteristisch für dieses Fernsehformat ist, dass es in rund 80 bis 120 Folgen eine abgeschlossene Geschichte – meist mit Happy End – erzählt. Eine Telenovela ist auf diese Weise in einem halben Jahr zu Ende erzählt. Die Seifenoper (z. B. in Deutschland »Gute Zeiten, schlechte Zeiten«) dagegen kann theoretisch unendlich fortgeführt werden. In Deutschland hat das Format Telenovela nie große Erfolge gefeiert. Für größere Aufmerksamkeit sorgte einzig »Verliebt in Berlin«, eine Adaption der kolumbianischen Telenovela »Betty, la fea«. Die erfolgreichsten Produktionen stammen seit Jahrzehnten neben Brasilien aus Mexiko und werden größtenteils von der mexikanischen Traumfabrik, in den Studios von *Televisa,* produziert. Mit einem Jahresumsatz von mehr als 80 Milliarden Pesos (4,5 Milliarden Euro) ist das internationale Fernsehimperium eines der größten und einflussreichsten Unternehmen Lateinamerikas.

Und genau dort gehe ich jetzt hin, um mir anzuschauen, wie es um die Telenovela und damit um die mexikanische Volksseele bestellt ist. Schließlich versammeln in den vergangenen Jahren eher Serien wie *Breaking Bad* eine gesamte Generation vor den Fernsehern und Laptopschirmen. Aber die Telenovela?

Ich bin in Halle 3 auf dem weitläufigen Televisa-Gelände mitten in Mexiko-Stadt. »Du hast mit Maximilian geschlafen!« TV-Sternchen Adriana Louvier zischt jede Silbe in Richtung einer Dame im Businesskostüm und macht ein Gesicht, das wohl maximale Verachtung ausdrücken soll. Zwei Kameras sind nah auf die kontrahierenden Damen in den engen drei Wänden einer fiktiven Firma gerichtet. Ich erkunde indes die Halle: Wenige Meter entfernt befindet sich ein Krankenhauszimmer, dahinter wiederum ein überfrachtetes Wohnzimmer.

Ein Stockwerk über dem Aufnahmestudio übt sich Regisseur Carlos Morales im Multitasking: Er blickt auf die Bildschirme, die das Geschehen im Studio zeigen. Gleichzeitig schaut er die Folge live, die gerade seit 18.15 Uhr in rund 1,5 Millionen mexikanischen Wohnzimmern, Schlafzimmern und vor allem Küchen läuft. Später stellt sich heraus: Das erwähnte Tete-a-Tete ist nicht folgenlos geblieben. Schwangerschaft!

Von hier oben sehe ich: Einige lange Sekunden blicken die Darsteller mit versteinertem Entsetzen in die Kamera. Carlos (er hat mir das Du angeboten) erklärt mir, dass hierüber in der Postproduktion

Musik gelegt wird. Ich muss an die Melodie der *Lindenstraße* denken, aber die kennt er sicher nicht.

Carlos arbeitet als einer von vier Regisseuren der Telenovela *Yo no creo en los hombres – Ich vertraue den Männern nicht mehr.* Der Mittdreißiger mit Hipster-Brille und Rauschebart ist bereits seit 20 Jahren im Telenovela-Geschäft, steht aber bei der Aufzeichnung noch immer unter Volldampf.

»Wir versuchen ein wenig Puffer zu haben, aber oft sind es nur wenige Tage, die uns von der Ausstrahlung trennen«, sagt er im Stakkato. Drei Szenen pro Stunde hat *Televisa* ihm als Zielmarke gesetzt. »Das ist nicht immer möglich.«

Carlos dreht zwei Telenovelas im Jahr. Wenn dann noch Zeit übrig bleibt, reist er am liebsten durch Europa. »Mit dem Rucksack«, sagt er, »aber ich schlafe nicht mehr in Dormrooms.« Ah, *buena idea!*

Kapitel 107, Szene 14: Am nächsten Abend drehen Carlos und seine Crew in einer Villa im angesagten Stadtteil *Coyoacán*. Nicht weit von hier lebte die weltberühmte Malerin Frida Kahlo mit ihrem prominenten Mauerkünstler Diego Rivera, nebenan hauste der flüchtige Trotzki. Wahnsinn, alles. Aber nichts im Vergleich zu dem, was hier in der Villa, beziehungsweise im Plot von *Yo no creo en los hombres,* passiert.

In dem kolonialen Herrenhaus wird an diesem Abend helllichter Tag simuliert. Das Gold der Einrichtung funkelt im Licht der Scheinwerfer, die vor den Fenster aufgebaut wurden. Ich stehe im Wohnzimmer der Villa. Es ist kurz vor der Aufzeichnung. Direkt neben mir stellt der Kameramann wohl noch schnell scharf. Die Schauspieler gehen in letzter Sekunde ihre Texte mithilfe eines Coaches durch. Das muss reichen, um die dramatischen Entwicklungen gedanklich durchzuspielen.

Y acción!

Auf einem langen Holztisch kratzt der Schönling der Geschichte eine Line Kokain mit seiner Kreditkarte zusammen. Seine Mutter mit hochdrapiertem Haar ertappt ihn *in flagranti* und findet unschöne und dennoch fernsehtaugliche Worte für sein Verhalten.

Währenddessen tritt mir der Kameramann gegen das Bein. Ich stehe, das merke ich jetzt erst, auf der Schiene, die seine Kamerafahrt zum Ende dieser Szene ermöglichen soll. Ich trete weiter nach hinten, kipple auf dem Metall. Der Beau starrt mich mit schlecht gespieltem Kokainwahnsinn an. Jetzt bloß nicht das Gleichgewicht verlieren, denke ich, sonst bin ich gleich im Bild.

Nach dem *Cut*-Ruf Carlos' aus dem Lautsprecher schleiche ich mich zu ihm in den Produktionsraum. In diesem Geschäft läuft vieles gleichzeitig. Die sozialen Medien beeinflussen die Produktion der Telenovelas in Echtzeit. Carlos checkt, was die Zuschauer über seine aktuelle Folge auf Facebook und Twitter zu sagen haben. »Wenn wir sehen, dass die Zuschauer etwas nicht richtig verstanden haben, versuchen wir, es in den nächsten Folgen noch mal klarer herauszuarbeiten«, sagt er.

Er sieht seine Novela als Speerspitze der hochwertigeren Sendungen dieser Art. Die neue Machart soll authentischer, weniger künstlich wirken. Die Darsteller bekommen hier nicht ihre Zeilen über Knopf-im-Ohr souffliert, sondern lernen ihre Texte vor der Aufzeichnung. Das ist keineswegs eine Selbstverständlichkeit.

»Glaubwürdigkeit ist alles«, sagt Carlos. Jemand reicht ihm einen Kaffee im Pappbecher in das Regiekabuff hinein. Zum Abschied rät er mir: »Wenn du wirklich wissen willst, was die Telenovelas für die Mexikaner bedeuten, dann sprich mit einer Legende des Geschäfts: mit Pedro Damián.«

Über unseren Freund Víctor bekomme ich zügig einen Termin mit dem wohl erfolgreichsten Telenovela-Produzenten des Landes. Wir treffen uns in einem angesagten Café zum Frühstück, Pedro (auch er bietet mir schnell das Du an) kommt mit einem Cruiser-Fahrrad. Im autodominierten Mexiko-Stadt ist das bereits ein großer Auftritt. Der Mann ist über 60, sieht aber wesentlich jünger aus, gute Figur, längere Haare, Typ: Frauenschwarm. Er war mehrfach verheiratet, ist gern Thema in der Klatschpresse. Beim Hereinkommen grüßt er mit lässigem Fingerzeig den prominenten Schauspieler Gael García Bernal.

Mir sitzt also Mr. Telenovela, eine TV-Legende in Mexiko, gegenüber und soll mir die Seele des mexikanischen Volkes näherbringen. Mein Anliegen findet er gar nicht lächerlich, sondern *muy interesante*. Zumindest sagt er das. Paulina sitzt übrigens ein paar Tische weiter, inkognito

»Der Sound von Mexiko ist das Melodrama«, sagt er nun und meint damit die Telenovela. Jedes Land habe eine spezifische Form, sich auszudrücken, dies sei die mexikanische Variante. Er bestellt sich einen Quinoa-Salat und fährt fort: »Es ist der Kampf des Guten gegen das Böse mit einer Portion Komödie.« Wobei das Gute selbstverständlich siegen müsse. »Die Menschen brauchen das, denn das passiert ihnen im wirklichen Leben nicht.«

Die Geschichten laufen deshalb immer nach dem gleichen Muster, wie Märchen eben. »Es ist wie bei Kindern, die wollen doch auch immer wieder die gleiche Geschichte vorgelesen bekommen«, sagt Pedro.

Er erklärt mir, wie die Variationen jeden Tag durchgetaktet sind: Um 16 Uhr läuft eine Telenovela-Version von Cinderella. Das schaut die Hausfrau, während die Kinder daneben ihre Hausaufgaben machen. Um 18 Uhr sind die Kinder bei Freizeitaktivitäten, da sitzt die

Hausfrau allein vor dem Fernseher, es dürfen schon erwachsenere Themen angesprochen werden. Um 19 und 20 Uhr laufen klassische Telenovelas. Und in der Variante um 21 Uhr wird es erotischer.

Der Laden, in dem wir frühstücken, ist das Gegenteil einer Cantina, wie man sie sich vorstellen mag. Statt Tequila, Tacos und Männern mit großen Hüten herrscht hier urbane Coffeeshopatmosphäre wie in Brooklyn oder Berlin-Mitte. Jemand bestellt immer gerade eine entkoffeinierte Soja-Latte. Mit Blick auf mein Ziel, die Volksseele zu ergründen, frage ich Pedro, was die Telenovela bei den Mexikanern bewirke.

»Sie gibt den Zuschauern einen Ort zum Träumen«, sagt er. Sie sei nicht nur *Opium fürs Volk,* sie vermittle auch Werte und Moral. »Das Melodrama hat keinen Bildungsauftrag, das bedeutet aber nicht, dass sie nicht bilden kann«, meint Mr. Telenovela. Auf meine naheliegende Frage hin antwortet er: »Nein, die Leute verdummen nicht durch Telenovelas, vielmehr machen sie eine emotionale Entwicklung, eine Katharsis, durch.«

Die Mexikaner seien selbstverständlich nicht »eindimensional«, aber sie haben eben diese melodramatische Seele. Im Übrigen könnten sie einen *Güero* wie mich– eine weite Blond-Definition in Mexiko – in Telenovelas immer gebrauchen. Pedro schlürft den Rest seines Kaffees aus und empfiehlt mir, um die mexikanische Seele auszuloten, solle ich zum *Lucha Libre* gehen, dem Schaukampf maskierter Ringer. Die *Luchas,* eine Variante des *Catchens,* seien das Melodrama in Reinkultur. »Da erlebst du, was die Mexikaner wirklich lieben«, sagt er.

Paulina und ihren ein Jahr jüngeren Bruder Kike (Kurzform von Enrique) kann ich schnell überzeugen. Meine Eltern besuchen uns während unserer Weltreise hier in Mexiko und lassen sich von der

Bedeutung dieser kulturellen Erfahrungen auch begeistern. Mit ihnen, Kike und einigen Freunden betreten wir wenige Abende später die *Arena México* – einer der bedeutendsten und größten Kampfplätze des Landes.

Welcome to the jungle, denke ich. Die Arena in klassischer Kesselform mit steilen Plastikrängen bebt vor Stimmung. Wie auf dem Münchner Oktoberfest um 22.50 Uhr, und die Shows haben noch nicht einmal begonnen. Die gesamte Inszenierung erinnert an Gladiatorenkämpfe. Über Screens laufen martialische Bilder von vergangenen Duellen. Viele der Zuschauer tragen selbst bunte Kunststoffmasken, die über den gesamten Kopf gezogen und hinten zugeschnürt werden. Es wird lauthals über Aufstieg und Fall der besten *Luchadores* debattiert, dabei Corona aus Pappbechern getrunken und so stark gestikuliert, als ginge es tatsächlich um Leben und Tod.

Es ist auf den zweiten Blick ein Familienevent. Überall sehen wir Umarmungen mit dem landestypischen Schulterklopfen zwischen Männern, einem Wangenkuss bei der Begrüßung von Frauen.

16 000 Zuschauer fasst die Arena, sie ist an diesem Freitagabend bis auf den letzten Platz ausgebucht. Was mich wundert: Es riecht nicht nach Schweiß. Vielleicht ändert sich das, wenn die Luchadores mit der Arbeit an diesem Abend beginnen – so wie sie und ihre Vorgänger es schon unzählige Male zuvor gemacht haben.

Das Freistilringen in Mexiko geht bis ins 19. Jahrhundert zurück. Wie stark der Einfluss der US-amerikanischen Wrestler in den 30er Jahren für die Entwicklung der Luchas war, ist unter Wrestling-Historikern diesseits und jenseits der Grenze umstritten. Fest steht, dass die mexikanischen Luchas im Jahre 1942 von einem Mann geprägt wurden: El Santo, der als Erster mit einer Maske auftrat und über Jahrzehnte ein Nationalheld war. Er war in allen schwierigen Jahren der Verteidiger des Guten – in Zeiten korrupter Politiker etwa. Der Heilige eben. Für die Identität des einfachen, mexikanischen Volkes war er die männliche Variante der *Vírgen de Guadalupe,* der Schutzheiligen Mexikos. 1984 starb Rudolfo Guzmán Huerta – so sein bürgerlicher Name – im Alter von 66 Jahren an einem Herzinfarkt. Er ließ sich selbstverständlich mit seiner Maske begraben.

Wir sitzen nur rund 20 Meter vom Ring entfernt und warten auf die Nachfolger von El Santo. Die Menge ist heiß, will, dass es losgeht. Endlich betritt ein Mann im Sakko den Ring und kündigt die Kämpfer an – mit dem typischen Hochziehen der Stimme, immer höher, immer lauter. Sie tragen Fantasienamen wie Místico, Último Guerrero, Negro Casas oder Shocker. Dieses Kampfcrescendo wird begleitet von Einspielern zu den jeweiligen Luchadores auf den Videowänden.

Es ist – deshalb hat mich Pedro Damián schließlich hierhergeschickt – das Schauspiel Gut gegen Böse. Die Kämpfer gehören entweder dem Team *Técnicos* (die Techniker, die Guten) oder den *Rudos* (rohe Gewalt, die Bösen) an. Die meisten Zuschauer sind für die Guten, andere finden es cool, für die Bösen zu sein. Im Laufe des Abends kann man aber auch problemlos seine Präferenz ändern. Paulinas Bruder Kike hat sich heute für das Team Rudos entschieden, ich schließe mich ihm an. Er reicht mir eine entsprechende Maske, die ich mir umbinde. Meine Eltern erschrecken sich beim Anblick wie aus dem Pulp-Fiction-Keller.

Gut gegen Böse ist hier Akrobatik auf höchstem Niveau. Für den Laien, also meine Eltern und mich, ist es ein durchchoreographiertes Durcheinander. Die Kämpfer tragen Leggings mit Flammen drauf und rote Stiefel. Manche Kostüme erinnern an Comicsuperhelden, andere an Kriegskleidung der Maya. Zwischen den Kämpfen laufen prallbusige Girls in Hotpants, Bikini und hohen Stiefeln über einen Laufsteg und drehen eine Runde im Ring. Gepfeife, Gejohle der Menge. Meine Mutter, pensionierte Lehrerin, schaut entgeistert auf das Geschehen.

Jetzt stehen der »gute« Místico und der »böse« Shocker sich gegenüber. Místico trägt eine Silbermaske, die wie eine Diskokugel glitzert. Sein Oberkörper ist nackt, er trägt lediglich eine weiße Hose mit Goldapplikationen und silberne Stiefel. 1,69 Meter und 82 Kilogramm war auf der Videoanzeige zu lesen – ein kräftiger Brocken. Shocker überragt Místico um einen halben Kopf und bringt 100 Kilo, überwiegend Muskelmasse, auf die Waage. Er trägt keine Maske, sieht aber trotzdem wie eine Comicfigur aus: raspelkurze blondierte Haare, ein schwarzer Hosenanzug, der *à la Borat* nur durch zwei dünne Träger am Oberkörper gehalten wird.

Die beiden Kontrahenten marschieren breitbeinig aufeinander zu. Shocker schlägt, so scheint es zumindest, mit voller Wucht zwischen Hals und linke Schulter seines Gegners. Místico sinkt zu Boden, nun tritt Shocker mit dem Glitzerstiefel nach. Er will sich mit seinem gesamten Gewicht auf den scheinbar verletzten Místico werfen. Doch dieser dreht sich in letzter Sekunde zur Seite, hat nun seinerseits Oberwasser. High-Fives und mexikanische Beckerfäuste in den Rängen.

Während Shocker am Boden liegt und theatralisch leidet, schwingt sich Místico auf die Seile des Rings, balanciert dort oben einige Sekunden. Die Arena kocht. Dann vollführt er die Königsklasse der Lucha-Libre-Techniken: den Höhenflug. Er stößt sich von den Seilen ab, springt einige Meter durch die Luft und landet mit einem Rumms halb auf seinem Kontrahenten, halb auf den Brettern. In der Reihe vor uns wirft jemand seinen Pappbecher mit Restbier in die Menge. »Töte ihn!«, schreit er aus vollstem Halse. Kike und ich rufen ein beherztes *Buuuh,* schließlich sind wir für die »Bösen«. Der Schiedsrichter zählt Shocker an, er haut auf den Holzboden: *uno, dos* – bei drei hätte Místico gewonnen. Aber das Gute soll (noch) nicht siegen. Es stürmen weitere Luchadores in den Ring und retten Shocker. Für mich wird es unübersichtlich, aber ich gröle mit.

Mein Vater blickt mit einer Faszination auf das Geschehen, die bei Beobachtern von Autounfällen typisch ist. *Man muss einfach hinschauen.* Meine Mutter ist trotz der Lautstärke mittlerweile eingenickt.

Ob am Ende die Guten oder die Bösen gewinnen, weiß ich nicht mehr. Es ist für die Mexikaner auch nicht wichtig. Hauptsache für einen Moment gibt es klare Gewinner und Verlierer, bevor das Spiel der Kräfte wieder weitergeht. Denn das ist im undurchsichtigen Alltag selten möglich. Ist das der Sound Mexikos, von dem Pedro sprach?

»Wenn du wirklich die mexikanische Seele ergründen willst«, sagt Paulina und nimmt mir die Maske ab, »dann musst du mit mir einen *Taco al Pastor* essen gehen.« Über landestypische Gerichte und Drinks, da hat Paulina sicher recht, lässt sich ein großes Stück von Kulturen erleben.

Flashpacker-Tipps:

- **Abenteuer – aber sicher:** Bei den Entdeckern des 18. Jahrhunderts war es noch etwas anderes, aber heute muss ein Abenteuer weder gefährlich sein noch wehtun. Gute Informationen aus Reiseführern und Blogs sowie ein paar Extradollar sorgen für mehr Sicherheit und Komfort. Daran sollte man niemals sparen!

- **Keine Angst vor Sehenswürdigkeiten:** Orte stehen zumeist aus gutem Grund auf der touristischen Landkarte. Das Abenteuer kann auch hier hinter jedem Busch lauern. Sei offen für Spontanes, dann kommen die Erlebnisse von ganz allein!

- **Hochmut kommt vor dem Fall:** Das ist wörtlich zu nehmen. Wenn's um Adrenalinsportarten geht, gilt: Weder Angst noch Selbstüberschätzung sind gute Berater.

4. Essen und Trinken

Wie genießt ein Rucksack-Gourmet?

Muscheln in Muizenberg: Paulina gibt ihr Urteil zur süd-afrikanischen Kochkunst ab.

MUSIK ZUM LESEN
http://spoti.fi/2p5jfNN

Rooftop-Bars, ein Restaurant überm Fluss oder lieber der Bananenpfannkuchenpfad?

Bangkok, Thailand

Inle See, Burma

Schwindelnde Höhen mit Stil: auf einen Cocktail in der Vertigo-Bar in Bangkok.

Ein Imbiss in Bangkok. Paulina und ich essen im Schein des Neonlichts mein asiatisches Lieblingsgericht: *Pad Thai* – Fleisch, Tofu oder Fisch auf einem Bett aus Reisbandnudeln mit Ei, Knoblauch, Chili und Sprossen, das Ganze in asiatischer Fischsauce gebraten. Garniert wird das traditionelle Gericht mit Erdnüssen, Koriander, Limette und Frühlingszwiebeln. Mehr braucht es nicht.

Ich esse Pad Thai mit Ente, Paulina hat sich für die Variante mit Hähnchen entschieden. Und wir haben etwas geschafft, das unter Backpackern als höchste Auszeichnung gilt: Wir sind die einzigen (erkennbaren) Nicht-Thais in dem Imbiss.

Die Gäste schlürfen vergnügt ihre Suppen und Nudeln. Die Deckenventilatoren klappern im Takt dazu – und verleihen der Szenerie noch das i-Tüpfelchen an *exotischer Erlebnisgastronomie* für einen norddeutschen Berliner wie mich.

Als ich gerade selig versuche, die Stäbchen – es gibt selbstverständlich kein westliches Besteck in diesem Imbiss – ohne Ladeverlust zu meinem Mund zu führen, guckt Paulina von ihrem Smartphone auf und sagt nur ein Wort: »Rooftop-Bar.«

Mir rutscht eine Reisnudel durch, ich zögere und antworte fröhlicher, als man meinen würde: »Wenn's denn sein muss.«

Ganz genau weiß ich nicht, was das ist, eine Rooftop-Bar. Aber es wird wohl Gastronomie auf dem Dach sein. Und für mich klingt das nach Schickimicki, nach schnöseligen Cocktails – und vor allem hört es sich nach einem Ort an, der sich nicht für Rucksackreisende geziemt. Aber mit diesem Pad Thai im Magen mache ich alles mit.

Die Bar mit dem vielversprechenden Namen *Vertigo* befindet sich auf dem Dach des *Banyan Tree Hotels,* das wir mit dem Taxi erreichen. An der Tür steht ein Portier in Uniform. Ich hege schon die Hoffnung, dass wir wegen meiner kurzen Hose und den Flipflops nicht reingelassen werden. Aber Paulinas Sommerkleid ist vermutlich unser Fahrstuhlticket in den 61. Stock. Als wir das Dach des Wolkenkratzers betreten, halten wir uns aneinander fest. Wer wirklich an Vertigo – der Höhenangst – leidet, wird sich hier nicht wohlfühlen: Wir stehen 190 Meter über dem Erdboden auf einem Balkonklotz, der leicht im warmen Abendwind schwankt. Über uns nur noch die Sterne, an denen man sich nicht festhalten kann. Eine Thai-Dame im Abendkleid geleitet uns zu einem Tisch am gesicherten Abgrund. Wir trinken fruchtige Cocktails mit viel Alkohol und freuen uns über das Lichtermeer – über die im Takt der Ampeln anbrandenden Autos, und über die einfamilienhaushohen Videowände an anderen Wolkenkratzern. Das Hotel, in dem »Hangover 2« gedreht wurde, ist zu sehen. Ein Kellner mit Fliege reicht Nüsschen.

Das Publikum besteht aus einer Mischung aus Touristenpärchen und elegant gekleideten Bangkokern, die sich hier zum Feierabend treffen. Die Mitarbeiter einer international agierenden Firma gehen gerade nach dem Geschäftsessen zum gemütlicheren Teil über. Es fällt auf: Keine Pattaya-Paare – also jene Bierbauch-Deutschen und Glatzkopf-Briten, die mit viel zu hübschen, viel zu jungen Thai-Mädchen ausgehen. Falls klassische Backpacker anwesend sein sollten, haben sie sich gut verkleidet. Ich bin ja auch inkognito.

Für den Preis der beiden Cocktails könnten wir fast eine Woche lang Pad Thai essen, aber: Mir gefällt's richtig gut. Ich fühle mich hier nicht wie ein Schnösel mit meinem überteuerten Mixgetränk, sondern wie James Bond. Und das sind wirklich zwei völlig verschiedene Dinge. Entsprechend schwenke ich das Eis lässig in meinem Glas und proste meinem Bond-Girl Paulina zu.

Mein erstes Mal in einer Rooftop-Bar, und natürlich denke ich hinterher: auch das noch. Jetzt übernachte ich nicht nur in Doppelzimmern mit Klimaanlage, sondern verbringe außerdem meine Abende auf den Dächern von Wolkenkratzern? Gäbe es einen Backpacker-Gott, dann hätte er gerade sehr gute Sicht auf uns gehabt und wäre erzürnt wie Zeus zu seinen besten Zeiten. Paulina, die einen siebten Sinn für Gedanken dieser Art entwickelt hat, sagt: »Morgen gehen wir wieder Pad Thai essen.«

Ich imitiere einen Zwinkersmiley mit übertrieben geschlossenem Auge: »Und danach in eine Rooftop-Bar.« Soll heißen: Ja, ich möchte gern, aber bewahre mir eine ironische Distanz zu dem Ausflug in die Eleganz. Aber warum eigentlich nicht? Reisen kann, nein, soll Genuss sein. Das ist das Credo des Flashpackers. Und als solcher kann ich mit Distanz auf die Essgewohnheiten der Rucksackreisenden schauen. Und so schaue ich am nächsten Abend aus der Vogelperspektive einer weiteren Rooftop-Bar hinunter auf Bangkok und stelle fest:

Dass es an Straßenständen das beste und authentischste Essen gibt, ist Rucksack-Folklore.

Es kursiert dieses große Missverständnis unter Backpackern: Alles, was auf einem klapprigen Essenswägelchen durch die pralle Sonne gekarrt wird, muss authentisches, gutes Essen sein.

»So etwas bekommt man in den Restaurants ja gar nicht«, heißt es dann. Tatsächlich gehen Backpacker zu Straßenständen, die viele Einheimische aus gutem Grund meiden: Sie wissen, dass das Essen dort nicht ohne Konsequenzen für den Magen-Darm-Trakt bleiben wird. Für den Backpacker dagegen gehört das Leiden nach dem Essen zum Abenteuer dazu – und ist für ihn sogar der Beweis, dass es sich um ganz und gar untouristische Speisen gehandelt haben muss.

Nicht alles Streetfood ist schlecht und geht mit Durchfallerkrankungen einher. Es gibt selbstverständlich bei manchen Straßenanbietern ausgezeichnetes Essen. Aber man muss sehr genau hinschauen, wo man gut und gefahrlos speisen kann. Paulina hat durch ihre kulinarische Sozialisation in Mexiko einen Instinkt, ein gutes Auge entwickelt. Ich habe auch nach sechs Monaten Reise diese Fähigkeit nicht richtig ausprägen können.

»Wie machst du das nur?«, interviewe ich sie, während ich in der Rooftop-Bar mit dem Strohhalm das Eis meines 15-Dollar-Cocktails durchrühre. So viel habe ich von Paulinas Ausführungen verstanden: Zu viele Fliegen auf und zu viel Müll neben den Lebensmitteln ist nicht gut.

Der Leser denkt nun, das wäre kein großer Erkenntnisgewinn. Was sind denn *zu* viele Fliegen? Denn diese Tierchen werden das noch rohe oder bereits gebratene Essen auf jeden Fall umschwirren. Die Frage ist nur: Wie viele sind noch in Ordnung? Paulina hat da eine höherentwickelte Sensorik. Für mich gilt als Faustregel: Wenn es scheint, der Verkäufer habe den Kampf gegen die Tierwelt aufgegeben, sollte der geneigte Gourmet unter Umständen das Weite und andere Nahrung suchen. Die Ambitionierteren unter den Straßenköchen sind entweder geschickte Lappenwedler oder, noch besser, sie haben ihre Lebensmittel so verstaut, dass sie keine Fliegen und andere Fauna anziehen.

Nehmen wir an, man findet gutes Essen bei einem Straßenwägelchen. Ist es dann authentisch, sich ausschließlich von diesem *Streetfood* zu ernähren? Ich glaube nicht. Übertragen auf Deutschland bedeutete diese Herangehensweise: Currywurst mit und ohne Darm, Bockwurst mit Senf, Pommes Schranke, Döner Salat komplett, Erbsensuppe mit Einlage oder Boulette / Frikadelle / Fleischpflanzerl – wenn's richtig gut läuft. Wer sich in Deutschland nur von Streetfood ernährt, kennt also lediglich das tägliche Essen von Bauarbeitern, Tatort-Kommissaren und nichtveganen Clubbesuchern.

Am Ende schafft es selbst der überzeugteste Abenteurer nicht, nur von Straßenessen zu leben. Dann kocht der Backpacker Nudeln mit Tomatensauce oder Gemüsebratlinge im Hostel oder er geht in Läden, die überwiegend *Western*-Essen – amerikanisch-europäische Küche – anbieten.

Es gibt diese Restaurants, die fast immer eine schöne Terrasse haben, überall auf der Welt, wo es genügend Backpacker hinverschlägt. Hier in Thailand und in ganz Südostasien sind sie derart häufig anzutreffen, dass sich für die Hauptroute der Rucksackreisenden ein kulinarischer Name etabliert hat: der *Banana Pancake Trail*. Diese amerikanische Pfannkuchenart – klein, dick, mit Ahornsirup – darf im Angebot dieser Läden nicht fehlen. Auch das *Club Sandwich*, ein *Burger* und eine Auswahl an Nudelgerichten finden sich auf den Speisekarten. Paulina und ich gehen gern in diese Läden, denn meistens ist die Qualität des Essens hoch, selbst der Verzehr von Salaten stellt keine Gefahr dar – und das WLAN funktioniert so gut, dass sogar der Skype-Anruf in die Heimat möglich ist.

Zwei Stunden nördlich von Bangkok: noch eine Rooftop-Bar.

Abseits vom Bananenpfannkuchenpfad, im burmesischen Yangon, schlürfen Paulina und ich einen Cocktail mit Blick auf eines der berühmtesten buddhistischen Bauwerke: auf die Shwedagon-Pagode. Die Bar befindet sich in diesem Fall nur im vierten Stock, und ist alles in allem weniger glamourös als die in Bangkok. Aber Nüsschen werden auch hier gereicht. Der Kellner erzählt uns von seiner Vergangenheit als Mönch. Vielleicht ist es der tägliche Ausblick auf diese goldglänzende Pagode, die ihn zu dem Vorhaben inspiriert hat, bald in ein buddhistisches Kloster zurückzukehren: seine Haare abrasieren, sein Hab und Gut zurücklassen und im orangefarbenen Gewand sein Leben der Religion widmen.

Dorfbesichtigung mit dem Baumboot: Das Wasser ist für die Menschen am Inle Lake ihr Ein und Alles.

Paulina und ich haben in der Woche zuvor auch viel Muße zum Meditieren gehabt: auf Toiletten. Hier in Burma hat uns Paulinas Gespür für verkeimtes Essen leider nicht retten können. Das passierte wie folgt: Gemeinsam mit einem australischen Pärchen – Sam und Naomi – machen wir eine typische Fahrt auf dem Inle See. Dieses Binnengewässer gehört zu den Top-Sehenswürdigkeiten des Landes. Ein Hingucker ist hier die Art der Fischer, wie sie auf schmalen Teakholzbooten mit einem Bein das Paddel umschließen und mit kreisenden Tanzbewegungen für den Antrieb sorgen. Außerdem wird vereinzelt die Tradition der Langhals-Frauen gepflegt, die durch regelmäßige Reportagen in *Geo* und *National Geographic* Bekanntheit erlangt haben. Ab früherster Kindheit bekommen Mädchen goldene Ringe um den Hals gespannt. So dehnen sich Sehnen sowie Wirbelsäule und geben Raum für weiteren Schmuck – ein Schönheitsideal in dieser Kultur und beliebtes Fotomotiv der Touristen.

Bemerkenswert sind auch die Mönche vom Nga Phe Kyaung-Kloster, die vermutlich zum Werbezweck für ihre Religion früher Katzen durch einen Reifen springen ließen. Ein neuer Abt hat das Spektakel verboten, der Spitzname für das 150 Jahre alte Kloster ist geblieben: *The Jumping Cat Monastery*.

Um den See herum verzweigt sich ein Wassersystem mit Flüssen und Kanälen. Ungefähr 70 000 Menschen leben auf Pfahlhäusern, die wir in einem Baumkanu mit Außenborder passieren. Es ist keine Übertreibung: Der Fluss ist das Ein und Alles der Bewohner. Hier bauen sie auf schwimmenden Ackerflächen ihr Gemüse an, fangen Fische, im Wasser baden sie, putzen ihre Zähne, waschen ihre Wäsche, spülen ihr Geschirr – und ja, wie deutlich zu sehen ist, sind die Toiletten aus den aufgebockten Hütten einfach nur diskrete Löcher in Richtung Wasser. Der Fluss fließt betulich dahin, und ganzjährig herrschen hier moderate bis extrem hohe Temperaturen. Erstaunlich: Das Wasser stinkt nicht.

Wir essen, es ist eine Empfehlung des Bootsführers, in einem Restaurant auf Pfählen. Angesichts dessen, dass das Gemüse im Fluss gewaschen wird, entscheiden wir uns für ein frittiertes Gericht: Reis mit Gemüse und Hähnchen. Die Nummer 23 im deutschen Asia-Imbiss also, mit der wir hier auf Nummer sicher gehen. Denken wir zumindest.

Wenige Stunden später, wir planschen gerade im Pool unseres

Hotels, beginnt die Misere bei der Australierin Naomi. Es handele sich um Brechdurchfall in ungeahntem Ausmaß, berichtet uns ihr Ehemann Sam, nachdem Naomi das Schwimmen abrupt abgebrochen hat. Unsere Vermutung: Die Kräuter, die obenauf liegen und dem Gericht den letzten Pfiff verleihen, waren roh und im Wasser gewaschen. Dieser Pfiff wird am nächsten Morgen auch bei uns zum Dünnpfiff und hält sich tagelang.

Immerhin haben wir in Hostels nun eine Durchfallgeschichte zu erzählen, wenn das – wie Gruselgeschichten am Lagerfeuer – eingefordert wird. Aber das war es auch schon. Als Flashpacker mit dem Extra-Dollar und gutem Auge ist es möglich, um die Welt zu reisen, ohne eine Familienpackung Imodium aufzubrauchen. Und wer weniger Zeit auf der Toilette verbringt, hat mehr Zeit, sich lukullischen Genüssen hinzugeben.

Reisespeisekarte:
mit Genuss um den Globus.

Verschiedene Orte

*Im Herkunfts-
land schmecken
Gerichte besser als
zu Hause: Dieser
»1001-Nacht-
Effekt« wirkt nicht
nur bei Schawarma
in Oman.*

Bei einer Schnorchelexkursion im *Golf von Thailand* lernen wir ein spanisches Paar kennen, das ein Restaurant auf der Insel Menorca betreibt. In den Wintermonaten, wenn die Touristen ausbleiben und die Einheimischen das Haus nicht verlassen, machen sie ihren Laden dicht und reisen drei Monate lang mit ihren Kindern im Vorschulalter am liebsten nach Asien. Von unterwegs bringen sie Rezepte mit, die sie ab der Frühlingssaison in ihrem menorquinischen Restaurant umsetzen. *Cocina Viajera,* die Reiseküche, so nennen die beiden ihr Konzept.

Mich hat die Idee dermaßen überzeugt, dass ich während unseres Trips um den Globus in Gedanken kontinuierlich an solch einer Reisespeisekarte arbeite. Welche Gerichte schaffen es – neben Pad Thai – auf das Menü meines fiktiven Restaurants?

Die *Streetfoodmarkets* in Kapstadt und Umgebung sind ein reicher Quell der Inspiration. In zumeist übersichtlichen Hallen präsentieren Köche und Landwirte ihre Produkte. Dazu gibt's hopfig-aromatische *Craft-Biere* und Livemusik aus der Rubrik »handgemacht«.

Der *Blue-Garage*-Markt in Muizenberg zum Beispiel findet wöchentlich in einem ehemaligen (blau angemalten) Flugzeughangar statt und bleibt mir vor allem wegen eines Sandwiches in Erinnerung. Einen Hamburger mit Straußenfleisch haben Paulina und ich uns bereits geteilt und mit einem *Indian Pale Ale* hinuntergespült. Ich kann über den Geschmack nichts mehr sagen, weil jenes darauffolgende Sandwich alles überlagert – eine kulinarische Amnesie verursacht. Paulina entdeckt den Stand in der hintersten Ecke des *Blue-Garage*-Marktes. Ein großes Stück selbstgemachtes Sauerteigbrot, fluffig in der Konsistenz, wird mit zarten Kalbsfiletstreifen gefüllt. Das Fleisch, so erklärt uns der Bratmeister, wurde zuvor in einer Mischung aus französischen sowie südafrikanischen Kräutern

und Gewürzen mariniert. Aus dem beiliegenden Salat sticht die rei-
fe Avocado hervor.

Die ursprüngliche südafrikanische Küche sollte auch vertreten
sein: An Sommerabenden nenne ich den Holzkohlegrill *Braai* und
lege einige Boerewors auf das Rost. Für den Herbst bietet sich eine
Art Eintopf an, den wir im Township *Soweto* probiert haben: *Potjiekos*
heißt er in der Kolonialsprache *Afrikaans,* in einer der wichtigsten
Stammessprachen, *Zulu,* wird das Gericht *Curry Wenkomo* genannt.
Der Eintopf aus Möhren, Kartoffeln, grünen Bohnen und Hammel-
fleisch wird in einem gusseisernen Topf über offenem Feuer langsam
gekocht und mit Thymian und Rosmarin verfeinert.

Während einer Fahrt durch Kalifornien ließe sich meine fiktive
Speisekarte problemlos auf die Dicke einer gebundenen Budden-
brooks-Ausgabe ausdehnen. Wir verbringen einige Nächte bei der
Mutter meines Highschoolfreundes John, die einen erfolgreichen
Cateringservice in der San Francisco Bay Area betreibt. Susan Foord,
so heißt sie, könnte in ihrer Küche im amerikanischen Landhausstil
jederzeit eine Kochsendung aufzeichnen. Sonntagsabends bereitet
sie oftmals für die Familie ihr *Slow Roasted Chicken* zu, das bei Temperaturen um die 150 Grad langsam im Ofen gebraten wird. Dazu
gibt es Spargel mit Cranberrys, Kartoffelstampf und einen Caesar's
Salad mit Dressing nach geheimem Familienrezept.

»Ein Gericht, das dir das Gefühl gibt, geliebt zu werden«, diktiert
mir ihr Sohn in mein Notizheft, das mit einem Klecks der Braten-
sauce von dem Abend zeugt.

Auch das *Pulled Pork* zum Lunch, das hier traditionell in selbst ge-
machter Barbecuesauce schwimmt und als Sandwich serviert wird,
würde sich gut auf meiner Reisespeisekarte machen.

Einen Ehrenplatz bekommt ganz sicher das *Kotu Rotti* aus Sri Lanka, auch wenn der erste Blick auf den Teller ein Wirrwarr offenbart.

Der Mix aus Streifen eines Vollkornfladenbrots, gebratenem Gemüse und Ei mit Chili und Currygewürzen ergibt jedoch ein vielschichtiges Geschmackserlebnis – und eignet sich als Vorspeise sowie als Hauptspeise mit Hähnchen oder Rindfleisch angereichert. Gäbe es eine Frühstückskarte in meinem Reiserestaurant so wäre auf alle Fälle die traditionelle Variante Sri Lankas eine Besonderheit. Unterschiedliche Currysaucen stehen dabei zur Auswahl, um sich mit Reisbandnudeln, Linsen, Kokos-Chili-Paste mit Limettensaft und gebratenem Ei zu einem für meinen deutschen Gaumen exotischen Geschmack zu vereinen.

Gar nicht so weit entfernt bietet der Oman eine ganz andere Geschmackswelt. Der Auberginenbrei *Mutabbal* und das bekannte Kichererbsenpüree *Houmus* begeistern Paulina und mich. Auch den *Shawarma,* den wir in Muskat kosten, möchte ich gern mit auf die Karte setzen. Diese auch in deutschen Metropolen beliebte Fleischpita hat uns in einem Gartenrestaurant mit Lampions und den dort üblichen Sitzteppichen begeistert. Das in der arabischen Gewürzvielfalt marinierte und über offenem Feuer gegrillte Hähnchenfilet ist knusprig und zart zugleich. Das Pitabrot wird vor Ort frisch gebacken und in eine Auswahl an Pasten eingetunkt. Zu dem qualitativ hochwertigen Essen kommt noch ein positiver Effekt hinzu: Das Restaurant hat ein authentisches, familiäres Ambiente. Die traditionellere Seite dessen zeigt sich in Separees, in denen Familien speisen und Frauen ihre Kopftücher abnehmen können. Die modernere Seite Muskats zeigt sich an einer Gruppe von jungen Frauen, die am Nebentisch ohne Kopftuch und mit viel Wasserpfeifendampf einen vergnüglichen Mädelsabend verbringen.

Auch wenn es diesen 1001-Nacht-Effekt geben mag, bei dem das orientalische Ambiente den Genuss steigert: Der Shawarma omanischer Art kommt ins Menü meines Reiserestaurants.

Nun ließe sich einwenden, dass die meisten dieser Gerichte auf meiner fiktiven Speisekarte doch in deutschen Metropolen ohnehin zum Standard gehören. Selbst Fastfoodrestaurants bieten mittlerweile Pulled Pork an, Thai-Restaurants gibt es schon in mittelgroßen Städten, Streetfoodmarkets werden zum Trend in Berlin und selbst Spezialitäten aus Sri Lanka kann man im Ruhrgebiet mehrfach finden. Für mich ist das ein erfreulicher Aspekt der Globalisierung. Auf diese Weise kann man eine Fernreise unternehmen, ohne das eigene Land zu verlassen. Es bleibt aber wie ein Ausflug in den Zoo, ein »eingezäuntes« Erlebnis. Viele Restaurantbetreiber in Deutschland passen ihre Speisen an den europäischen Geschmack an. Und manchmal braucht es eben doch den 1001-Nacht-Effekt.

Wir haben auf unserer Reise einige Erfahrungen mit für uns unkonventionellem Essen gemacht, die sich in Deutschland eher selten reproduzieren lassen. Stichwort: Meerschweinchen. Paulinas und meine Herangehensweisen an diese außergewöhnlichen Gerichte unterscheiden sich deutlich. Es ergibt sich dabei eine komplexere Gemengelage als der Draufgänger-Backpacker versus die vorsichtigere Flashpackerin: So habe ich als Kind außer Schnitzel und Nudeln mit Tomatensauce kaum etwas gemocht. Meine exotischsten Abenteuer waren in Neustadt am Rübenberge das *Restaurant Athen* und *Der goldene Drache*.

Heute noch enthalten meine Bestellungen allerlei Einschränkungen (ohne Käse, ohne rohe Zwiebeln, etc.). Auf Rucksackreisen jedoch habe ich das dringende Bedürfnis, möglichst alles zu probieren – das gebietet mir schließlich meine Backpacker-Ehre.

Paulina dagegen steht Essen generell sehr offen gegenüber und lässt sich etwa von ungewohnter Optik nicht abschrecken. Die Esszwänge eines Backpackers sind ihr fremd. Wenn sie etwas nicht probieren möchte, dann macht sie es eben nicht.

Fakt ist: Ich habe rund zehn Kilo in sechs Monaten abgenommen. Paulina will mir nicht verraten, wie sich ihre kulinarischen Erfahrungen rund um den Globus auf der heimischen Waage niedergeschlagen haben.

Mit dieser persönlichen Prägung haben wir besondere Gerichte in Peru, China und Paulinas Heimat Mexiko begutachtet – und nach Tauglichkeit für meine Reisespeisekarte geprüft. Dabei ergeben sich *Kulinarische Herausforderungen, Klassiker und Top-Essen.* Oder wie ein abgewandeltes Sprichwort es auf den Punkt bringt: Wo es viel Schatten gibt, muss doch auch irgendwo die Sonne scheinen.

Wo das Rinderherz am rechten Platz sitzt, Meerschweinchen auf dem Grill landen und roher Fisch ein Weltstar ist.

Ceviche ist King: Unsere Freunde Karina und Carl präsentieren uns in Lima die kulina-rischen Königinnen — weitere Gerichte mit rohem und gebratenem Fisch.

Kulinarische Herausforderung

Es liegt da, nackt, unschuldig und liebesbedürftig. Das Fell hat das einst possierliche Tierchen eingebüßt, ansonsten sieht es von außen intakt aus; die Füßchen mit den süßen Krallen, die putzigen Ohren, ein Lächeln umspielt den Mund. Doch da: Unter der Frischhaltefolie hat sich ein wenig Blut angesammelt. Das Meerschweinchen liegt zum Verkauf in der Kühltheke eines Supermarkts. Es ist von der Statur her etwas größer als mein Ricky, dennoch ist die Ähnlichkeit frappierend. Ricky war mein Haustier, als ich fünf Jahre alt war.

»Ich kann das nicht essen«, sage ich einige Tage nach der Begegnung im Supermarkt. Ein Taxifahrer hatte uns in der Umgebung von Cusco zu seinem Lieblingsgrill kutschiert. Und selbstverständlich habe ich die peruanische Spezialität bestellt: *Cuyo*. Also Ricky – immerhin das Meerschweinchen, mein Wellensittich hörte auf den gleichen Namen. Die Versuche, mir ein halbes Hähnchen vorzustellen, sind in den vergangenen Minuten mehrfach gescheitert. Immer wieder nehme ich Gabel und Messer zur Hand. Doch: Ricky liegt stark gebräunt vor mir. »Nein, ich kann das wirklich nicht essen.«

Paulina knabbert indes vergnügt an BBQ-Gemüse herum. Der Taxifahrer, der mit an unserem Tisch sitzt, klopft mir sehr kumpelhaft auf die Schulter und zieht den Teller gönnerhaft zu sich herüber. »Macht doch nichts«, sagt er und prokelt sich genüsslich ein Stück Meerschweinchenfleisch ab. »Schmeckt aber sehr gut«, sagt der drahtige Mann, der bis vor zwei Jahren als Sherpa auf dem Inca-Trail das Gepäck der Touristen tragen musste.

»Das passiert öfters«, sagt der Taxifahrer, der sich als überaus hungrig erweist. Mir drängt sich der Gedanke auf, dass er bei der Fahrt zu seinem Lieblingsgrill auf diese Entwicklung der Ereignisse spekuliert. Das ist seine *Meerschweinchenmasche*. Auf meiner Reisespeisekarte reserviere ich keinen Platz für das Haustiergericht.

Klassiker

Einige Tage später sind wir bei Freunden in Perus Hauptstadt Lima zu Besuch. Die Peruanerin Karina wohnt mit ihrem deutschen Mann Carl und zwei Kleinkindern in einem Stadtteil, der von der dünnen Mittelschicht des Landes bewohnt wird. Für das Abendessen versprechen sie uns ein Festmahl in dem traditionellen Restaurant um die Ecke, wo sie gern am Wochenende mit den Eltern oder Freunden einkehren. Das Lokal verströmt beim Eintreten sofort familiäre Gemütlichkeit und den Geruch von Gegrilltem. Es ist proppenvoll, an jedem Tisch sitzt die jeweilige Mischpoke eng beieinander und unterhält sich angeregt. Wir finden einen Platz mit Blick auf die Grillecke, in der im Akkord Fleischspieße auf den langen Rost gelegt, gewendet und heruntergenommen werden.

Ich weiß längst, was auf mich zukommt: der peruanische Klassiker *Antichuchos.* Dazu werden Rinderherzen in dünne Scheiben geschnitten und in Ají-Chili, Kreuzkümmel, Knoblauch sowie in Limettensaft mariniert, bevor man sie auf Metallspieße zieht und grillt.

»Wenn du nicht willst, musst du das nicht essen«, raunt mir Paulina eine Spur zu mütterlich zu. »Natürlich probiere ich das«, sage ich. »Riecht doch superlecker.«

Weil ich ein Mann bin und wie ein guter Esser aussehe, bekomme ich eine entsprechende Portion Anticuchos auf den Teller. Paulina hat die erste Herzscheibe bereits am Wickel und summt ein »Mmmh« über den Tisch. Ich starte zunächst mit *Choclo,* einem Maiskolben mit größeren und würzigeren Körnern im Vergleich zum Zuckermais. Auch die Kartoffeln schmecken hervorragend – ist doch des Deutschen Lieblingsknolle hier in Südamerika beheimatet. Von dem gegrillten Rinderherz schneide ich ein babymundgerechtes Stück ab, während mir jemand bereits den nächsten Spieß auf den Teller legt.

»Mmmh« brumme nun auch ich möglichst laut, um sicherzustellen, dass es wirklich jeder am Tisch hört. Ich muss nicht lügen. Die Anticuchos sind extrem zart, die Marinade gibt dem gegrillten Rindfleisch einen facettenreichen Geschmack aus Schärfe und Säure.

Am Ende isst Paulina dann doch meine Reste auf. »Alles Psychologie«, sagt sie. In mein fiktives Menü setze ich also eine kleine Portion Anticuchos als Vorspeise.

Top-Essen

Japan und Peru trennen 15 000 Kilometer, dazwischen liegt der Indische Ozean, und auch sonst nennt man die beiden Länder selten in einem Atemzug. Was ich vor unserem Besuch nicht wusste: Japaner kamen Ende des 19. Jahrhunderts als Gastarbeiter nach Südamerika in der Hoffnung, das dortige Gold würde sie reich machen. Die Vorkommen des Edelmetalls hatten jedoch die Spanier derart systematisch ausgeschöpft, dass dieser Traum der Asiaten platzte. Sie blieben trotzdem. Zum Glück, wie ich im Restaurant *La Onceava* in Lima feststelle. Andenrezepte mit spanischen Einflüssen haben sich hier mit der japanischen Küche vereint.

So steht auf unserem mit Tellern übersäten Tisch beispielsweise die *Causa Peruana* – ein kartoffelbreibasiertes Törtchen mit farbigen Schichten aus Avocadocreme, Fisch, Ei und Mayonnaise. Diesen kulinarischen Turm baute man in dieser Gegend lang bevor die spanischen Eroberer ihr Olivenöl zum Frittieren im Gepäck hatten.

Unser Tisch teilt sich ansonsten grob in zwei Hälften: auf der einen gebratene Fische und gekochte Meeresfrüchte, auf der anderen Gerichte mit rohem Fisch. Der Deutsche Carl, der Geschichte und Kultur des Landes besser kennt als 95 Prozent der Peruaner, stellt uns die unterschiedlichen Speisen vor. Seitdem er vor einigen Jahren der Liebe wegen nach Südamerika auswanderte, unterrichtet er an Privatunis und trägt einen Panamahut. Carl deutet auf Tintenfisch aus der Pfanne, einen Meeresfrüchtereis und Shrimps und präsentiert uns zahlreiche Fische mit ihren spanischen Namen. Auf der »rohen« Seite liegen zudem Reisbällchen á la Sushi. Da haben die Japaner also ihre Akzente gesetzt.

Der unumstrittene Star unseres Essens, der es bereits zu Weltruhm brachte, ist das *Ceviche:* roher Fisch in Limettensaft mit Zwiebeln. Es klingt fast zu simpel. Aber auf das Würzen, beispielsweise mit der korrekten Menge Ají-Chili, kommt es an, und selbstverständlich muss es hochwertiger Fisch sein. Oftmals verwenden die Köche einen Mix aus unterschiedlichen Fischsorten – was eben gerade fangfrisch zu bekommen ist.

Carl und Karina wollen uns mit der Einladung ins *La Onceava* zeigen, dass ihr Land noch ein weiteres kulinarisches Level zu bieten hat. Peruaner und auch Neu-Peruaner wie Carl sind schließlich sehr, sehr stolz auf ihre Nationalküche. Mit Erfolg. Ich kopiere die Karte von *La Onceava* eins zu eins in mein Reisemenü.

Wo die Heuschrecken knacken,
der Taco trieft und die Mole mundet.

Mexiko

*Mariachis, Tequila
und Tacos: eine
typische Nacht
in Mexiko-Stadt
für Reisende und
Einheimische
gleichermaßen.*

Kulinarische Herausforderung

»Wie viele Heuschrecken sind das wohl?«, frage ich Paulina. Eines der Insekten auf meinem Teller ist gerade mal so groß wie ein Daumennagel – ich habe mir eine ordentliche Schippe aus der Schüssel aufgetan. Unsere Schätzungen belaufen sich auf rund 30 Exemplare, deren Beine und Fühler bereits entfernt wurden. Die *Chapulines* sind ein traditioneller Snack vor allem im südlichen Mexiko, im Bundesstaat Oaxaca. Doch auch in der Hauptstadt werden sie als Tacos angeboten – also eingewickelt in die weichen Weizen- und Maistortillas. In dem Restaurant, das man in Deutschland als gutbürgerlich bezeichnen würde, haben wir die Heuschrecken als Vorspeise bestellt. Ich bespritze die frittierten Tierchen mit frischer Limette und nehme eine Gabel voll. Es knackt im Mund, als würde ich auf viele kleine Kartoffelchips beißen. Das Gericht ist völlig normal hier. Die Insekten, die mir aus dem Mundwinkel purzeln sind kein Hingucker für die Gäste aus den Büros der Umgebung.

Paulina hat sich eine andere Vorspeise bestellt und wickelt gekonnt Fleisch in einen Tortillafladen, während ich weitere zehn Tiere zerbeiße. Die Konsistenz ist gewöhnungsbedürftig, aber die Chapulines schmecken nicht schlecht – nach frittierten Shrimps ohne Fischnote. Nach nicht viel also. Auf meine Reisespeisekarte schaffen es die Insekten deshalb nicht.

Klassiker

Guacamole, Tacos, Enchiladas – die mexikanische Küche bietet eine umfangreiche Palette an berühmten Klassikern. Chili con Carne gehört, es mag den einen oder anderen überraschen, nicht dazu. Das erste Hackbohnengericht dieser Art probierte Paulina als Teenager in Kanada. Das Chili gehört zur *Tex-Mex-Küche,* jene Gerichte, die in den USA an der Grenze zu Mexiko entstanden sind – und weltweit in Restaurants mit Plastikkakteen und Sombrero-Dekoration serviert werden. Lecker, aber die originalen Rezepte schmecken besser.

Damit nicht der Eindruck entsteht, der lateinamerikanische Teil meiner Familie diktiere mir diese Worte: Im Jahr 2010 kürte die UNESCO die mexikanische Küche zum *immateriellen Weltkulturerbe.* Die Vereinten Nationen schwärmten in ihrer Begründung von den »uralten kulinarischen Techniken und Bräuchen«.

Ein anderer *Fun Fact* wirft ein schlechteres Licht auf die modernen Ernähungsgewohnheiten in dem Land: Im Jahr 2013 haben die Mexikaner die US-Amerikaner bei der Auszeichnung *dickstes Industrieland weltweit* von Platz 1 verwiesen. Die Mexikaner sind sich jedoch sicher, dass dies nicht am traditionellen Essen liegt. Vielmehr führe das beliebte US-Fastfood dazu, dass fast jeder Dritte einen Body Mass Index von über 30 auf die Waage bringt.

Mein mexikanisches Lieblingsgericht ist in etwa so fettig wie ein deutscher Sonntagsbraten: *Taco al Pastor,* der Taco nach Schäferart. Um mit einem Missverständnis aufzuräumen: Der Taco hat nichts mit den harten Chips zu tun, die bei uns in Deutschland in den Kinos mit *Salsa* und Käse gegessen werden. Ein Taco besteht aus einer weichen Mais- oder Weizentortilla, die mit unterschiedlichem Fleisch und weiteren Zutaten gefüllt wird. Den günstigen Snackklassiker essen die Mexikaner zu jeder Gelegenheit: vormittags an einem Stand auf dem Markt, vor dem Fußballspiel, nach dem *Lucha Libre,* morgens um 5 nach einer durchzechten Nacht. Tacos gibt es immer und überall.

Den Taco al Pastor essen Paulina und ich am liebsten im *Hostal de los Quesos* in Mexiko-Stadt. Seit mehr als 40 Jahren befriedigt ein emsiges Heer an Taco-Experten die Lust der Hauptstädter nach Fleisch und Käse. Beim Eintreten in das Restaurant, fällt eine Hauptzutat des Tacos sofort ins Auge: der sich drehende Spieß mit gewürztem

Schweinefleisch, der den Deutschen an Döner oder Gyros erinnern mag.

Es ist eine Freude, dem Grillmeister bei seiner Arbeit zuzuschauen. Ein beleibter Mann schneidet mit höchster Präzision die korrekte Menge in eine Tortilla und säbelt mit artistischem Schwung noch eine Scheibe Ananas ab, die auf dem Fleischspieß thront. Am Tisch stehen Koriander, Zwiebeln, Limette und mehrere Chilisaucen bereit, damit jeder für sich den Taco al Pastor zur Perfektion bringen kann.

Bei den Saucen empfiehlt es sich, den Kellner oder ortskundige Gäste über den Schärfegrad zu befragen. Man sieht es den zumeist frisch zermörserten Schoten nicht an, ob sie aromatisch die Zunge kitzeln oder ob sie einen Großbrand im Mundraum verursachen. Ich klekse mir mit Vorsicht ein wenig von der Salsa Verde – der grünen Sauce – auf den Taco.

Sind diese Hürden genommen, geht es an die Kunst des korrekten Verzehrs. Auf die Idee, Messer und Gabel zu Hilfe zu nehmen, kommt hier niemand – und man würde als *pinche gringo* verlacht (grob: kein Kompliment für nordamerikanisch aussehende Menschen), bestellte man Besteck. Der Taco wird mit der Hand gegessen, und zwar genau so, wie Paulina es mir schon zigmal vorgeführt hat. Sie rollt die gefüllte Tortilla vorsichtig zusammen und greift mit Daumen, Zeige- und Mittelfinger. Den kleinen Finger spreizt sie ab wie eine britische Lady beim Teetrinken. Ich mache all dies exakt so wie Paulina, inklusive der Teatime-Geste. Ganz genau so. Aber während Paulina mit Eleganz den mexikanischen Snackklassiker genießt, trieft aus meinem Taco eine Mischung aus Fett und Sauce. Fleischstückchen lassen sich trotzig herausfallen. Am Ende eben doch ein Gringo, denke ich.

Ich übe weiter. Fünf bis sechs Exemplare sollte der hungrige Gast ohnehin mindestens bestellen. Denn der Taco ist mit Blick auf Länge und Dicke der kleine Bruder des bei uns bekannten *Burritos* (Tex-Mex). Der Geschmack des Tacos: würzig-scharf mit der Frische der Limette und des Korianders. Er bekommt einen Ehrenplatz auf meiner Reisespeisekarte.

Top-Essen

Paulinas Vater Enrique lädt uns ins *Biko* ein – in Mexiko-Stadtteil *Polanco,* der von großzügigen Alleen, verspiegelten Bürogebäuden, Luxusautohäusern und gut gekleideten Menschen geprägt ist. Das Restaurant soll zu den 50 besten der Welt gehören, haben wir im Internet gelesen. Ein Mix aus spanischer und mexikanischer Küche. Die Einrichtung des Restaurants, das auf gefühlte 15 Grad heruntergekühlt wurde, ist spartanisch. Die Tatsache, dass wir fast die einzigen Gäste an diesem Abend sind, trägt auch nicht zur Gemütlichkeit bei. Wir bestellen das Degustationsmenü mit jeweils einem passenden Wein pro Gang.

»Was ist das denn?«, bricht die Frage aus Paulina heraus, als ihr ein kleines, blaues Klümpchen präsentiert wird. Der Kellner, der mit den Händen auf dem Rücken mehrfach eine Verbeugung andeutet, antwortet eloquent und ausführlich. Sehr viel mehr kann ich seinen Worten nicht entnehmen, denn ich verstehe leider kaum etwas. Ein wichtiges Stichwort ist jedenfalls *Molekularküche* – eine Art des Kochens, bei der Lebensmittel beispielsweise mit Stickstoff behandelt werden und am Ende durch diesen Verfremdungseffekt nicht mehr wiederzuerkennen sind.

»In meinem Heimatort würden sie den Koch für so etwas erschießen«, kommentiert Paulinas Vater, der aus einem ehemaligen Fischerdorf am Golf von Mexiko stammt und heute im Ministerium für Stadtentwicklung arbeitet. Ich glaube, er sagt es halb im Spaß.

Mit jedem Gang wird unsere Runde ausgelassener, was zum einen an den immer absurderen Kreationen und Grüßen aus der Küche liegt. Zum anderen bekommen wir einfach sehr viel Wein eingeschenkt. Wenn der Koch, ein stolzer Mann aus Galizien, unsere Witze über sein Essen gehört hat, dann mischt er dem Stickstoff bestimmt gerade Spucke bei.

»Lasst uns was Richtiges essen gehen«, ruft Paulina über den Tisch, als sie ihren Vater und mich an einem undefinierbaren Dessert rumnesteln sieht. Wir sind schnell überzeugt, schließlich können die Molekularportionen hier nicht für das Übergewicht der Mexikaner verantwortlich sein.

Enrique ruft das Motto »Mole!« aus. Diese Schokoladen-Chili-Sauce gehört zur traditionellen Küche aus Puebla, an dessen Stadtrand Volkswagen heutzutage Autos produziert.

Nur knapp 30 Minuten später sitzen wir in einem folkloristischen Restaurant in Mexiko-Stadt, das ebendiese *Mole Poblana* anbietet. Um unseren Gaumen von dem Molekularnachgeschmack zu neutralisieren, bestellt Paulinas Vater uns einen edlen Tequila. So wie schätzungsweise neun von zehn Menschen, die im Deutschland der 80er- oder 90er-Jahre aufgewachsen sind, habe auch ich in meiner Jugend sehr schlechte Erfahrungen mit Tequila gemacht. Bei mir war das mit 15 oder 16 so: Silvesterparty, Flasche mit Hut, Salz lecken, auf ex, in die Zitrone beißen, *repeat,* Gartenzaun, Nahtoderfahrung.

Der Tequila, der in dem Mole-Spezialitätenrestaurant vor uns steht, hat mit dem Fusel aus meiner Jugend so viel gemein wie edler Whisky mit Spiritus. Der Alkohol entsteht zu 100 Prozent aus der Vergärung des Agavensafts, es wird nicht wie bei billigen Varianten Alkohol hinzugegeben. Der Tequila reift jahrelang in Eichenfässern. Diesen hochwertigen Schnaps genießt man in kleinen Schlucken, er fließt sanft den Rachen hinunter.

Auf diese Weise bestens vorbereitet probieren wir die Mole. Die Sauce ist zwar der Star und gibt dem Gericht seinen Namen, dazu gehören jedoch auch Hähnchenfilet, Reis und Tortillas. Außerdem haben wir noch einen gemischten Salat bestellt.

Der Geschmack der Mole ist so vielschichtig wie die Anzahl der Zutaten, die sie enthält. Ungesüßte Schokolade, Mandeln, Koriander, Nelken, Zimt, Chipotle und weitere Chilisorten – um nur einige gängige zu nennen. Die sämige, dunkle Sauce gießt der Koch über das Hühnchen und garniert sie mit Sesam. Die bittere Schokolade mit den scharfen, aromatischen Chilisorten ist der prägende Geschmack der Mole und für mich eine perfekte Sauce für das Hähnchen. Wer mag, rollt sich das Mole-Hähnchen in eine Tortilla.

Die Mole kommt, so viel steht fest, als Spezialität des Hauses auf meine Reisespeisekarte. Nun muss ich nur noch lernen, wie man sie kocht. Einfach scheint es nicht zu sein. Aber im Unterschied zum molekularen Schickimicki lohnt sich der Aufwand.

Wo Hühnerfüße scharren, eine Ente ganz schön aufgeblasen ist und Knödel an warme Semmeln erinnern.

China

Einfach mal abhängen: Enten prägen das Straßenbild in den Pekinger Hutongs.

Kulinarische Herausforderung

Ein Imbissrestaurant in *Huangzhou* am späten Abend. Gerade mit dem Bus aus Shanghai angekommen verspüren wir Hunger und brauchen etwas Warmes im Bauch gegen die Kälte. Es ist noch

Winter in China, und das bedeutet ähnliche Temperaturen wie in Deutschland, aber in überwiegend schlecht isolierten Gebäuden. Manche Restaurants lassen ihre Tür gleich offen stehen.

Auch im Huangzhou-Imbiss zieht es. Im Fernsehen läuft chinesische Popmusik, vorgetragen von einer Dame im Glitzerkleid. Der Wirt bringt uns zwei handgeschriebene Speisekarten. Doch die Handschrift ist nicht das Problem.

»Kannst du etwas lesen?«, fragt Paulina mit Blick auf eine Ansammlung von Strichen. Ihre Frage ist weniger abwegig, als sie zunächst erscheint. Von der 5. bis zur 8. Klasse nahm ich an der Chinesisch-AG meiner Schule teil. Aber das ist lange her.

»Ich glaube, das da oben heißt Restaurant«, antworte ich hochkonzentriert. »Könnte aber auch Ni Hao, also Guten Tag heißen.«

Die Situation stellt sich wie folgt dar: Dies ist der einzige Imbiss, der noch geöffnet hat. Wir haben einen Riesenhunger. Niemand hier spricht Englisch, wir kein Chinesisch – und auf der Speisekarte können wir nichts entziffern.

»Sag stopp«, bitte ich Paulina und lasse mit geschlossenen Augen den Zeigefinger das Menü rauf- und runterwandern. Das Prozedere wiederholen wir, und schon steht unsere Bestellung. Leider hat der Kellner eine Nachfrage. Wir glauben, er erkundigt sich nach der Art des Fleischs, das wir wünschen. Aber wer weiß das schon.

Paulina versucht, ein Huhn zu imitieren, ich wage mich schauspielerisch an das Grunzen eines Schweins heran. Das junge Pärchen am Nachbartisch nickt uns begeistert zu. Penibel achten wir darauf – man hört ja so viel –, dass unsere Laute keinesfalls an ein Bellen erinnern könnten.

Keine zehn Minuten später steht ein erstes Essen auf dem Tisch. Was konnte schon schiefgehen? Natürlich alles.

Vor Paulina liegt – unverziert und nackt – ein Hühnerfuß. Die filigranen Gliedmaßen erstrecken sich bis hin zu den Krallen über den Teller. Wir schätzen, der Fuß wurde gekocht, genau wissen wir es nicht. Paulina ist im Allgemeinen bei der Optik des Essens nicht pingelig. Jetzt starrt sie ungläubig auf ihren Teller. Unsere Tischnachbarn lächeln uns zu, wedeln ermutigend mit den Händen. Als abenteuerlustiger Backpacker müsste ich mir eigentlich den gesamten Hühnerfuß in den Mund stecken und ein Foto für Hostelabende und meine künftigen Enkel machen. Eigentlich.

»Jetzt bekomme ich bestimmt gleich einen dieser Fischköpfe«, flaxe ich, auch um abzulenken. Die Chinesen sind derartig große Fans davon, dass es Restaurants gibt, die sich auf Gerichte rund um den Fischkopf spezialisiert haben. Stattdessen stellt mir der Kellner einen Suppenteller vor die Nase, der dampft, nach Nudeln riecht und irgendwie müffelt. Der Kellner antwortet leider nicht pantomimisch auf meine Frage, was in der Suppe sei, sondern zeigt zum wiederholten Male auf die Speisekarte.

Das junge Pärchen am Nachbartisch erbarmt sich unser. Wie sich leider erst jetzt herausstellt, sprechen sie ein wenig Englisch. Wir löffeln eine Schweinelebersuppe. Nicht schlimm, aber auch nicht lecker. Hühnerfüße, Fischköpfe und Schweineleber schaffen es nicht auf meine Reisespeisekarte.

Der Klassiker

Wir treffen Felix und Finn in einem Restaurant in der Innenstadt Pekings. Felix hat chinesische Wurzeln, beide sind seit einigen Jahren Auslandskorrespondenten deutscher Medien. Zum Glück also sprechen sie fließend Chinesisch, können die Striche auf der Karte entziffern und kennen sich auch noch mit den hiesigen Gerichten bestens aus.

Die naheliegende Idee für unser Abendessen in dieser Stadt: Pekingente. Ein Gericht, das ich lediglich von den Hinweisen in deutschen China-Restaurants kenne: *Bitte drei Tage im Voraus bestellen.* Hier ist das nicht notwendig, wie die beiden uns versichern.

»Pekingente ist eigentlich nur eine sehr aufwendige Vorspeise«, klärt uns Felix auf. Als solche bestellen wir das Gericht neben vielen anderen Gemüse- und Fleischsorten. Auffallend an der Ente, die in Scheiben serviert wird, ist die rote Farbe der knusprigen Haut. Felix zeigt uns, wie das Gericht gegessen wird: Er tunkt die Ente in eine süßsaure Sauce und wickelt sie dann in einen dünnen Pfannkuchen ein. »Ein Enten-Taco«, ordnet Paulina das Gericht aus mexikanischer Sicht ein.

Felix und Finn erklären uns mit den anschaulichen Details professioneller Erzähler, wie das Tier auf diesen Moment vorbereitet wird. Als kurioses Detail ist bei mir hängen geblieben, dass die toten Enten aufgeblasen werden. Das geschmackliche Ergebnis all dieser Bemühungen ist jedenfalls hervorragend. Für meine Reisespeisekarte müsste die Pekingente sicherlich den Hinweis erhalten: *Drei Tage im Voraus bestellen, und fragen Sie nicht so genau nach, wie sie gemästet und zubereitet wird.*

Top-Essen

Es schmatzt hinter uns in einer Art, als wollte jemand übertreiben, vielleicht sogar provozieren. Bei genauerem Hinhören: Es handelt sich um zwei Schmatzer, die den Geräuschen nach zu urteilen, ihre ordentlich mit Speichel gefüllten Münder weit aufreißen beim Kauen. *Böööp.* Ein herzhaftes Rülpsen und noch eines gibt die Melodiestimme über den Schmatzbass hinter uns. *Schmatz, schmatz, böööp, schmatz, schmatz, bööp.* Der Pekinger Walzer, denke ich. Ich stelle mir vor, dort sind zwei fettleibige Bauarbeiter.

Paulina und ich sitzen nebeneinander, warten auf unser Essen und tauschen angewiderte Blicke aus. Ich spitze die Ohren, um die Nuancen weiterer akustischer Äußerungen auszumachen.

Vorsichtig, ganz ganz vorsichtig, drehe ich meinen Kopf gerade so weit über die Schulter, dass ich aus dem Augenwinkel die Bauarbeiter erkennen kann. Und sehe: Zwei zierliche Damen in makellosen Business-Hosenanzügen, die Haare zu Pferdeschwänzen gebunden, sitzen tief mit den Köpfen über ihre Teller gebeugt. Sie mögen vielleicht Anfang 30 sein, verbringen hier ihre Mittagspause und arbeiten keinesfalls auf dem Bau, sondern in einem Büro.

»Andere Länder, andere Tischsitten«, sage ich zu Paulina, die sich mittlerweile komplett umgedreht hat und auf die beiden Frauen starrt. Ich kann sie gerade noch davon abhalten, ein Video mit dem Handy aufzunehmen. Dann verlagert sich unsere Aufmerksamkeit ohnehin auf die dampfenden Bambuskörbchen, die eine Dame mit dem hierzulande üblichen Mundschutz vor uns abstellt.

Wir sind in der Pekinger Altstadt in einem *Hutong.* Das sind historische Stadtviertel, die sich durch kleine Gassen mit Kopfsteinpflaster, Garküchen sowie Nippes-Lädchen und viele Touristen auszeichnen. *Rothenburg ob der Tauber* auf chinesische Art.

Den Imbiss mit den Schmatzdamen hat uns ein Student im *Peking Youth Hostel* empfohlen, das in dem gleichen Hutong liegt. Die Spezialität des günstigen Restaurants: gefüllte Teigtaschen. Diese chinesischen Klöße werden mit unterschiedlichen Füllungen und je nach Regionalküche in verschiedenen Formen – mal rund, mal spitz zulaufend – angeboten und heißen beispielsweise *Baozi* und *Xialongbao.* Unabhängig von Form und Inhalt werden die Teigtaschen in Bambuskörben gegart. Am leichtesten ist es daher, auf der Suche nach den Klößen nach *Dim Sum* zu fragen – dem Sammelbegriff für die Garspeisen aus dem Bambuskorb.

Wir entscheiden uns für die Variante mit Chinakohl und Hackfleisch, die mit Knoblauch und Ingwer gewürzt ist. Die weißen Klöße mit dünner Teigschicht werden in den Bambuskörben serviert und gehen weg wie warme Semmeln: An der Tür bildet sich bereits eine Schlange hungriger Chinesen.

Paulina und ich schaffen es recht gut, die Teigtaschen mithilfe der Stäbchen in ein Sojasaucenbad einzutunken und unfallfrei zum Mund zu führen. Dabei ist es hilfreich, in chinesischer Manier, den Kopf bis auf wenige Zentimeter an den Teller heranzuführen. Simpel, aber sehr schmackhaft, sind die Knödel für mich das beste chinesische Gericht. Bei mir landen die Bällchen aus dem Bambuskorb daher als salzige Variante auf der Reisespeisekarte, und mit einer süßen Füllung eignen sie sich bestens als Nachtisch.

Wo man das beste Steak der Welt isst – und wer als Kaffeebauer eine gute Figur macht.

Kolumbien

Ein »Willy« für die ganze Familie: Die 50er-Jahre-US-Militärjeeps transportieren noch heute Kaffee in Kolumbien — und hier uns mit unserem Freund Santiago und der Verwandtschaft.

Paulina und ich hatten ursprünglich beim Gedanken an das »Essen und Trinken« auf einer Weltreise zwei sehr unterschiedliche Bilder im Kopf. Ich: Wir hocken, die Beine mit Staub bedeckt, an einem Plastiktisch inmitten der Wildnis und essen etwas Undefinierbares mit Reis. Einige Einheimische spielen, wie jeden Abend, auf selbst gebauten Gitarren Lieder aus Zeiten ihrer Großväter. Paulinas Vorstellung: Wir liegen auf einem dick gepolsterten Loungesofa an einem Infinity-Pool, jemand in beigefarbener Uniform bringt uns Getränke und Crossover-Kreationen aus der Sterneküche.

Was nach unvereinbaren Gegensätzen klingt, lässt sich im Alltag einer Reise mit einer Philosophie zusammenbringen: mit der des Flashpackers. Denn solche Rucksackreisende, also wir, wollen die Spezialitäten des Landes genießen – ohne durch globalisierten Luxus das Typische aus dem Gaumen zu verlieren. Wir sind Rucksack-Gourmets.

Manchmal kann es so einfach sein, mich glücklich zu machen. Mir werde ein eiskaltes Bier gegen den Durst in wohliger Nachmittagswärme gereicht, man serviere frittierte Hähnchenstreifen in süßscharfer Chilisauce, vor mir erstrecke sich tropisches Grün, darüber tiefes Blau – und an meiner Seite tanze Paulina mit der Familie von Freunden Salsa. So einfach kann es sein.

Schließlich kühlen wir uns alle im Pool ab, der nämlich auch noch zu dem Ensemble der Endorphine gehört. Es ist einer dieser Momente, die ich so tief in mein Gehirn einbrennen möchte, dass ich selbst als sehr, sehr alter Greis diese Szenerie detailgetreu aufmalen könnte.

Der Zivi müsste mir einen großen Tuschkasten anreichen, denn Kolumbien sprüht vor Farben, als hätte es jemand mit den Filtereinstellungen seiner Smartphonekamera zu gut gemeint. Blüten in Rot, Blau, Gelb, Violett stechen aus dem satten Grün heraus und präsentieren sich so stolz, als würden sie an einem Schönheitswettbewerb teilnehmen. Und ganz ehrlich: Kolumbianische Drogen haben mit diesen Wahrnehmungen wirklich nichts zu tun.

Santiago, ein kolumbianischer Freund, den Paulina und ich aus Berlin kennen, besucht gemeinsam mit seiner deutschen Freundin Desi seine Familie in der Heimat. Auf der sogenannten Kaffeeachse des Landes – dem *Eje Cafetero* – verbringen wir mit seinen Eltern, seinen beiden Brüdern und den dazugehörigen Freundinnen einige Tage. Wir wollen hier, rund 350 Kilometer westlich von Bogotá, nicht nur regionales Bier und Zuckerrohrbrand kennenlernen, sondern auch die Ursprünge des *schwarzen Golds,* das in vielen Gewändern daherkommt: Espresso, Cappuccino, Latte Macchiato, Flat White, Americano, Einspänner, Pharisäer.

Mit einem *entkoffeinierten Iced Soja-Latte to go* können die Mitarbeiter von *Recuca (Recorrido de la Cultura Cafetera)* sicher wenig anfangen. Auf der Hacienda, die wir mit der gesamten kolumbianischen Familie besuchen, ist das Verständnis von Kaffee ein puristisches. Die Besitzer gehören zu den bislang wenigen der 500 000 Kaffeebauern in Kolumbien, die Touren für Touristen als Zusatzverdienst anbieten. Der Vorteil: Dieses Einkommen hängt nicht von den stark schwankenden Weltmarktpreisen ab, die den kolumbianischen Bauern regelmäßig Existenzsorgen bereiten.

Santiagos Vater, ein Rechtsanwalt im Ruhestand, bucht uns in Recuca eine solche Tour, auf der uns die Kaffeeproduktion sowie die Kultur der hiesigen Bauern nähergebracht wird. Von dem Hauptgebäude aus – ein in Weiß, Grün und Rosa strahlendes Herrenhaus – bietet sich uns ein Blick auf das Auf und Ab der Hügel. Wie viele Grünschattierungen die Natur kennt! Man möchte sich in den Schatten setzen und grüne Punkte auf eine Leinwand tupfen.

Lediglich einige Hundert Kilometer südlich von uns verläuft der Äquator. Entsprechend knallt die Sonne vertikal auf uns herab und bringt das Thermometer knapp auf die 35-Grad-Marke. Wir sind in den Zentralkordilleren der Anden auf rund 1500 Meter über dem Meeresspiegel und erleben im Vergleich zum Dschungeltiefland einen frischen Tag.

Bevor uns ein junger Mann mit kolumbianischem Cowboyhut, dem *Sombrero Vueltiao,* über die Plantage führt, werden wir mit der traditionellen Kleidung dieser Region ausgestattet: Wir Männer – Santiago, sein Vater, seine zwei jüngeren Brüder und ich – erhalten einen Strohhut, ein rotes Halstuch, eine weiße Schärpe, ein Schürzchen und einen Gehstock, den die Bauern früher auch nutzten, um Missverständnisse aus dem Weg zu räumen. Paulina, Desi, Santiagos Mutter und die Freundinnen der Brüder tragen jeweils ein langes Kleid, weißes Rüschenhemd, Kopftuch und eine größere Schürze. »Wir sind jetzt richtige Paisas«, sagt Paulina, hakt sich bei mir ein und gibt bei Desi ein Foto von uns in Auftrag.

Paisas werden die stolzen Bewohner hier im Nordwesten Kolumbiens genannt. Der wohl berühmteste *Paisa* war der Drogenbaron Pablo Escobar, der sich bekanntermaßen nicht dem Anbau von Kaffeebohnen widmete. In unserem Landwirtschaftslook folgen wir dem Plantagenguide durch die Mittagshitze. »Es ist für mich das erste Mal, das ich Kaffee in der Natur sehe.«

Juan, der drahtige Plantagenguide, erklärt uns vor einer Weltkarte die Geschichte des Kaffees, der von seiner Heimat Afrika aus einen Siegeszug über den gesamten Erdball antrat. Wir lernen zum Beispiel die Unterschiede zwischen den beiden bekanntesten Pflanzenarten: Arabica und Robusta. Letztere, der Name lässt es erahnen, ist weniger anfällig, was beispielsweise Temperaturunterschiede angeht. In Kolumbien wird überwiegend der bei Kaffeetrinkern beliebte und teurere Arabica angebaut, der vergleichsweise empfindlich auf Witterung und Schädlinge reagiert.

Nach diesen theoretischen Erläuterungen schnuppern wir in die Praxis der Kaffeeernte. Juan schnallt uns Sammeleimerchen um die Hüften und scheucht uns – in der Rolle des Plantagenbosses – in das Anbaugebiet. Die Kaffeebohnen, die etwas kleiner als Süßkirschen und steinhart sind, hängen in dichten Trauben an den Sträuchern. Die Herausforderung für uns Erntehelfer: Die meisten der Früchte sind noch grün.

Wir schlagen uns durch die Pflanzen, um an schwer zugänglichen Orten möglichst viele rote Bohnen aufzuspüren. Zwischen den drei Brüdern – Santiago, David und Juan – entwickelt sich ein Wettkampf, wer die meisten Kaffeekirschen findet. Am Ende, als Juan den Inhalt unserer Hüfteimer auf eine Waage schüttet, fällt die Ausbeute bei uns allen erschreckend gering aus. Bei mir würde es gerade einmal für eine Tasse Blümchenkaffee reichen. Als *Cafeteros* würden wir wohl nicht einmal genügend Geld am Tag verdienen, um uns einen doppelten Espresso am Brandenburger Tor zu leisten. Die besten Chancen in diesem Business hätte Santiago. Er ist Werbestratege in Berlin und hat hier in seiner Heimat am meisten Bohnen gesammelt. »Könnte ja noch ein Plan B sein.«

Juan zeigt uns, wie es für die Bohnen weitergeht: Sie werden gewaschen, gehäutet, fermentiert und getrocknet.

»Der beste kolumbianische Kaffee wird ins Ausland exportiert«, erklärt er uns, als wir uns in eine schattige Hütte zur Degustation setzen. »Den kann man hier gar nicht kaufen.«

Wir lernen: Nach Vietnam, Indonesien und Brasilien ist Kolumbien der viertgrößte Kaffeeproduzent der Welt. Die Bohnen, die auf der Hacienda nur in kleinen Mengen geröstet werden, werden von den Mitarbeitern gemahlen, die daraufhin einen Filterkaffee aufbrühen. Es heißt, man solle Vanillenoten herausschmecken können.

Koffeingestärkt fahren wir in das Städtchen *Salento,* das für seine Häuser im Paisa-Stil bekannt ist: Die Gebäude aus Lehm und Bambus leuchten mit ihren grellroten und hellblauen Türen und Fenstern in die Gassen hinein. Es sieht aus, als hätten sich die Architekten im 19. Jahrhundert an der psychedelischen Naturdroge Ayahuasca vergriffen. Ein wenig außerhalb essen wir ein typisches Gericht, das ich auf meine Reisespeiseliste setzen möchte: gebratene Forelle in Kaffeesauce mit *Patacones,* einer frittierten Kochbanane.

Danach mieten wir uns Pferde und reiten im sanften Licht der letzten Sonnenstrahlen durch den Urwald. Die kolumbianische Familie trabt gekonnt den schmalen Pfad entlang, Paulina und ich achten vor allem darauf, nicht herunterzufallen. Der Mond schaut schon auf uns herab – und in diesem Zwielicht beginne ich zu verstehen, warum Paulinas Lieblingsautor, der Kolumbianer Gabriel García Márquez, den *Magischen Realismus* so geprägt hat. Psychedelische Farben, klebrigheißes Klima und umarmende Freundlichkeit der Menschen – angesichts dieser Intensität sind in Kolumbien Traum und Wirklichkeit oftmals schwer zu unterscheiden.

Ob dies alles real ist, frage ich mich auch eine Woche später und rund 600 Kilometer weiter nördlich. Zu klischeehaft erscheint die Hacienda, auf der wir – *Spoilerwarnung* – das beste Steak der Welt essen werden. Schaukelstühle in Orange und Blau wippen im warmen Wind. Neben dem Hauptgebäude sind zwei Pferde angebunden. Mehrere Männer kommen breitbeinig auf uns zu. Sie tragen lediglich Jeans und T-Shirts, einer eine Baseballkappe, und doch sagt ihre ganze Erscheinung: Cowboy.

Wir sind zu Gast bei der Kolumbianerin Natalia, die wir aus Berlin kennen. Sie war vor einigen Jahren gemeinsam mit Paulina an der Uni Potsdam. Längst ist sie in ihre Heimatstadt Montería zurückgekehrt, hat geheiratet und zwei Töchter zur Welt gebracht.

Montería ist eine 500 000-Einwohner-Stadt mit guter Infrastruktur und Wirtschaft, aber mit karibischem Gefühl. Montería liegt sicherlich auf keiner touristischen Route, aber es ist ein Ort, an dem man den kolumbianischen Alltag authentisch erleben kann.

Natalias Ehemann, Marcos-Daniel, schwärmt auf dem Weg von der Innenstadt zur Hacienda ununterbrochen von seiner Heimat. Bei einem Spaziergang durch die Innenstadt am Abend vorher, bemerkten wir bereits: Der Macher-Typ Ende 30 ist ein echter Lokalheld, jeder auf der Straße möchte kurz mit ihm schwatzen und ihm die Hand reichen. Marcos-Daniel war in der Vergangenheit bereits Bürgermeister und bewirbt sich nun erneut um das Amt.

Er und Natalia zeigen uns heute ihre Farm, die etwas außerhalb der Stadt gelegen ist. Früher haben wir mit ihr Kreuzberger Currywurst gegessen, nun stellt sich bei der Ankunft auf der Hacienda heraus: Sie ist Großgrundbesitzerin. Für uns Gäste wird eigens ein kleiner Jeep, ein größerer Strandbuggie, von einem Pick-uptruck gerollt. Damit sollen wir das Farmland erkunden, ohne dass wir auf Reitkünste angewiesen wären. Der kleine Wagen mit Vierradantrieb braust über die Prärie und meistert den ein oder anderen Hügel.

Wir passieren Rinder mit dem hier typischen Höcker auf dem Rücken. An einer Wasserstelle sichten wir sogar eine Büffelherde. »Wir achten darauf, dass unsere Rinder besonders gut versorgt sind«, erklärt Marcos-Daniel.

Auslauf, gutes Futter, ausreichend Wasser. Natalia und Marcos-Daniel lassen die Kälber hier aufwachsen und verkaufen sie an Bauern weiter, die sie dann bis zur Schlachtreife bringen.

Nach dem Ausflug setzen wir uns mit Natalias Familie und einigen weiteren Verwandten in den Pavillon, die Erwachsenen reden über Politik und Belangloses, die Kinder spielen, Eidechsen jagen unterm Dach nach Moskitos. Ich schaukle im Schaukelstuhl, stütze ein kühles Bier auf der Lehne ab und blicke dumpf in die Weite. »Für so ein authentisches Erlebnis wie auf dieser Farm würden sich viele Backpacker ein Bein ausreißen«, flüstert mir Paulina zu. Die Vorstellung, hier einige Wochen herumzuschaukeln und über die Ländereien zu reiten, gefällt mir. Ich führe Paulina an den Rand des Pavillons, lehne mich an einen Pfosten, wische mit auslandender Gestik über den Horizont und sage: »Eines Tages, meine Liebe, wird all dies dir gehören.«

Und dann kommt der Moment, in dem ich wirklich wünschte, uns gehöre all das: Eine rundliche ältere Dame, die sich als Köchin herausstellt, bringt uns das Essen in den Pavillon. Es mag Beilagen geben, aber meine Augen sichten nur eines: ein Stück gegrilltes Rindfleisch in beachtlicher Größe.

Weltweit herrscht unter Fleischessern der Konsens, dass argentinische Steaks die besten sind. Aber das, was uns auf dieser Hacienda serviert wird, spielt in einer ganz anderen Liga. Saftig, zart, zerfällt im Mund – das trifft auf die Steaks in Buenos Aires zu. Aber das hier … Gott muss seine Hände im Spiel gehabt haben.

Man kredenze mir das beste Steak der Welt, biete mir den Blick auf den Sonnenuntergang über weitem Farmland, serviere mir eiskaltes Bier und stelle mir Paulina mit guten Freunden lachend zur Seite – und schon bin ich sehr glücklich. In einer Hängematte, die das Ensemble der Endorphine ergänzt, lausche ich später dem Zirpen und Schwirren der Insekten und atme die kolumbianische Landluft ein.

In welcher Weinregion wir berauscht in einem Park erwachten – und wo Penismännchen beim Traubengenuss stören.

Yarra Valley, Australien
Ica, Peru

Schmeckt vor der Kulisse des Yarra Valley in Australien besonders gut: ein feiner Pinot Noir. Wer zu viele Weinproben absolviert, landet mit leichter Amnesie im Stadtpark.

Es ist eine maßlose Übertreibung zu schreiben, wir wären aufgewacht und erinnerten uns an nichts. Sogar völlig falsch wäre es zu

behaupten, wir hätten eine Tätowierung im Gesicht oder entdeck-
ten einen Tiger bei uns. Tatsache ist jedoch: Wir liegen, Arme und
Beine von uns gestreckt, nachmittags in einem Stadtpark, schnar-
chen vor uns hin und dünsten Alkohol aus. Und richtig ist auch,
dass wir – spielende Kinder wecken uns auf – einige Minuten brauchen, um die vorherigen Stunden zu rekonstruieren. Wir hätten es
besser wissen müssen.

Um eines vorweg klarzustellen: Es handelte sich keineswegs um eine
Sauftour. Ganz und gar nicht. Wir wollten uns nicht wie Backpacker
in einem Partyhostel auf einer Thai-Insel so schnell wie möglich
»abschießen«. Nein. Es sollte ein niveauvoller Ausflug werden. Aber
am Ende sind wir hier im Stadtpark im australischen Örtchen *Yarra
Junction* gelandet. Kopfschmerzen sind erstaunlicherweise nicht das
Problem, nur das ungute Gefühl: Wie genau noch mal sind wir zu
dieser improvisierten Schlafstätte im öffentlichen Raum gelangt?

Wir rekonstruieren: Morgens brechen wir von einem Camping
Platz in der Nähe von Melbourne auf. Wir sind mit einem Camper
Van unterwegs, einem Fahrzeug in Größe eines VW-Bullys. Unser
Ziel ist das Yarra Valley, ein hügliges Flusstal knapp zwei Stunden
nordöstlich der Metropole im Bundesstaat Victoria. Die Gegend ist
für ihre Weine bekannt, die von rund 300 Winzern entlang des Tals
produziert werden. In dem relativ kühlen Klima gedeihen insbesondere die Rebsorten Chardonnay und Pinot Noir. Unser Plan ist simpel: Wir fahren die ausgeschilderte Weinstraße entlang und entscheiden spontan, bei welchem Gutshof mit dem Angebot *Wine Tasting*
wir haltmachen.

Es muss 11 Uhr sein, als wir mit dem Campingbus bei der erst-
besten *Winery* vorfahren. Ich habe mir eigens dafür die »gute« kurze
Hose angezogen und das einzige noch passable Polohemd aus den

Tiefen meines Rucksacks gezerrt. Paulina glänzt in einem Sommerkleid für alle Anlässe.

Auffällig ist die moderne Architektur der Gutshäuser, obwohl der Weinanbau in dieser Region bis ins frühe 19. Jahrhundert zurückreicht.

Die großzügige Glasfront des Haupthauses gibt den Blick frei auf die Hügel des Yarra Valley. Auf einem Holztisch steht aufgereiht der ganze Stolz des Winzers. Der Sommelier, der uns durch die erste Weinprobe führt, zeichnet sich durch zwei Eigenschaften für seinen Job aus: Erstens bringt er uns mit Sachverstand die Weine und Anbautradition der Region näher. Zweitens redet der Mann aus dem ehemaligen Jugoslawien mit uns, als wären wir vom Fach – obwohl er selbstverständlich früh im Gespräch bemerkt hat, dass wir nicht wirklich ein tieferes Verständnis für Weine mitbringen.

Auf dem Tisch steht auch einer dieser Spuckbecher aus Edelstahl, die dem Weinliebhaber einen Genuss ohne Reue ermöglichen sollen. Paulina und ich sind da einer Meinung: Das Ausspucken des edlen Rebensaftes ist doch reine Verschwendung! Es mag ein Klischee sein, aber ich bilde mir ein: Aufgrund seiner osteuropäischen Herkunft versteht der Mann unseren Ansatz.

Wenn ich mich recht entsinne, verkosten wir fünf oder sechs Weine: von Rosé über Weißwein bis hin zum Pinot Noir. Der weiterhin bemühte Sommelier kredenzt uns sogar noch das beste Erzeugnis des Jahres. Ich erinnere mich an einen vielschichtigen, fruchtigen Geschmack mit Erdnoten im Abgang. Beim besten Willen kann ich mich aber nicht mehr daran erinnern, ob es sich um einen Weiß- oder Rotwein handelte.

Beschwingt peitschen wir unseren Toyota-Bus zum nächsten Weingut, wo alles identisch abläuft. Nur dass uns nun eine australische Frau durch die Probe geleitet. Beim Bonus-Wein am Schluss kommt mir eine Idee, und ich frage sie: »Auf welchem Gut, beste Frau, würden Sie denn Weine degustieren, die sich selbstverständlich qualitativ mit Ihren edlen Tropfen nur schwerlich messen lassen?« Einen solchen Satz bekomme ich auf Englisch nur nach zwölf kleinen Gläsern Wein hin.

»Nichts leichter als das«, antwortet sie, »da habe ich eine treffliche Empfehlung für Sie und Ihre Gemahlin.« Sie schickt uns zum *TarraWarra Estate,* das lediglich einige Autominuten entfernt Weinproben anbietet.

Von sprachlichen und geschmacklichen Höhenflügen muss ich mich nun in die Niederungen des gewöhnlichen Straßenverkehrs herablassen. »Liiiinks!«, schreit Paulina, als ich den Hof auf der aus australischer Sicht falschen Straßenseite verlasse.

Das Weingut hat auf den ersten Blick nichts gemein mit vergleichbaren Anwesen in Europa: Statt mit Gemäuer und Holz Gemütlichkeit zu vermitteln, konfrontiert es uns mit architektonischer Nüchternheit. Ein gelber Klotz mit Kuppel.

Wie sich herausstellt, befindet sich hier auch das *TarraWarra Museum of Art.* Am Eingang werden wir so förmlich empfangen, dass ich nicht nur über meine angemessene Kleidung froh bin, sondern auch, dass ich nicht mehr jenen Vollbart trage, der dem von Tom Hanks in dem Film *Cast Away* recht nahe kam.

Einige Tage zuvor hatte ich mir in Melbourne eine Stunde lang den Bart trimmen lassen. Weil ausufernde Gesichtsbehaarung von New York über Hamburg bis Melbourne gerade sehr angesagt ist, feiert die Barbierzunft ein Revival. Nur sehen die Jungs im *Rockit Barber Shop* natürlich anders aus als ihre adretten Vorgänger in den 50er-Jahren. Zwei Einstellkriterien gibt es neben dem Geschick mit der Schere in diesem hippen Laden in Melbournes Zentrum: Die Barbiere hier sind bis unters Ohrläppchen tätowiert und pflegen selbst eine prächtige Krause im Gesicht.

»Conditioner und Öl ist das ganze Geheimnis«, erklärt mir mein Barbier, während er gerade ein offenes Messer an meinen Hals heranführt. Dann singt er zu der dröhnenden Gitarrrenrockmusik, die hier als *retro* gefeiert wird. Paulina schaut sich das Spektakel aus sicherer Entfernung mit Blick auf historische Bartschneidemaschinen an.

Als ich mit diesen Erinnerungen das Tarra-Warra-Weingut betrete, gehe ich mit der Hand durch meine Gesichtsbehaarung – geschmeidig wie ein Angorapulli dank des Barbershop-Bartöls. Paulina macht wie immer *bella figura* in ihrem Sommerkleid. Zu dieser Uhrzeit, es muss so gegen 13 Uhr sein, ist nicht viel los in TarraWarra. Unsere Sommelière ist Ende 20 und kommt aus Frankreich. Es scheint eine internationale Winzer-Community zu geben, die einen personellen Austausch zwischen Frankreich, Italien, Kalifornien, Südafrika und Australien organisiert.

Die Französin, an deren Namen ich mich nicht erinnern kann, kredenzt uns einen Shiraz und schließlich einen Merlot.

»Kann ich noch mal den Merlot im Vergleich zum Shiraz probieren?«, frage ich unsere Sommelière.

Wir unterhalten uns lang über Wein im internationalen Vergleich. Sie schimpft auf die Kalifornier, die, statt ihre Weine über Monate in Barrique-Fässern zu lagern, oft einfach Holzspäne für einen ähnlichen Geschmack zugeben.

»Wollt ihr nicht vielleicht etwas essen?«, fragt uns die Französin nonchalant. Auf dem Gutshof verzaubere ein vielfach ausgezeichneter Chefkoch die Gäste.

Wir stolpern auf die Terrasse des Restaurants und bestellen als erste Amtshandlung eine Flasche des uns bereits gut bekannten Shiraz bei der Bedienung, die ursprünglich aus Skandinavien stammt. Gemüse und Kräuter für die Speisen werden hier auf dem Hof angebaut, erklärt uns die blonde Dame mit australischem Teint und übermittelt uns einen ersten *Gruß aus der Küche:* Tintenfisch mit Mandelcreme, Babyrüben und Limette.

»Das Paradies, in dem Wein und Essen sich himmlisch vereinen«, sagt Paulina euphorisch, als später unser Essen vor uns steht und wir mit dem Shiraz anstoßen. Wir blicken auf die Weinhänge und kosten von der Entenbrust mit Pistazien, einem Salat mit Artischocken und einem Entrecote mit Kartoffelbrei. Paulina formt Daumen und Zeigefinger beider Hände zu einem *O* und streckt die Arme über ihren Kopf – ihre höchste Auszeichnung für Essen.

Ich träume von unserer Fahrt von Sydney nach Melbourne, den Delfinen, die wir vom Strand aus gesehen haben, den Buchten, den Wellen, den Wellen, den Wellen … »Noch einen Espresso?«, fragt die Skandinavierin. Ich hoffe, ich habe nicht geschnarcht. Paulina hat den Blick auf die Dessertkarte gerichtet, ich kann nicht erkennen, ob sie liest oder schläft.

»Kannst du noch fahren?«, frage ich Paulina, nachdem die stattliche Rechnung beglichen ist. Eine überflüssige Frage, haben wir doch beide die gleiche Menge Wein intus. Falls die australische Polizei in Geldnot stecken sollte, auf der Weinstraße im Yarra Valley könnten sie mit Strafen für Alkohol am Steuer ihre Kasse schnell ins Plus bringen. Ich fahre langsam und links und schaffe es, uns sicher in diesen Stadtpark zu navigieren. Im Wagen finden wir später zwei Kisten Wein mit der Aufschrift »TarraWarra Estate«.

»Wer soll das denn alles trinken?«, frage ich Paulina rhetorisch, die kopfschüttelnd unseren Einkauf mit einem Kreditkartenbeleg abgleicht.

Ortswechsel: 15 000 Kilometer durch den Stillen Ozean bis nach Ica, Peru

Ein viel zu großer Penis schnellt in die Höhe. *Klack.* Der Mann hinter der Theke grinst diabolisch, lässt einen Knopf los, das Gemächt senkt sich. Dann wuchtet er abermals per Knopfdruck das Glied des Keramikmännchens auf dem Tresen nach oben. Wir sind inmitten einer Weinprobe, doch es fällt angesichts dieses Schwanzspektakels schwer, sich auf die zwei oder drei Rebsäfte vor uns zu konzentrieren. *Klack.* Ich nehme eine kurze Sequenz mit dem Handy auf, um es später an meine WhatsApp-Männer-Fußballgruppe zu schicken.

»Wie findest du den zweiten Wein?«, frage ich Paulina. Sie verzieht das Gesicht zu einer Grimasse.

Es soll sehr guten peruanischen Wein geben, auf diesem Gut ist er jedoch nicht beheimatet. Endlich endet die Verkostung des Weins und der Mann mit dem Penismännchen geht zum nächsten Getränk über, das hier produziert wird: das peruanische Nationalgetränk *Pisco* – ein Schnaps, der ähnlich dem Grappa ein Traubenbrand ist.

»Geht doch«, sage ich zu Paulina, als ich an dem Pisco des Hauses nippe: kräftiger Geschmack, mittleres Brennen im Rachen. Mir gefällt der Drink in diesem Moment auch, weil er den klebrig süßen Geschmack des Weins neutralisiert. Paulina lässt sich eher von dem *Pisco Sour* begeistern: Für den Cocktail wird der Schnaps mit dem Weißen vom Ei, Limettensaft, Zuckersirup und Crushed Eis verrührt. Jetzt finden wir das Penismännchen immer lustiger, dessen Mechanismus der Barkeeper weiterhin mit Passion betreibt. *Klack, klack.* »Wir müssen hier weg«, sage ich zu Pau, die schon überlegt, wer sich über ein Penismännchensouvenir freuen würde. »Lass uns los. Sonst wachen wir morgen mit einer Gesichtstätowierung auf, oder noch schlimmer: mit einer Kiste von dem Wein hier.«

Heimat in der Fremde:
die Biere der Welt.

Verschiedene Orte

*Pale Ale und
Kölsch vereint auf
einem Brett:
Craft-Beer-Probe
in einer kaliforni-
schen Brauerei.*

Der Flashpacker nimmt eher an einer Weinprobe teil, als sich in einem Partyhostel billiges Bier durch einen Schlauch in den Mund spritzen zu lassen. Aber selbstverständlich probiert auch der Rucksack-Gourmet die lokalen Brauprodukte des jeweiligen Landes. Zumindest ich. Schließlich ist meiner Meinung nach Bier neben Muttermilch das einzige Getränk, auf das sich die meisten Menschen weltweit einigen können. Selbst in muslimischen Ländern wird heimlich Bier getrunken. Ich bin mir sicher: Bier macht unsere Welt ein bisschen besser. Und da es zur deutschen Kultur gehört wie Tagesschau, Pünktlichkeit und die Liegenreservier-Handtücher, ist das Bier auf der Weltreise für mich auch ein Schluck *Heimat in der Fremde.*

Außer im Oman habe ich in jedem Land, das wir in den sechs Monaten bereisten, mindestens ein dort gebrautes Bier getrunken. Ursprünglich wollte ich in einem Blog über Gerstensäfte rund um den Globus schreiben. Allein, es hätte mir über weite Strecken der Stoff zum Schreiben gefehlt. Denn die meisten Lagerbiere und Biere nach Pilsener Brauart schmecken überall auf der Welt genau gleich. Damit aber auch gleich gut, insbesondere wenn man ein eiskaltes Bier am Strand in der Hand hält. Dann unterscheidet sich das südafrikanische *Castle Lager* kaum vom *Fiji Lager* oder dem thailändischen *Chang* und (etwas besseren) *Singha.*

In Südamerika ist das populäre argentinische Bier *Kilmes* als »Spülmittel« für *Empanadas* sehr gut. In den Andenländern werden zahlreiche Pilsener gebraut, die sich lediglich durch Nuancen unterscheiden. Mein persönlicher Favorit: das bolivianische *Potosína.*

Mexiko empfängt den Bierfreund mit einer erstaunlich großen Vielfalt: Die bekanntesten Marken *Sol* und *Corona* fallen in die Kategorie »schmecken eiskalt am Strand«. Die Brauerei *Cuauhtemoc-Moc-*

tezuma, die 1890 von einem Deutschen im nordmexikanischen Monterrey gegründet wurde, hat dagegen weitaus Besseres im Angebot: Unter der Marke *Bohemia* wird beispielsweise ein leichtes Weizen sowie ein Schwarzbier gebraut. Ebenfalls auf deutsche Einwanderer geht das leckere Pilsener *Pacifico* zurück, das erstmals im Jahre 1900 im Küstenort Mazatlán produziert wurde.

Der nördliche Nachbar Mexikos, die USA, blicken hingegen auf 200 düstere Bierjahre zurück. Der erfolgreichste Fehltritt der Braukunst: das Budweiser, das sich von seinen tschechischen Ursprüngen weit entfernt hat. Das extrem wässrige [bʌd waɪz eə] hat mit dem amerikanischen Trend der vergangenen Jahre zum sogenannten Craft Beer so viel zu tun wie *Coque au Vin* mit *Chicken McNuggets.* Diese in kleinen Brauereien »handgemachten Biere« übertreffen das klassische deutsche Bier an Vielfalt. Paulina und mir gefallen vor allem die *Pale Ales* und *Indian Pale Ales,* die fruchtig hopfig schmecken und Namen haben wie *Beachwood BBQ* oder *Brewing Breaker Pale Ale.*

Flashpacker-Tipps:

- **Streetfood ist nicht immer gut:** Es ist Backpacker-Folklore, dass Essen auf Rädern automatisch authentisch und gut ist. Am besten Einheimische nach einer Empfehlung fragen!

- **Cook it, peel it or PAY for it:** Das alte Backpacker-Gesetz für Lebensmittel »Kochen, schälen oder sein lassen« stimmt zwar, aber man kann auch für ein gehobenes Restaurant bezahlen, in dem selbst der Salat unbedenklich ist.

- **Schäm dich deiner Pizza nicht:** Kaum jemand genießt es, monatelang Reis zu essen. Auch wenn du nicht in Italien bist: Es ist okay, zur Abwechslung etwas so Unexotisches wie Pizza zu essen. Und wenn du Glück hast, landest du im Restaurant eines italienischen Auswanderers.

- **Probiere die Spezialitäten des Landes, solange sie nicht dein Haustier sind:** Es lohnt sich, auch Gerichte zu kosten, die nicht gleich das Wasser im Munde zusammenlaufen lassen. Aber nimm nicht an dem Backpacker-Battle teil, wer die ekligsten Gerichte gegessen hat.

5. Von A nach B

||||||||||||||||||||||||||||||||||||||||||||||||||||||||||||||||||||||||||||||||||||||||||||||||||||||||||||||

Ist der Weg wirklich das Ziel?

Ein Verkehrsmittel für alle Fälle in Südostasien: die Motorrikscha, die lautmalerisch Tuk-Tuk genannt wird. Die Rucksäcke und selbst ein Surf-brett finden immer irgendwie Platz.

 **MUSIK ZUM LESEN**

http://spoti.fi/2oyhs0t

Wie man mit Flipflops in den Bus springt.

Sri Lanka

Schwer ihn in Flipflops zu stoppen: ein Bus in Sri Lanka.

»Lauf, Paulinchen, lauf!«, rufe ich – so kräftig, wie es eben geht, wenn man selbst mit einem Reiserucksack auf dem Rücken rennt. Wir versuchen, im Süden Sri Lankas einen Bus zu erwischen, der uns Richtung *Lunugamvehera National Park* bringt. Dort wollen wir eine Tagessafari unternehmen, um Elefanten und Leoparden zu sichten. Die Herausforderung beim Busfahren ist das normale Procedere hier: Man wartet am Straßenrand. Sobald man das Fahrzeug sieht, heißt es den Rucksack aufschnallen und in Startposition gehen. Denn: Der Fahrer reduziert zwar die Geschwindigkeit, er hält aber nicht. Der Fahrgast in spe muss also einige Meter mitlaufen und in den Bus hineinhüpfen.

Leider wissen wir das nicht und warten zunächst darauf, dass der Fahrer bremst. Ein schrilles Zwei-Finger-im-Mund-Pfeifen aus der offenen Tür, die langsam an uns vorbeizieht, verstehen wir als Aufforderung. Wir rennen los!

Faktoren, die dabei gegen uns arbeiten: Wir tragen Flipflops, die das stolperfreie Laufen fast unmöglich machen. Unsere Rucksäcke sind in den letzten Wochen (keine Ahnung, warum) immer schwerer geworden und kratzen an der 15-Kilo-Marke. Außerdem ist es schwülheiß, und wir mussten gut 40 Minuten am Straßenrand auf den Bus warten.

Wie bei Unfällen oder Nahtoderfahrungen erscheint auch bei Bussprüngen in Sri Lanka jede Sekunde als Minute. Daher in Zeitlupe: »Laaaauf, Pauuuliiiinchen, laaaauf.«

Ich erreiche die Tür. In der Bewegung gelingt es mir, meinen Rucksack abzuschnallen und in Richtung Bus zu schwingen, wo jemand das staubige Gepäckstück in Empfang nimmt. Ab jetzt wäre es extrem ärgerlich, wenn wir es nicht in den Bus schafften. Ob sich jemand über dreckige Wäsche, eine Taucherbrille samt Schnorchel, die hiesige Sonnencreme der Marke *Cricket* und zwei Kilo Tee (ah, deswegen ist der Rucksack schwerer) freut?

Paulina hat es ebenfalls geschafft, ihren Rucksack abzusetzen und schleudert ihn in meine Richtung. Der Eingangsbereich des Busses ist jedoch noch mit meinem Gepäck verstopft. Ich ziehe also – immer noch im Flipflop-Hürdenlauf – Paulinas Rucksack über eine Schulter. Sie spurtet an mir vorbei und wird von einer Hand in das

Fahrzeug gezogen. Nun wäre es noch ärgerlicher, den Bus nicht mehr zu erwischen: Meine Frau, mein Rucksack, mein ganzes Leben rauschen an mir vorbei. Für besseren Halt kralle ich die Zehen in die Flipflops. Dann springe ich auf die erste Stufe des Buseinstiegs, werde jedoch langsam von den 15 Kilo auf meinem Rücken in Richtung Straße gezogen.

»Saaaschiiii«, höre ich Paulina rufen. Es echot in meinem Kopf. Ich kippe schon so weit, dass ich den Himmel über dem Dach des Busses ausmachen kann. *Schönes Wetter,* denke ich. Dann sind es gleich mehrere Hände, die mich am Arm packen und in den sicheren Innenraum zerren. »Alles in Ordnung!«

Mein Körper hat noch nicht mit dem Ausschütten von Adrenalin aufgehört, als wir uns in das Innere des Fahrzeugs kämpfen. Unsere Rucksäcke schleifen wir über den Boden.

Der Bus ist hoffnungslos überfüllt. Aus den Lautsprechern dröhnt Bollywood-Musik, eine Mutter balanciert ihr Baby auf dem Arm und ein älterer Herr schwankt gefährlich in den Kurven, die der Fahrer sportlich nimmt. Ob es sich um Fremdenliebe handelt oder ob es an unseren Rucksäcken liegt – wir bekommen einen Sitzplatz angeboten. Von einem Senior, aber er besteht darauf.

Dort, wo in Deutschland zwei Gesäße auf Polstern Platz finden, müssen hier drei Menschen Hüftknochen und Bauchspeck koordinieren. In unserem Fall sind wir sogar zu viert. Auf dem Schoß der jungen Mutter neben uns springt ein vielleicht einjähriger Junge fröhlich auf und ab. Er lächelt uns an und zeigt immer wieder auf uns, als wollte er sagen: *Guck mal, die sehen ja ganz anders aus.*

Auch seine Mama mustert dieses mexikanisch-deutsche Paar genau und legt uns pantomimisch nahe, endlich mal Kinder in die Welt zu setzen. Vielleicht um ein gutes Beispiel zu geben, beginnt ihr Sohnemann mit 1a-Hüftschwung zu tanzen. Paulina dreht mit dem

Smartphone ein kurzes Video von dieser Szene wie aus dem Reise-
bilderbuch und schickt es per WhatsApp einer Freundin.

Die Fotos auf ihrem Smartphone fügen sich in der Heimat zu einem
Bild zusammen, das zeigt: In Sri Lanka sind wir auf unterschied-
lichste Weise von A nach B gelangt. Für kleinere Strecken haben wir
uns in einem Tuk-Tuk fahren lassen. Das ist sehr günstig, für bis zu
anderthalb Stunden dem Hintern zumutbar und gibt einem so ein
herrliches Reisefeeling: Das Surfbrett auf das Dach geschnallt, die
Rucksäcke hinter uns gequetscht, der warme Fahrtwind in unseren
Gesichtern – so knattern wir über die Insel, die übrigens rund 26 mal
so groß ist wie das Saarland.

Ein Tuk-Tuk ist es auch, das uns in das Hochland um das Örtchen *Haputale* bringt, wo wir die Teeplantage des legendären Sir
Thomas Lipton besuchen. Die Briten begannen Ende des 19. Jahrhunderts, die Zutat für ihr Lieblingsgetränk anzubauen und schufen
damit die Grundlage für den Weltruhm des Ceylon Tees. Heutzutage sind die Hügel komplett von einem grünen Teeteppich bedeckt – ein Anblick, der für die menschliche Seele mindestens genauso beruhigend ist wie der Genuss des Heißgetränks. *Abwarten
und Tee angucken.*

Von Haputale aus fahren wir weiter durch das Hochland. Das Verkehrsmittel, das wir dafür wählen, ist zwar kaum schneller als ein
Tuk-Tuk, aber im Gegensatz zu der Zweitaktrikscha schlängelt sich
dieses Fahrzeug elegant durch das Gebirge. Die Rede ist vom Zug.
Wir bezahlen ganz nach Flashpacker-Art einen geringen Aufpreis für
die Erste Klasse, die an deutsche Regionalzüge der frühen 90er-Jahre
erinnert. Wie es in der zweiten und dritten Klasse aussieht, vermag
ich nicht zu sagen: Von außen sind lediglich dicht gedrängte Men-

schen zu erkennen. Viele davon in kräftig roten oder gelben T-Shirts, die den Waggons immerhin Farbe verleihen.

Aber auch die Erste Klasse ist voll besetzt. Der einzige Stehplatz, den wir noch ergattern können, befindet sich direkt vor dem WC. Die Nachteile an dieser Position: In jeder Kurve springt die Tür auf und Klo-Odeur weht in unsere Nasen. Der Abfluss scheint blockiert, es blubbert aus der Schüssel. Immer wieder drängt es jemanden auf das Örtchen, der uns wiederum beiseitedrängt. Angesichts dieser Umstände erscheint mir die Familie neben uns bemerkenswert: Sie isst.

Der Mann zieht zuerst einige Plastiktütchen aus seinem Rucksack und überreicht sie seiner Frau, die einen orangefarbenen *Sari,* das traditionelle Wickelkleid, trägt. Sie gibt den beiden Kleinkindern eine Portion Reis mit Huhn in die Händchen. Ob es an meinem auffälligen Beobachten oder an der Freundlichkeit der Menschen hier liegt, weiß ich nicht – aber auch Paulina und mir wird das Gericht angeboten. Man muss kein asiatischer Freiherr von Knigge sein, um zu erahnen: Dass wir ablehnen, gilt als unhöflich.

Ohnehin entdecken wir nun einen besseren Platz, und zwar vor einer der offenen Zugtüren. Klingt erst einmal nicht top, aber: Wer sich gut festhält, kann gefahrlos das tropische Grün am Wegesrand bewundern, den Alltag in simplen Siedlungen beobachten und einen Blick auf die Teeplantagen erhaschen.

Blumenpflücken während der Fahrt verboten, hieß es früher in deutschen Zügen. Wir bummeln im zügigen Hollandradtempo durch die Landschaft bis in das Bergdorf Ella.

Am nächsten Tag wollen wir schon weiter in den Surferort *Arugam Bay* im Gebiet der Tamilen. Fürs Tuk-Tuk erscheint uns die Region zu weit entfernt, Züge in die Richtung gibt es nicht, der Bus fährt nur einmal täglich. Wir entscheiden uns daher für ein Taxi. Das ist in Sri Lanka kein innerstädtisches Fahrzeug in Gelb, sondern ein klimatisierter Van, in dem man sich sehr bequem einige Stunden durchs Land kutschieren lässt. Besonders schonend für das Reisebudget ist es, wenn man beim Geschäftsgespräch mit dem Fahrer Verhandlungsgeschick an den Tag legt – und wenn man sich Mitreisende sucht. Unsere Position für einen guten Preis war denkbar ungünstig, weil wir überhaupt nur einen Fahrer gefunden haben. Stichwort: Monopol.

Und so laufen wir am Abend vor unserer Weiterreise die Straße des Bergdorfs entlang und fragen alle Menschen, die nach Backpackern oder Touristen aussehen, ob sie am nächsten Tag mit uns mitfahren wollen. »*Wanna share a taxi to Arugam Bay?*« Wir finden ein junges Pärchen aus England. Er ist Musiker, bleich und schlank wie Pete Doherty. Sie ist hübsch und sein größter Fan.

Der Fahrer bietet an, uns auch die kommenden Tage zu fahren. Von dieser Möglichkeit hatten wir bereits gehört. Man kann die Dienste auch für zwei oder drei Wochen buchen. Das Gute: Der Mann chauffiert einen nicht nur, sondern versucht sich in der Regel auch als Reiseführer. Diese Variante bietet dem Reisenden sicher den größten Komfort und ist generell in Ländern, in denen Dienstleistungen nur gering bezahlt werden, meist erschwinglich und durchaus eine gute Möglichkeit. Ein weiterer Vorteil: Die vertrauenswürdigen Fahrer verhandeln Übernachtungspreise oder etwa die Kosten für ein handgemachtes Souvenir – und sorgen dafür, dass der Reisende sich nur ein wenig übers Ohr hauen lässt. Auf diese Weise hätten Paulina und ich beispielsweise nicht den dreifachen Preis für eine ayurvedische Hautcreme bezahlt, sondern vielleicht nur den doppelten. Aber seit diesem Kauf ist unsere Haut auch wirklich himmlisch weich.

Man könnte meinen, ich hätte Paulina die bequeme Variante des Chauffeurs ausgeredet. Das stimmt jedoch nicht. Wir waren uns in diesem Punkt sehr schnell einig und haben uns aus zwei Gründen gegen einen Fahrer entschieden. Erstens: Ich hatte gelesen, dass ebenjene Fahrten mit Zug und Bus auf der Insel ein Erlebnis seien. Zweitens: Paulina hegte Bedenken, dass wir uns mit dem ständigen Begleiter wie auf einer geführten Tour fühlen könnten. Tatsächlich könnte man Hemmungen haben, an einem schönen Ort einige Tage die Seele baumeln zu lassen. Schließlich bezahlt man den Fahrer fürs Fahren.

Haben wir mit unserer Entscheidung für die Backpacker-Variante nun also den Flashpacker-Gott verärgert, der von einer besonders weichen Wolke aus regiert? Um das zu beantworten stellen sich zunächst folgende grundsätzliche Fragen: Wie kommt man als Flashpacker von A nach B? Und: Existiert überhaupt ein Flashpacker-Gott?

Wir waren auf unserer Reise in Flugzeugen, Bussen, Taxis, Tuk-Tuks, Mietwagen, einem Campervan sowie auf Schiffen, Fähren, Pferden, Fahrrädern und Motorrädern unterwegs. Eines habe ich dabei festgestellt: Der Flashpacker ist nicht daran zu erkennen, ob er in einen Bus oder in ein Taxi steigt. Er zeichnet sich vielmehr durch eine Einstellung aus, auf deren Grundlage er das jeweilige Transportmittel wählt. Er wägt ab, welches Fahrzeug für diese Strecke das geeignete ist. Der Flashpacker sucht das optimale Paket in puncto Preis, Bequemlichkeit, Sicherheit, Reisedauer und eben Erlebnisfaktor. Das Ergebnis kann sein, dass der private Fahrer für zwei Wochen in Sri Lanka das Richtige ist. Es kann aber auch das Gegenteil dabei herauskommen. Flashpacker gehören zur Spezies der Individualreisenden – und das bedeutet auch, solche individuellen Entscheidungen zu treffen.

Noch deutlicher wird die Herangehensweise des Flashpackers in Abgrenzung zum Backpacker. Letzterer setzt vor allem auf den billigsten Weg von A nach B. Das Upgrade auf die Erste Klasse im Zug kommt genauso wenig in Frage wie der teurere Bus mit Schlafsitzen. Wenn der Backpacker auch nur einen Euro sparen kann, nimmt er in Kauf, einige Stunden länger in einem Bummelbus zu sitzen. Der Flashpacker gibt die zehn Euro, die zwanzig Dollar mehr für die Schlafsitze aus, wenn es sich lohnt.

Bequeme Arten von A nach B zu kommen, gibt es jedoch nicht immer. Bisweilen existiert die Möglichkeit, eine anstrengende Busreise durch Fliegen zu vermeiden, gar nicht erst. Zumindest nicht für einen bezahlbaren Preis. Manchmal sitzen daher Back- und Flashpacker im gleichen Boot beziehungsweise Bus. Gerade beim Thema Transport kann es daher keine reine Lehre des Flashpackens geben. Der Komfort-Abenteurer ist der Flexitarier der Rucksackszene, der mal einen privaten Fahrer engagiert – und mal in einem überfüllten Bus von Schlagloch zu Schlagloch durch die Nacht wackelt.

Nur die harte Tour ist authentisch, das ist auch beim Thema Transport das Credo vieler Backpacker. Aber muss der Weg mit dem Start in A wehtun, damit er sich lohnt? Geht es nicht ohnehin hauptsächlich darum, in B anzukommen? Und das möglichst angenehm und am besten zügig? Rucksackreisende, die oftmals ein wie auch immer geartetes esoterisch-philosophisches Weltbild pflegen, kommen beim Gespräch im Hostel schnell auf einen populären Ausspruch: *Der Weg ist das Ziel* – dieses Bonmot hat wohl Konfuzius vor mehr 1500 Jahren rausgehauen. In manchen Fällen hat er recht. Bei den Zugfahrten in Sri Lanka beispielsweise ist die Reise ein Erlebnis, die Ankunft am Ziel ist ein positiver Nebeneffekt.

Es gibt diese einzigartigen Strecken und Fahrten weltweit: die

Great Ocean Road in Australien, der Highway 1 in Kalifornien oder die Bootsfahrt von Mandalay nach Yangon in Burma zum Beispiel. Aber oftmals ist der Weg eben NICHT das Ziel, weil der Weg einfach nur ein beschwerliches aber notwendiges Übel ist. Wie angenehm sollte ein Rucksackreisender sich das Reisen machen? Damit verbunden: Wann und wie viel darf ein Flashpacker fliegen? In diesem Punkt gibt es unterschiedliche Meinungen. Zumindest zwischen Paulina und mir.

Flugzeug: Alle Flashpacker fliegen hoch.

Über den Wolken und in Peru

Grenzenlose Freiheit, Bequemlichkeit oder schlechtes Gewissen gegenüber dem Backpacker-Gott? Flashpacker fliegen häufiger als andere Rucksackreisende.

Ich stelle den Kragen meines Poloshirts hoch und ziehe meine Mütze ins Gesicht. Auf das Käppi mit Corona-Bierwerbung wären amerikanische Fernfahrer neidisch. Ich schiebe die verbogene Sonnenbrille möglichst gerade meine Nasenwurzel hinauf und blicke immer wieder nach rechts und links. Männer, die sich so wie ich verhalten, habe ich früher oft auf der Straße gesehen. Damals wohnte ich in Kreuzberg neben einem Sexshop mit Videokabinen.

Tatsächlich bin ich aber an einem unverfänglichen Ort: Paulina und ich warten im *Aeropuerto Alejandro Velasco Astete* in einer Schlange, um unsere Rucksäcke einzuchecken. Die anderen Reisenden schieben, wenn es einen Schritt weitergeht, ihre schulkindhohen Koffer auf vier Rollen weiter. Zentimeter um Zentimeter. Wer nicht sofort schiebt, erntet Blicke der Wartenden hinter sich. Wir werden alle gemeinsam von Cusco nach Lima fliegen. Und der Grund meines Unbehagens ist ebendieser Flug – ohne dass mich das Fliegen an sich störte. Vielmehr hoffe ich, das mich keiner sieht. Keiner der Backpacker, die wir in Machu Picchu kennengelert haben. Der Bus quält sich bei gleichbleibendem Aussehen der Landschaft mindestens 22 Stunden durch die Anden. Der Flieger landet bereits nach 90 Minuten und kostet so viel wie eine Bahnfahrt von Berlin nach Hannover.

»Übertreibe ich?«, frage ich, als wir in dem kleinen Jet unsere Gurte einrasten lassen.

»Ja, du übertreibst. Es gibt keinen vernünftigen Grund, diese Strecke nicht mit dem Flugzeug zurückzulegen.«

»Vielleicht wird die Busfahrt nach Stunde 15 ja total meditativ, oder man lernt ganz spezielle Menschen kennen.«

»Das ist der größte Quatsch, den ich je gehört habe. Und außerdem: Wenn dich ein Backpacker hier am Flughafen sieht, dann fliegt er doch selbst!«

»Mmmh ja, aber ist es nicht trotzdem dekadent zu fliegen?«

Ich flüchte mich argumentativ in eine Geschichte, die ich Paulina erzähle. Es geistert seit Jahrzehnten diese Legende eines Indianers durch die Gesprächsrunden in Hostels und – seit es das gibt – durchs

Internet. Dieser nordamerikanische Häuptling fährt das erste Mal in einem Auto oder Bus mit und lässt sich nach einem Teil der Wegstrecke absetzen. Seine Seele müsse noch nachkommen, soll der *Native American* beim plötzlichen Aussteigen gesagt haben.

Ob sich die Geschichte genau so zugetragen hat oder nicht: Jeder kennt doch das Gefühl am Urlaubsort zu landen und eher mechanisch zu funktionieren. Körper und Hirn laufen auf Autopilot und erreichen erstaunlich viel ohne das »Ich«: Passkontrolle, Check-in im Hotel etc.

Je schneller das Verkehrsmittel, desto länger braucht man, um richtig anzukommen. Bei einer Auto- oder Busfahrt lässt sich beobachten, wie sich die Landschaft verändert, wie Siedlungen an einem vorbeiziehen. Nach wenigen Minuten am Zielort fühlt sich der moderne Mensch im Hier und Jetzt. Wer nach einigen Stunden im Flugzeug in einer ganz anderen Klimazone und Kulturregion landet, der benötigt einen ganzen Tag, um den inneren Autopiloten abzuschalten.

Vor diesem Hintergrund lässt sich die Hardcore-Philosophie von Backpackern nachvollziehen, die viele wie ein Mantra verinnerlicht haben: *Reise nur auf dem Landweg – mit Bussen, Zügen oder natürlich deinem Motorrad, das bald so cool schlammverschmiert sein wird. Optimal wäre, du gehst zu Fuß oder fährst Rad. Wenn du einen Ozean überqueren musst, heuere am besten auf einem Containerschiff an – oder kannst du nicht selbst segeln? Falls all das nicht drin ist: Na gut, dann darfst du ausnahmsweise fliegen. Und was machst du dann mit deinem Motorrad? Genau, also flieg besser nicht. Reise nur auf dem Landweg …*

Wer barfuß um den Globus läuft, verdient meinen größten Respekt. Aber ist eine Weltumrundung im Büßerstil wirklich notwendig? Müssen wir auf den Knien den Äquator entlangrutschen? Ich finde, nein.

Der Leitspruch der Backpacker lautet: Langsam ist gut, langsam ist authentisch. Gemessen an solchen Maßstäben ist unser Flug nach Lima natürlich grundfalsch. Mit dieser Ideologie bricht die Anlage unserer gesamten Reise. Für eingefleischte Backpacker haben wir viel zu viel Zeit in Flugzeugen verbracht: Wir sind von Deutschland nach Südafrika geflogen, nach Argentinien, dann von Peru nach Kolumbien, Mexiko, in die USA, zu den Fidschi-Inseln, nach Australien, China, Thailand, Sri Lanka, Oman und zurück nach Deutschland. 76 000 Flugkilometer, viereinhalb Tage in Fliegern. Und diese Flugbilanz beinhaltet nicht einmal Zwischenstopps, Inlandsflüge und kleinere Strecken wie von Thailand nach Burma.

Klingt viel, war aber genau richtig. Bei den Planungen wirkten zwei unterschiedliche Kräfte: Auf der einen Seite die rationale Mexikanerin, die auf Tourempfehlungen und Anzahl der Sehenswürdigkeiten blickt und so eine exakte Wochenzahl für jedes Land errechnet. Auf der anderen Seite der verträumte Deutsche, der denkt: *Vielleicht gefällt es uns irgendwo so gut, dass wir viel länger dort bleiben wollen.*

Viele Rucksackreisende, die wir treffen, setzen den Gegenentwurf um: die Entdeckung der Langsamkeit beim Reisen.

»Ich bin seit einem Jahr nur in Südostasien unterwegs«, erzählt uns zum Beispiel die Amerikanerin Jen, die wir in Sri Lanka treffen. *So worth it.* Doch als wir auf einem Dschungelwanderweg an einer heiligen Stätte vorbeikommen, gesteht sie uns: »Ich kann keine Tempel mehr sehen.«

Das passiert uns in den sechs Monaten nicht. Wir haben gar nicht die Gelegenheit, eines Kulturkreises müde zu werden. Drei Wochen verbringen wir in einem Land. Bevor alle Tempel anfangen, gleich auszusehen, haben wir Asien bereits hinter uns.

Innerhalb der Länder reisen wir jedoch langsam, lassen uns nicht von der Vielzahl an Sehenswürdigkeiten hetzen. Wir verzichten bewusst auf etliche Reiseführer-Highlights. Auf diese Weise entsteht eine lange Liste von Orten, die wir künftig besuchen wollen: unsere Bucket List. Aber so treten bei uns auch nach sechs Monaten Reise keinerlei Ermüdungserscheinungen auf.

Ich finde: Eine Reiseroute darf nicht nach einem Projektplan klingen. Wer stets darum bemüht ist, die Top 10 der Sehenswürdigkeiten eines Landes abzuhaken, mag sich selbst ein gutes Zeugnis über beispielsweise eine lückenlose Südafrikareise ausstellen. *Been there, done that.* Mir ist es schlicht zu stressig – und wenn man sich erst einmal daran gewöhnt hat, viel zu passen, reist es sich ganz unbeschwert.

Es gibt ohnehin keine Faustregel, was die beste Geschwindigkeit einer Reise angeht. Fest steht aber: Der archetypische Flashpacker – also wie er im Buche steht – lässt sich weder beim Planen seiner Route von Langsamkeitsideologien verblenden noch mutiert er zum Abhaker. Gerade bei einer Reise rund um den Globus ist ohnehin klar, dass man nicht alle Sehenswürdigkeiten besuchen kann. Zumindest nicht, wenn das Zeitbudget unter zwei Jahren liegt.

Die Umrundung der Welt fasziniert den Menschen in besonderer Weise. Woran liegt das? Auf einer nächtlichen Busreise habe ich mir über diese Frage Gedanken gemacht und folgende Theorie entwickelt: Tief in unserem Inneren können wir uns trotz Kopernikus, Galileo und der *Sendung mit der Maus* nicht vorstellen, dass wir auf einem Ball leben. Wir können noch so viele Aufnahmen unseres Blauen Planeten aus dem All sehen – mit ganzem Körper und Geist verstehen wir es erst, wenn wir die Welt mit eigenen Augen vermessen haben. Paulina und ich sind grob immer Richtung Westen gereist und sind nach sechs Monaten wieder zu Hause angekommen. Ja, die Erde ist rund. *Klingt komisch, ist aber so.*

Wer als Flashpacker um die Welt möchte, kauft am besten ein sogenanntes Around-the-World-Ticket, im Idealfall ein flexibles. Das lässt sich dann wie eine *Bahn Card 100* der Lüfte nutzen: Ich kann mich, von einigen Restriktionen abgesehen, spontan in einen Flieger setzen und an jeden beliebigen Ort fliegen. Dabei gilt jedoch: Je flexibler die Flüge, desto teurer das Ticket. Wir haben aus Kostengründen unsere Weltumrundung so gebucht, dass jeder der 21 Flüge im Vorfeld genau feststand. Von der Möglichkeit, gegen Aufpreis einzelne Strecken umzubuchen, haben wir nicht Gebrauch gemacht. Es hat sich alles gut zusammengefügt, dem deutsch-mexikanischen Routen-Yin-Yang sei Dank.

Das Bemerkenswerte an unseren Flügen rund um den Globus ist vor allem: Sie sind alle pünktlich gelandet, all unser Gepäck ist sofort angekommen. Der günstige Preis unseres Tickets geht jedoch nicht völlig spurlos am Faktor Bequemlichkeit vorbei. Erstens sind wir selbstverständlich in der Economy-Klasse geflogen, die auch für die Beine von Nicht-Riesen wie uns spätestens nach sechs Flugstunden zu einer Herausforderung werden kann. Zweitens gehen die niedrigen Kosten unseres Round-the-World-Tickets auch damit einher, dass wir nicht die direktesten Routen nehmen. Gelinde gesagt. Der schlimmste dieser Umwege war jener auf der Reise von Johannesburg nach Buenos Aires. Wer mit dem Finger auf der Landkarte von Südafrika nach Argentinien fliegt, stellt fest: Auf der Südhalbkugel geht es fast auf dem gleichen Breitengrad nach Westen.

Unsere Reiseroute sah etwas anders aus. Von Johannesburg aus fliegen wir nach Norden, wir überqueren den Äquator sowie den gesamten afrikanischen Kontinent, das Mittelmeer, Deutschland ist auf dem Bordbildschirm zum Greifen nahe, und dann landen wir in Istanbul. In der türkischen Hauptstadt haben wir einige Stunden Aufenthalt, aber selbstverständlich gerade nicht genug, um uns die Stadt anzuschauen. Nun überqueren wir den Atlantik und erneut den Äquator, um 12000 Kilometer später in Buenos Aires zu landen.

Unterwegs übergibt sich ein älterer Herr zwei Reihen vor uns. Von der Kotztüte, die in Flugzeugen ja zum Standard gehört, versucht er gar nicht erst, Gebrauch zu machen. Er lehnt sich, als wäre es das Normalste der Welt, leicht nach vorn und würgt das Bordfrühstück auf den Teppich. Zwei Sitze weiter lässt sich ein Mann von dem Spektakel und dem sich ausbreitenden Säuregeruch nicht im Geringsten von dem Verzehr seines Mittagessens abhalten. Diesem Gourmet könnte es vor der Toilette im Zug auf Sri Lanka gefallen.

Bus: Karaoke-Terror und Panne in der Pampa.

Mandalay/Yangon, Burma

Córdoba/Salta, Argentinien

Durch die fast echte Pampa: Auch eine luxuriöse Busreise in Argentinien endet mit Wartezeit am Busbahnhof jwd.

Ein junger Mann tänzelt in einem Blumenfeld um eine Dame herum. Sie streicht sich lasziv durchs Haar. Schultern und Fingerspitzen der beiden berühren sich leicht. Die dramatische Musik, die das Ganze untermalt, lässt erahnen, dass es kein gutes Ende nimmt mit den beiden. Dann sehen wir nach einem harten Schnitt den Mann allein auf einem Bett traurig mit dem Kopfkissen spielen. Er umarmt es zärtlich, schmeißt es beiseite, liebkost es erneut. Der Gesang schraubt sich in dramatische Höhen, ganz so, als würde der Sänger bitterlich weinen. Oder als würde man seine Hoden mit Stromschlägen malträtieren.

Wir sind in einem Bus in Burma und blicken auf einen Bildschirm am Ende des Gangs. Diese Herzschmerz-Musikvideos gibt es in ganz Südostasien. Das Karaokemikrofon, das neben dem Fernseher baumelt, wird dabei wenig genutzt. Meist dudelt die Musik über Stunden allein in Schleife. Die ersten dreißig Minuten sind die Melodien für westliche Ohren interessant und die Videos in ihrer Weichzeichnerästhetik amüsant. Nach rund einer Stunde jedoch versucht der Busreisende aus der Fremde, Ton und Bild auszublenden, und stellt fest: Die Frequenzen dieser Musik sind so angelegt, dass sie vermutlich noch im Weltraum zu hören sind. Ohrstöpsel, Kopfhörer mit lauten MP3s, Ohren zuhalten und mit manisch zittriger Stimme Kinderlieder summen – es nützt alles nichts: Die asiatische Popmusik schleicht sich durch die Gehörgänge direkt ins Nervenzentrum des menschlichen Hirns. Ins *Nervzentrum*.

Heute haben wir eine 14-stündige Reise mit Karaoke-Terror vor uns. Fast zwei Arbeitstage im Bus! Wir fahren von *Nyaung Shwe* am Inle See Richtung Süden nach *Yangon* und mir fällt nach den ersten zwei Liedern auf: Entgegen zurückliegender Erfahrungen stört mich die Musik nicht. Im Gegenteil: Ich habe ein Riesenglücksgefühl im Bauch. Woran liegt das wohl? Die emotionale Musik samt Kissenzärtlichkeiten, die staubige Landschaft, diese Schlaglöcher, die so viel Spaß machen? Um meinen Solarplexus tanzen die Endorphine einen Cha-Cha-Cha.

»Was für eine tolle Busfahrt«, sage ich zu Paulina und blicke in ihr entnervtes Gesicht. *Komisch,* denke ich, *ist doch alles so wunderbar hier, da kann man doch mal glücklich sein.* Ich grinse so ausgiebig, dass schon meine Kiefermuskeln schmerzen.

Nach einigen für mich kurzweiligen Stunden erreichen wir Yangon. Paulina fragt mich: »Warum grinst du immer noch so, bist du betrunken, hat dir jemand was ins Wasser gemischt?«

Der latent aggressive Ton bringt mich keineswegs aus meinem Zen-Zustand und ich antworte mit der Stimme eines Erleuchteten: »Nein, ich habe vor der Abfahrt lediglich eine Imodium genommen.«

In diesem Moment erinnere ich mich: Mein Magen-Darm-Trakt hatte sich durch ein Blubbern bemerkbar gemacht. Eine Seniorin in der Nähe des Inle Sees verkaufte mir zehn Tabletten des Durchfallmittels für umgerechnet 50 Cent. Die hießen hier zwar nicht Imodium, aber so ähnlich. Wahrscheinlich eine burmesische Kopie, dachte ich. In unserer Unterkunft angekommen google ich das Präparat dann doch. *Notfallmittel für Psychosen,* lese ich dort, eine Art *Valium.* In diesem Fall war das gefühlte Upgrade also komplett der Pharmazie zu verdanken.

Pau musste ohne die chemischen Helferlein leiden. Dabei hatten wir schon den bestmöglichen Bus für diese Strecke gebucht. Es hätte noch schlimmer kommen können – für Paulina, ich erlebte ja die Fahrt meines Lebens. Am Abend unserer Abfahrt wurden wir in einem *Pick-up* zu unserem Bus gebracht. Da darf man sich keinen amerikanischen Truck vorstellen, sondern einen rostigen Mitsubishi-Van, der hinten nur mit einer Plane abgedeckt ist. In diesem Gefährt sitzen wir mit zwei jungen Backpackern aus den USA und tauschen uns über die schrecklichsten Buserfahrungen aus. Wir erzählen von einer Art Liegewiese in der unteren Fahrzeugetage, wo die Menschen kreuz und quer liegen und nicht jeder Einzelne die WHO-Hygienestandards einzuhalten vermag. Sie berichten von Motorschäden und Brechsitznachbarn. Als wir mit unserem Zubringer-Van den Reisebus erreichen, sind Paulina, ich und die beiden Jungs sichtlich erleichtert: Das Fahrzeug sieht tatsächlich so aus wie auf dem Foto, das uns der Ticketverkäufer gezeigt hat: neueres Baujahr, fahrtüchtig.

Das Innere des Fahrzeugs dämpft unsere Begeisterung ein wenig. Sagen wir es so: Wir sind sicherlich nicht die ersten, die eine längere Strecke mit diesem Bus fahren. Doch insgesamt sind wir sehr zufrieden. Die Sitze lassen sich recht weit nach hinten klappen. Auf den übertriebenen Einsatz der Klimaanlage sind wir mit Fleecepullis vorbereitet. Wir vier richten uns gemütlich ein. Paulina und ich breiten wie immer unsere dünnen Baumwollschlafsäcke aus, die amerikanischen Jungs stöpseln sich Musik in die Ohren und packen Proviant aus. Gestört werden sie nur von einem lächelnden Mann, der sich als Schaffner herausstellt. Es scheint ein Problem zu geben, jedenfalls wedelt der Kontrolleur nun energisch mit den Fahrkarten, die ihm die beiden Amerikaner gereicht haben. Der Mann fuchtelt nicht nur, er zeigt nach draußen. Ohne dass wir es bemerkt hätten, ist dort ein weiterer Bus vorgefahren: halb so hoch, doppelt so alt wie unserer.

Es gibt beim Reisen wenige Prinzipien, die sich auf alle Länder und jeden Reisenden anwenden lassen. Bei einem bin ich mir jedoch sicher: Es lohnt sich immer, bei Busreisen einen Aufpreis zu bezahlen. Immer. Wer als Jugendlicher mit dem Rucksack unterwegs war, zum Beispiel mit dem Interrail-Ticket durch Europa reiste, blickt mit zeitlichem Abstand vermutlich mit wenig Begeisterung auf Nachtfahrten in unbequemen Zügen oder Bussen. Es stimmt: Zu manchem ist man jenseits der 30 einfach nicht mehr bereit. Aber gerade das Flashpacking kann für ehemalige Backpacker das *zweite Leben* bedeuten. Denn mit kleinen Aufpreisen lassen sich Busfahrten buchen, die nur Abenteuer im Sinne von Erlebnis bieten – und nicht abenteuerlichen Horror. Und wer mit dem Billigflieger-Jetset der Nullerjahre aufgewachsen ist, steigt vielleicht nahtlos in das Flashpackertum ein.

Ein besonderes Upgrade haben wir in Argentinien erlebt. Auf dem Weg von dem Städtchen Córdoba Richtung Norden entscheiden wir uns für den teuersten Nachtbus. Die Aussicht auf Sitze, die sich fast in die Waagerechte kippen lassen, ist verlockend. Und nicht nur die Liegeposition ist in diesem Bus komfortabel: Es gibt einen Angestellten, der für den Service am Platz zuständig ist. Wie im Flugzeug die Stewardess oder der Flugbegleiter, nur besser. Ein Herr im weißen Hemd, der zumindest in meiner Erinnerung eine Fliege trägt, kommt an unseren Platz und fragt: »Wünschen Sie Hähnchen oder Rindfleisch zum Abendessen?«

Paulina und ich tauschen ungläubige Blicke aus. Als der Busbutler dann auch noch eine Flasche Rotwein zum Essen bringt und uns trotz des Straßenruckelns gekonnt mit Serviette über dem Unterarm einschenkt, wollen wir ihn am liebsten umarmen. Das Essen ist gut, und wir blicken zufrieden kauend auf die Straße im Abendlicht, die direkt unter uns im Bus zu verschwinden scheint: Wir sitzen im Obergeschoss des Busses an der Frontscheibe. Nachdem der Busbutler die Plastikteller abgeräumt hat, reicht er uns Decken und

Kissen, schaltet einen Film an und wünscht uns angenehme Ruhe. Draußen dämmert es.

»Sie können mich jederzeit rufen, wenn Sie noch mehr Wein oder Wasser möchten«, sagt er und schaut beim ersten Getränk mich, beim zweiten Paulina an.

Wir fühlen uns wie in einem rollenden 5-Sterne-Hotel. Komfort und Abenteuer ergeben eine herrliche Flashpacker-Melange. Meine Backpacker-Seele freut sich über den Nachtbus durchs nördliche Argentinien, der Rest von mir ist dankbar für den Komfort.

»Wir sind in der Pampa«, sage ich und zeige auf die Landschaft hinter der Fensterscheibe. Eine Ödnis in Ocker, die den Eindruck erweckt, als könnten wir hinter dem nächsten Hügel den Horizont hinunterkippen. *El fin del mundo.* »Also, wir sind in der echten, der einzig originalen Pampa!«

Paulina versteht meine Begeisterung nicht – bis ich ihr erkläre, dass im Deutschen diese Region als Synonym für das große Nichts gebraucht wird, der lustige Berlin-Klassiker jwd.

»Ah cool, aber bist du sicher, dass wir in der Pampa sind?«, fragt sie.

»Klar bin ich sicher, das sieht man doch.«

Ich mache viele Fotos aus dem Bus heraus und stelle mir vor, wie ich später sagen kann: »Guck mal, Papa, das ist die Pampa!«

Und wo bleibt das Abenteuer bei unserer Hochkomfortfahrt? Das muss man nicht bestellen, das kommt ganz von allein. Spätestens wenn es dunkel wird. Abenteuerlich im amüsanten Sinne ist das Pärchen, das auf der anderen Seite des Gangs sitzt. Er ist ein rund 60-jähriger Alt-Hippie aus den USA: Die langen grauen Haare zum Zopf gebunden, die Arme baumeln aus dem verschwitzen Muskelshirt, sehnig muskulös wie die von Iggy Pop, das Gesicht knittrig geraucht, rund 30 Ketten im Dreamcatcher-Stil um den Hals. Seine weibliche Begleitung ist konservativ geschätzt halb so alt wie er, hat lange blonde Haare, der Körper ist in Schichten von Wickeltüchern eingepackt.

»Vielleicht ist er ihr Guru oder so was«, flüstert mir Paulina zu. Was sie dort unter der Decke bei ihm in der Lendengegend macht, ist nach meinem Kenntnisstand keine klassische Yogaübung. Seiner Reaktion nach zu urteilen geht das Ganze eher in Richtung Tantramassage. Statt uns zu erkundigen, räuspern wir uns mehrfach. Nützt nichts, aber irgendwann ist Ruhe und wir entdecken beim Blick nach draußen etwas Aufregenderes.

Aus unserer Perspektive sind entgegenkommende Fahrzeuge erst in letzter Sekunde zu erkennen, wenn sie mit der Lichthupe auf sich aufmerksam machen. Von hier oben erscheint es, als würden wir alle paar Minuten knapp einem Unfall entgehen. »Denn sie wissen schon, was sie tun«, zitiere ich einen Autounfallklassiker und ziehe die Vorhänge zu. Gefahr aus den Augen, aus dem Sinn – bei sanftem Schaukeln schlafen wir ein.

Wenn Babys in den Schlaf geschuckelt werden und man mit den Bewegungen aufhört, wachen sie oftmals auf. So ist es auch bei mir in dieser Nacht auf dem Weg von Córdoba nach Salta. Ich werde von dem Stillstand aus dem Schlaf gerissen, klettere die Stufen hinab und trete an den Straßenrand. Der Bus warnt andere Verkehrsteilnehmer mit Blinklicht, der Fahrer und rund zehn weitere Männer stehen vor der geöffneten Motorhaube am Heck des Fahrzeugs. Sie fachsimpeln in argentinischem Spanisch, das aufgrund einer Einwanderungswelle aus Italien Ende des 19. Jahrhunderts wie der Singsang eines neapolitanischen Pizzabäckers klingt. Ich verstehe nur, dass es ein schwerwiegendes Problem mit dem Motor gibt.

»Wir haben eine Panne, ausgerechnet in der Pampa«, rufe ich vielleicht eine Nuance zu fröhlich in die Herrenrunde. Sie schauen mich an, als hätte ich ihnen Folgendes ohne Umschweife gesagt: Ihr Fußballstar Messi hinterziehe Steuern (stimmt), ihr Fußballgott Maradona sei dick, kokainabhängig und spielte damals mit der Hand (stimmt alles) und das bessere Rindfleisch gebe es in Kolumbien und Mexiko (stimmt auch).

Stattdessen erkläre ich den Männern, wofür die argentinische Region Pampa im Deutschen steht. Bevor ich mein Spanisch bei der Erklärung von »janz weit draußen« überfordern kann, unterbricht mich einer mit Zigarette im Mundwinkel.

»Hier ist nicht die Pampa«, sagt er lakonisch, »die ist weiter südlich.« Ein anderer mit Baskenmütze mischt sich ein: »Sieht aber genauso aus.«

Von dem Raucher schnorre ich mir eine Zigarette. Was könnte es für einen besseren Moment geben zu rauchen, als eine Panne in der Pampa, denke ich, blase den Rauch Richtung Sterne und philosophiere vor mich hin.

Mit Buspannen ist es wie mit Zahnschmerzen: Tagsüber ist alles in Ordnung, der Bus surrt, der Zahn schweigt. Aber nachts passiert immer etwas. Murphy's Night Law, schreibe ich später in mein Notizbüchlein. Meine Liste von Wunschreisezielen ergänze ich aus aktuellem Anlass: *Walachei.*

Paulina bekommt von unserer Panne in der vermeintlichen Pampa erst dann etwas mit, als der neue Bus schon längst hinter uns geparkt hat. Unser Busbutler ist leider verschwunden, aber wir erreichen unser Ziel am anderen Morgen. Und manchmal ist eben das Ziel das Ziel. Sorry, Konfuzius.

Camper: Wie Kängurus auf Hippies reagieren.

Begegnung mit tierischem Promi auf einem australischen Campingplatz: Diese Familie weiß zum Glück nichts von den Känguru-burgern in der Kühlbox unseres Vans.

Am Abend durch die hippen Gassen Melbournes flanieren, am nächsten Morgen irgendwo in der Wildnis mit Blick auf den Ozean frühstücken und vom Bett aus Kängurus beim Hoppeln beobachten – ein Camper kann solche Werbeprospektträume erfüllen. Gerade in Australien bietet sich das mobile Zuhause an, denn zum einen sind Übernachtungen in diesem Land sehr teuer, zum anderen kann man mit dem Camper direkt bei der wichtigsten Sehenswürdigkeit Australiens übernachten: in der Natur.

Das Fahrzeug, mit dem wir drei Wochen lang an der Ostküste Australiens unterwegs sind, ist genau genommen kein Camper. Es ist ein Camper-*Van*. Diese Wagen mit Schlafmöglichkeit sind in Australien sehr verbreitet. Es handelt sich um Bullys asiatischen Fabrikats, die fürs Übernachten und Kochen ausgebaut wurden. Um für junge Reisende attraktiv zu sein, haben diverse Vermieter ihren Fahrzeugen einen Hippie-Anstrich verpasst. Anstrich ist wörtlich zu verstehen: Die Wagen sind im Stile der 60er-Jahre farbenfroh mit Blümchen, Peacezeichen und weiterer Hippiefolklore bemalt. Manche Vans wurden auf Namen wie Janis Joplin oder Jimi Hendrix getauft. Ich bin zu dem musikalischen Revival der 60er- und 70er-Jahre aufgewachsen und bin mir vermutlich genau deswegen nicht sicher, ob ich diese Reminiszenzen cool oder affig finden soll.

Diese Äußerlichkeiten sind am Ende unerheblich, denn das Konzept funktioniert ausgezeichnet. Die Autos, die kleiner sind als VW-Bullys, wurden so ausgebaut, dass der Innenraum sowohl als Wohn- als auch als Schlafzimmer genutzt werden kann. Das Öffnen der Heckklappe gibt den Blick auf die Küchenutensilien frei. Ein Spülbecken, ein portabler Gasherd, Stauraum für Lebensmittel und Geschirr sowie ein Minikühlschrank gehören zur hiesigen Blumenkinderausstattung.

Aus Sicht der 60er-Jahre ist das wohl schon Dekadenz. Sind wir Flashpacker eigentlich Luxushippies?

Paulina und ich entscheiden uns für ein doppeltes Upgrade: Erstens reisen wir mit dem Van anstatt eine Backpacker-Tour zu buchen. Vor allem wer allein unterwegs ist, löst meist ein Ticket für einen der *Hop-on-hop-off-Busse,* deren Netz das komplette touristische Australien abdeckt. Der englische Name beschreibt das Prinzip: Man steigt an einem sehenswürdigen Ort aus und nimmt nach Gusto einen der nächsten Busse, um auf der festgelegten Route weiterzureisen. Obwohl jeder seine Zeit individuell einteilen kann, reisen die meisten doch überwiegend synchron und treffen sich auf der Strecke immer wieder. So berichten uns Deutsche, die wir unterwegs kennenlernen, dass die Busse als analoges *Tinder* genutzt werden. Man kommt sich zwischen *Ayers Rock* und *Great Barrier Reef* eben näher.

Unser zweites Upgrade ist die Auswahl unseres Fahrzeugs. Wer nach Backpacker-Ideologie reist, nimmt den billigsten Camper-Van. Das sind ältere Fahrzeuge mit abgenutztem Interieur und zum Teil beeinträchtigter Fahrtüchtigkeit. Der Flashpacker, also vor allem Paulina, kalkuliert hier genau: Wie viel mehr Geld gebe ich für Benzin mit einem alten Motor aus? Wie viel Zeit verliere ich, wenn ich den Pannendienst rufen muss? Aber vor allem: Wie toll ist eigentlich der DVD-Player, der in unserem neuen Fahrzeug eingebaut ist?

Unsere Wohnung auf Rädern lässt sich nicht mit den »richtigen« Wohnmobilen vergleichen, die bei der Vermietung an Sydneys Stadtrand herumstehen. Ein chinesisches Pärchen verlässt den Hof mit einem Gefährt, das die Größe unserer Airbnb-Wohnung in Shanghai übertrifft. Und auch schon kleinere Modelle sind mit einer Chemietoilette sowie mit einer Küche im Fahrzeuginneren ausgestattet. Das ist gerade bei Regen komfortabler als unsere Heckklappenkochstätte. Für uns jedoch fühlt es sich luxuriös an, die Rucksäcke für einige Zeit fest im Wagen zu verstauen.

Wir düsen Richtung Süden die Küstenstraße entlang, die mal in Serpentinen, mal als Gerade gelegentlich den Blick auf den Ozean bietet. Am Ende werden wir insgesamt knapp 1500 Kilometer zurückgelegt haben. Für Australien nichts, gar nichts. In Südamerika hatten wir ein deutsches Paar getroffen, das in drei Wochen die gesamte Ostküste des Kontinents entlanggefahren ist: von Cairns im Nordosten über Brisbane und die Gold Coast bis nach Melbourne und weiter zur Great Ocean Road.

»Wir waren die ganze Zeit eigentlich nur im Auto«, erinnerte sich Meike, die gemeinsam mit ihrem Freund in einer Unternehmensberatung arbeitet.

Die Effizienz des Paars in puncto Kilometerabreißen – da sind Paulina und ich sofort einig – wollen wir nicht nachahmen. Wir fahren »nur« von Sydney nach Melbourne und lassen offen, ob wir danach noch spontan weiter Richtung Süden wollen. Wichtig ist nur: Drei Wochen später müssen wir in Melbourne im Flugzeug sitzen.

Am liebsten wären wir in Sydney geblieben. Die Stadt scheint wie für uns gemacht. Während ich mit dem Surfbrett am berühmtesten Strand Australiens, *Bondi Beach,* mein Glück in den Wellen herausfordere, zieht Paulina in Sichtweite ihre Bahnen im *Iceberg-Pool.* Im Jahr 1929 hat ein Schwimmclub dem Ozean ein wenig seines Gebiets abgetrotzt und einen Swimmingpool mit Blick auf den anderthalb Kilometer langen Strand in die Felsen gehauen. Die Wellen peitschen heute noch wie damals gegen die Klippen und schwappen immer mal wieder in das Schwimmbecken. Als unsere Finger vom Wasser schon verschrumpelt sind, laufen wir einen

Wanderweg die Steilküste entlang – von einer Bucht zum nächsten Strand bis in den Ort *Coogee*. Unterwegs entdecken wir die Bar des *Cloveley Bowling Clubs*. Bowling ist in diesem Fall eine Rasensportart, die den *Locals* und uns einen Rahmen fürs Biertrinken mit Meerblick bietet.

Wie gesagt: Eigentlich wollen wir aus Sydney gar nicht weg. Von Livemusik im angesagten Stadtteil *Potts Point* und einer Radtour mit dem Tandem bis hin zum Freiluftkino mit Blick auf die kultige Silhouette der Oper – ja, das Leben in Sydney lässt sich aushalten.

Als wir uns schließlich zum Aufbruch entscheiden und im Camper-Van die Küstenstraße suchen, schwärmen wir von den zurückliegenden vier Tagen.

»Geht es beim Reisen nicht immer auch darum, etwas Liebgewonnenes zurückzulassen?«, sinniere ich laut, während ich einmal mehr aus Versehen die Scheibenwischer anstatt den Blinker betätige (alles andersrum hier). Paulina seufzt und findet in ihrem iPhone den Song, der in diesem Moment in diesem Hippie-Van passender nicht sein könnte: »Me and Bobby McGee« von Janis Joplin.

»*Freedom's just another word for nothing left to loose.*« Paulina und ich singen lauthals mit und zelebrieren mit heruntergekurbelten Fenstern dieses Roadtrip-Feeling, bei dem man nicht ganz sicher ist, was zuerst da war: das Gefühl oder die Roadmovies. Unsere Begeisterung ist jedenfalls echt, als wir die Küste entlangfahren und wissen: Wir könnten dort, wo es uns gefällt, einfach anhalten, unsere Campingstühle und den Tisch ausklappen und bei *Bacon and Eggs* aus der Heckklappe das Meer bestaunen. Und genau das machen wir zwei gute Stunden später, nachdem wir alle Hits von Janis Joplin zweimal durchgesungen haben. Im Prinzip könnten wir dort auch übernachten. Es ist nicht ganz legal, aber doch möglich, in

Australien mit dem Van wild zu campen. Paulina zieht die offiziellen Campingplätze jedoch vor. Stichwort: sanitäre Einrichtungen. Doch dazu später.

Bei der Fahrt entlang der Küste suche ich nach haushohem Obst oder Tieren, während Beifahrerin Paulina schläft. Hinter meiner Obsession steckt ein Biertrinken. Denn ein kräftiger Mann in den 50ern, der sich im Cloveley Bowling Club eher aufs Pintstürzen als auf den Ballsport konzentriert, hatte mir von einer australischen Eigenart erzählt: Manche Städtchen haben überdimensionale Figuren aufgestellt, um auf ihre regionalen Produkte aufmerksam zu machen. So muss es beispielsweise eine riesige Erdbeere geben sowie einen Stier inklusiver seiner großformatigen Testikel. Als ich dem Mann, der sein Geld als Elektriker verdient, auf meinem Telefon ein Bild von einer übertrieben großen Froschfigur in Neustadt am Rübenberge zeige, kennt seine Begeisterung keine Grenzen. Völkerverständigung pur und mein *Pale Ale* auf seine Kosten.

Ich entdecke leider keinerlei Riesenobst an diesem ersten Tag *on the road,* den wir auf einem Campingplatz in einem Ort namens *Huskisson* ausklingen lassen. Mit unbequemem Zelten hat das wenig zu tun. Unser Abendessen – Hamburger mit Kängurufleisch – bereiten wir auf einem der blitzsauberen Gasgrills zu und speisen bei Kerzenschein direkt vor unserem Schlafzimmer auf Rädern. Während wir später im Bett eine romantische Komödie schauen, brauchen wir für den Nachtisch nur hinter uns zu greifen: In der Heckküche stehen Rotwein und Kekse bereit. »Das toppt jedes 5-Sterne-Hotel«, sagt Paulina. Mit großer Geste zeige ich in die Dunkelheit gen Himmel hinaus: »Noch viel besser: Es ist unser Tausend-Sterne-Hotel.«

Romantische Komödie eben.

Am nächsten Morgen öffne ich die Schiebetür, die direkt an unsere Matratze grenzt. Wie der Vorhang im Theater gibt sie den Blick auf ein Schauspiel frei, ein Naturschauspiel in diesem Fall. Genau genommen müssen wir zwar an einigen Büschen vorbeischauen, aber dahinter erstreckt sich goldener Sandstrand, hungrige Möwen stürzen sich im Sinkflug in den Ozean und steigen mal mit, mal ohne zappelnde Beute erneut gen Himmel.

Ein Campingplatz, der sich den Namen Buena Vista oder Bellevue verdient hätte. Auch die sanitären Einrichtungen sehen gut aus. Klar, am Morgen weht der Wasserdampf der Duschen den Geruch von Zahnpasta, Stuhlgang und Deospray durch den Waschbereich, aber im Vergleich zu vielen Ländern, Deutschland inklusive, ist bei den Campinggästen der Wille zu erkennen, die Anlage sauber zu halten. Das ist also Australien, denke ich beim Zähneputzen. *Down under.* Weiter weg von zu Hause geht kaum. In der Heimat stellt man sich Australien als ein Wüstenland vor, mit Tankstellen im Outback, Didgeridoo spielenden und Bumerang werfenden Aborigines, Kängurus, Krokodilen und der größten Ansammlung gefährlicher Kriechtiere. Nach meiner Erfahrung muss ich sagen: Das stimmt alles und ist doch ganz anders.

Uns ist kein Aborigine über den Weg gelaufen. Die Ureinwohner leben seit Zehntausenden von Jahren auf diesem Kontinent und waren lange ungestört. Bis im 17. Jahrhundert die europäischen Seefahrer unbedingt wissen wollten, was es auf der anderen Seite der Welt zu entdecken und potenziell zu rauben gäbe. Anfangs landeten vor allem einige Niederländer an der australischen Küste und schauten sich friedlich Flora und Fauna an. Im Jahr 1770 betrat dann der berühmte James Cook den fruchtbaren Boden der Ostküste und verkündete, dass dieses *New South Wales* nun zum Empire gehöre. Ich gehe davon aus, dass er eine Flagge in den Boden rammte.

Der Umgang mit den Aborigines war von Anfang an, euphemistisch gesagt, nicht die *feine Englische.* Ihnen wurden schlicht keinerlei Rechte zugesprochen. Viele von ihnen wurden niedergemetzelt. Heute machen die Aborigines nur noch rund 2,5 Prozent der australischen Bevölkerung aus.

Das Erbe des Empires ist dagegen sehr deutlich zu spüren – bis Anfang des 20. Jahrhunderts gehörte Australien zur britischen Krone. Neben einer merkwürdigen landeseigenen Footballvariante sind die Lieblingssportarten der Australier daher Cricket und Rugby. Eine Tasse Tee – ein *cuppa* – ist für die Menschen hier die Lösung fast aller Probleme.

Bekanntermaßen war es im späten 18. und im 19. Jahrhundert keine Ehre, wenn die Briten einen nach Australien schickten. Schließlich handelte es sich um eine Strafkolonie. Die ersten dieser Siedlungen befanden sich in der Region um das heutige Sydney. Die Aussies, so nennen sie sich hier, betonen, dass es ausschließlich Kleinganoven waren, die zum Büßen einmal um den Globus geschickt wurden. 250 Jahre später – Ironie der Geschichte – wirken die Australier wie eine bessere Version der Briten. Sie prügeln sich zum Beispiel nicht so schnell, wie es sich in England beobachten lässt. Und an den Stränden fällt auf: Die Menschen halten sich hier außerordentlich gut in Schuss. Sie wachsen wohl mit gesunder Bewegung am Strand und in der Natur auf. Eltern bringen ihren Kindern im Vorschulalter das Surfen bei. Und dann sind sie auch noch so glücklich und zuvorkommend, diese Australier. *Awfully happy,* nennen Paulina und ich den Lifestyle hier auf der anderen Seite des Erdballs.

Es sind vermutlich Orte wie *Hyams Beach,* wo wir zwei Tage später ankommen, die sich so positiv auf die heutigen Bewohner Australiens auswirken. Es ist, als hätte eine Aussie-Version von Frau Holle dort großzügig Puderzucker vor das Meer gestreut. Der Sand ist so fein, dass es beim Laufen mit nackten Füßen bei jedem Schritt quietscht. Und damit nicht genug: Bei einem Strandspaziergang stößt Paulina plötzlich Schreie im Hochfrequenzbereich aus und zeigt auf den Ozean. Mein erster Gedanke ist: Hai! Tatsächlich aber schwimmen sechs Delfine in lediglich 20 Metern Entfernung vom Strand die Küste entlang. Ich bin nicht sicher, was es ist, aber diese Tümmler verbreiten gute Laune. Nicht nur beim therapeutischen Mit-Delfinen-Baden wirkt ihr Talent. Uns reicht schon der Anblick ihres Auf- und Abgleitens, ihrer eleganten Schwimmtechnik.

Delfine gehören zu der Gruppe der Tierpromis. Man kennt das Gesicht eines Prominenten aus den Medien, aber ihn nun vis-à-vis zu sehen, ist etwas ganz anderes. Ein weiterer Prominenter dieser Art erwartet uns am nächsten Tag.

»Ihnen werden wahrscheinlich einige *Roos* begegnen«, sagt die Dame im Ranger-Look, die sich um unseren Check-in beim nächsten Campingplatz kümmert. »Auf gar keinen Fall dürfen Sie die Tiere füttern, die werden sonst aggressiv.«

Paulina und ich rätseln gerade beim Aufbau unserer Gartenmöbel, warum jemand von Essen aggressiv wird, als sie auftauchen. Es ist nicht *ein* Känguru, sondern eine ganze Großfamilie, die nur wenige Meter von uns in ihrer unverwechselbaren Weise durch das Gras hoppelt. Ein Känguruweibchen und ihr Säugling liefern uns das klassische Bild: Der kleine Racker schaut aus dem mütterlichen Beutel keck in unsere Richtung. Was sie nicht wissen und mir gerade sehr leidtut: In unserer Kühlbox liegen noch zwei *Känguruburger* vom Abend zuvor.

Der Nachwuchs und weitere Familienmitglieder werden auf die mexikanischen *Quesadillas* aufmerksam, die wir uns in der Heck-küche zubereitet haben. Einige der Beuteltiere springen neugierig heran, wackeln mit den Ohren und wiegen ihre angewinkelten Vorderbeine hin und her. Süß und auffordernd zugleich. Wir entscheiden uns, auf die Campingplatzbesitzerin zu hören und ihnen nichts von unserem Essen abzugeben. Auch wenn wir gern wollten. Wenn sie aufdringlich geworden wären, hätte ich ihnen meine Quesadilla allerdings aus Notwehr sofort überlassen. Im Nahkampf sollen die hüpfenden Haudegen das Beißen und Boxen ja bestens beherrschen.

Ein andere Art von Haudegen ist ein Typ Mitte 50, mit dem ich am Abend am Lagerfeuer hocke. Er warnt mich eindringlich vor den Giftschlangen, die hier herumkriechen. Der aufgeschlossene Kumpeltyp, zu dem Bier und Lagerfeuer gehören wie das Kreuz zur Kirche, macht mir ein verlockendes Angebot. In einigen Tagen werde er zusammen mit einem Freund ein Motorboot aus Papua Neuguinea abholen und nach Australien überführen. Da könnten sie so jemanden wie mich noch gebrauchen. Offensichtlich hatte ich mit meinen nautischen Kenntnissen stark übertrieben (die Wahrheit: Segelschein, Kieler Förde, Steinhuder Meer, Wannsee). »Tut mir leid, *mate,* ich muss nach Melbourne«, sage ich und stehe auch gleich auf. Er warnt mich erneut vor der tödlichen Schlangenart. »*Cheers, mate.*«

Wir haben in Australien keine Giftspinne oder Schlange gesehen, aber die *Aussies* lieben es, auf diesem Gebiet Weltmeister zu sein – und warnen in einer Tour.

Keine bedrohlichen Tiere, weder Riesenerdbeere noch Didgeridoos – und doch erleben wir viel Typisches auf der Küstenstrecke *Great Ocean Road:* Die Surfcommunity bewundern wir in Bells Beach und Torquai, wo Marken wie Quiksilver in den 60er- und 70er-Jahren gegründet wurden. Einen weiteren Aussie-Promi lernen wir auf einem der vielen *Walks* kennen, die einen gut ausgeschildert durch den australischen Busch führen: den Koalabär. Dieses Tierchen sieht aus, als wäre es aus Plüsch. Das niedliche Gesicht darf nicht darüber hinwegtäuschen, dass das Bärchen seine Ruhe haben möchte und bei Avancen von Touristen sehr kratzbürstig werden kann. Der Koala möchte nur eins: Eukalyptusblätter schmatzen und am Baum chillen.

Mir geht es ähnlich. Ich möchte gern den Camper irgendwo in der Natur abstellen, wo es noch ruhiger ist als auf den ohnehin ruhigen Campingplätzen. Die Entscheidung zwischen Campingplatz oder wild campen kam zwischen Paulina und mir immer wieder auf. Ich fand den Gedanken, einfach spontan einen Ort zu finden, der uns gefällt, verlockend. Um nicht zu sagen: abenteuerlich, Backpackerstyle. Und natürlich übt es einen besonderen Reiz aus, in der australischen Wildnis zu zweit in einem Hippiecamper zu übernachten. Aber zum einen ist es mit Campingplätzen wie mit Touristenattraktionen: Sie sind eben dort, wo es auch wirklich schön ist. Zum anderen ist uns, eher mir, eine Sache passiert, die Argumente für befestigte Plätze liefert. Es hatte mit einem Weg hinunter an ein ausgetrocknetes Flussbett zu tun, mit beißenden Fliegen, mit Regen, mit schwer zu sehenden *4-Wheel-Drive-Only*-Schildern und einer Herausforderung: Wie kriegen wir diesen schweren, untermotorisierten Japaner-Bully den Schlammweg hoch? Die Antwort: mit viel Zeit, Schweiß und Fußmatten. Anderthalb Stunden später und ein schwerwiegendes Argument für Campingplätze später können wir uns auf diese Weise befreien.

Der Camper-Van ist durch die Kombination von Komfort und Freiheit, die ja an sich schon Abenteuer genug ist, das ideale Gefährt für den Flashpacker. Doch der Camper-Van ist nur eine Episode, dann geht es mit dem Rucksack weiter. Zum Beispiel auf zwei Rädern in Burma.

Auf zwei Rädern: Himmel und Hölle in Burma.

Mandalay/Bagan, Burma

Ein Mönch und seine Schüler teilen in Mandalay ihr Wissen mit uns: den Weg zum Kloster.

Irgendwo in der Ferne wird ein mannshoher Gong geschlagen. Sein Bass wabert durch die Gasse und schafft es bis in meine Magenkuhle. Noch ein Schlag ist zu spüren, dann folgen sanftere schnell aufeinander. Der Klang sendet eine Botschaft durch den südwestlichen Teil der burmesischen Stadt Mandalay. Wir wissen nicht, was er bedeutet. Reflexartig steigen Paulina und ich jedoch von unseren Rädern ab.

Es ist später Nachmittag. Die Hitze des Tages klebt in den Straßen wie das T-Shirt an meinem Rücken. Uns umweht der herb-süße Duft von Räucherstäbchen, Mönchsgesänge säuseln in der Ferne. Es erscheint in seiner Perfektion alles für uns arrangiert. Als beträten wir die Bühne einer fernöstlichen Oper. Den einzigen Wehrmutstropfen dieses burmesischen Traums muss ich Paulina nun leider gestehen: »Wir haben uns komplett verfahren, ich habe keine Ahnung, wo wir sind.«

Ich prökle einen zerschlissenen Stadtplan aus der Gesäßtasche meiner kurzen Hose. Unser Ziel ist das Kloster *Shwe In Bin,* das irgendwo zwischen der 89. und 90. Straße liegen muss. Vor einer halben Stunde sind wir an unserem Hotel in der 79. Straße gestartet. Nicht weit weg, rein rechnerisch.

Die einstige Königsstadt Mandalay ist in Form eines Schachbretts angelegt. Aber gerade hier, in dieser ruhigen Gegend, folgen die Straßen nicht dem Regiment der Himmelsrichtungen. Paulina und ich schauen uns um. Wir stehen vor einer Steinmauer, die ein größeres Grundstück begrenzt. Dort dominiert Orange, die Farbe der buddhistischen Mönche. Kleine Jungen in Gewändern und mit kahlgeschorenen Köpfen laufen über das Gelände.

Ein Mönch in unserem Alter tritt durch ein Tor auf die Straße, vielleicht sechs Schüler schlendern hinterher. Als der asketisch-schmächtige Mann mit John-Lennon-Brille uns sieht, fragt er auf Englisch: »Hallo, kann ich Ihnen behilflich sein, den Weg zu finden?«

Wir zögern. »Find the way« könnte auch religiös gemeint sein. Der Mann zeigt auf unseren Stadtplanfetzen. »Shwe In Bin«, stottere ich einige Silben, die entfernt an den Namen des Klosters erinnern mögen. Die Schüler laufen um uns herum und inspizieren uns zwei Menschen, die vom Erscheinungsbild wohl uneinheitlich auf sie wirken. »*Where are you from?*« Unsere Antwort ist kompliziert. Der Weg zum Kloster zum Glück nicht, wie uns der Mönch mit Rundbrille versichert. Lehrer und Schüler winken uns zum Abschied hinterher, als würden wir uns seit Langem kennen.

»Ich glaub, wir sollten es mal mit Buddhismus versuchen«, rufe ich zu Paulina hinüber, »sehr nette Leute.«

Wir radeln weiter im Licht des Nachmittags, das dem Blattgoldgelb der Buddha-Statuen in nichts nachsteht. Es geht vorbei an Holzbarracken, hier und da liegen Schutt und Fruchtabfälle auf der Straße. Wir überholen Männer und Frauen, die geschäftig, nicht gehetzt, mit klappernden Latschen ihrer Wege gehen. Die meisten transportieren etwas in Körben, die sie auf dem Rücken tragen: Früchte gucken dort etwa heraus.

Fast alle von ihnen – Männer und Frauen, jung und alt – spucken im Laufen regelmäßig stattliche Mengen Speichel auf den Boden. In einem gezielten Strahl aus den zusammengekniffenen Mundwinkeln. Der hinterlässt auf dem Untergrund blutrote Flecken, die mich an jene Flüssigkeit erinnern, die man in das Becken eines Zahnarztes nach der Behandlung spuckt. Es handelt sich im Fall der burmesischen Passanten jedoch weder um ein zahnmedizinisches Problem noch um eine offene Tuberkulose, wie sich für mich erst in einem Gespräch mit einem Kioskverkäufer herausstellte. »Das ist der große Genuss des kleinen Mannes«, erklärt mir der Mann im *Longyi* – ein dunkler Rock, der ihm bis zu den Knöcheln reicht. Neben dem bestellten Wasser reicht er mir als Geschenk ein grünes Päckchen: eine kleingeschnittene Nuss, die fest in Blätter eingewickelt wurde. Ich stecke mir seinen Anweisungen folgend das Paket zwischen

Gaumen und Lippe. Die Betelnuss, so lese ich später im Internet, wirkt belebend, leicht berauschend und ist leider – wie so vieles – krebserregend, macht süchtig und sorgt für Zahnausfall. Letzteres hat der Kioskverkäufer nicht mehr zu befürchten. Sein Lächeln zum Abschied offenbart neben rotem Fleisch nur noch Stumpen, wo einst Zähne waren. Jeder zweite Mann in Burma soll offiziellen Zahlen zufolge betelnusssüchtig sein. Ich fummle mir das Päckchen wenige Minuten später aus meinem tauben Mund und bilde mir ein, das Radfahren ginge leichter.

Zu Recht gilt Burma als das ursprünglichste Land Südostasiens, in dem der Massentourismus noch nicht die Gleichmacherei der Globalisierung ins Land gebracht hat. Der Hintergrund dieser Ursprünglichkeit ist jedoch ein bedrückender. Auch wenn es seit einigen Jahren leichte Ansätze zur Demokratisierung in diesem Land gibt und die Militärdiktatur offiziell im Jahr 2010 endete: Die Lage der Menschenrechte hat sich bis zu unserem Besuch wenig verbessert. Aus Angst vor Verfolgung sprechen die Burmesen nicht über Politik. Die Militärjunta ist rigoros, die staatlichen Strukturen korrupt. Burma gehört dabei zu einem der ärmsten Länder der Welt. Ein nicht untypischer Mix. Das Geld, das die steigende Zahl von Touristen ins Land bringt, landet nur zum Teil bei den Menschen. Die Ursprünglichkeit, die wir erleben, ist also nicht nur Idylle, sondern auch Symptom für eine unterdrückte, isolierte Bevölkerung.

Es dauert vielleicht noch zehn Minuten, dann haben wir endlich das Eingangstor des *Shwe In Bin*-Klosters entdeckt. Den schnörkelreichen Namen in burmesischer Schrift über dem Torbogen können wir zwar nicht lesen, aber es muss hier sein – wenn ich den Betelmann gerade richtig interpretiert habe. Unsere Fahrräder stellen wir ab, ohne sie abschließen zu können. Wir haben schlicht keine Schlösser mitbekommen.

»Die Leute hier glauben an Karma und Wiedergeburt«, sagt Paulina. »Da wird uns niemand beklauen und riskieren, als Käfer auf die Welt zu kommen.«

Das leuchtet mir ein. Wir streifen – so gebietet es der religiöse Respekt – unsere Flipflops ab und betreten die heilige Stätte, die zu dieser Zeit verwaist ist. Wir waten barfuß durch den Staub bis wir das *Herzstück* dieses Klosters betreten: ein Gebäude aus Teakholz mit roten Balustraden. Das Innere ist reich verziert und ärmlich beleuchtet. Goldene Buddha-Statuen reflektieren das wenige Licht, das es hier hereinschafft. Bis auf das Knarzen des Holzes herrscht Stille. Es ist angenehm kühl. Ein idealer Ort zum Meditieren, wenn wir nicht zu unseren Fahrrädern zurückmüssten: Bald wird es dunkel.

Die Räder stehen bei unserer Rückkehr unversehrt vor dem Eingang. Gutes Karma. Auf den Straßen herrscht Verkehr. Zum Glück sind wir beide geübte Radfahrer – in Berlin legen wir fast täglich unseren Arbeitsweg auf diese Art zurück. Für Paulina ist dieses Verkehrsmittel in den zwölf Jahren, die sie in Deutschland wohnt, zur Normalität geworden. In ihrer Heimat Mexiko-Stadt galt es bis vor wenigen Jahren als Suizidversuch, sich mit dem Fahrrad durch den Verkehr zu schlagen.

Auf der Reise mieten wir uns mehrfach Fahrräder. So fahren wir durch das Township *Soweto* in Johannesburg, radeln auf einem Tandem über die *Sydney Harbour Bridge,* entdecken die Innenstadt Bogotas auf zwei Rädern und umrunden auf kommunistischen Drahteseln den Westsee *Xī Hú* im chinesischen Huangzhou. Die Vorteile dieses Transportmittels: das unmittelbare Erleben der Umgebung in einer Weise, die auch in ärmeren Ländern als sympathisch, auf Augenhöhe wahrgenommen wird. Das ermöglicht Begegnungen außerhalb touristischer Pfade.

In Nyaung Shwe, einem Ort am bereits beschriebenen Inle See in Burma, radle ich allein auf einem Feldweg – vorbei an Reisfeldern, Siedlungen und brennendem Plastikmüll, als sich mir einige der Dorfbewohner in den Weg stellen. Kurzer Schreckmoment. Aber wie es scheint, halten sie mich nur an, um mich näher anzuschauen. Ich falte die Hände wie zum Gebet ungefähr auf Nasenhöhe und verbeuge mich leicht. In Thailand heißt diese Begrüßung *Wai* und ist in vielen südostasiatischen Ländern üblich. Wohl nicht in Burma, wie ich später erfahre. Die beiden jungen Männer erwidern meinen Gruß jedoch freundlicherweise und lassen mich gewähren.

Aber zurück nach Mandalay. Am nächsten Tag wollen wir unseren traumhaften Fahrradausflug toppen und rüsten – à la Flashpacker – ein wenig auf: Wir mieten uns ein Moped, um die Umgebung der Stadt kennenzulernen.

Das Schönste an dieser Stadt lässt sich schnell benennen: Es ist der Name. *Mändälädäy* – es klingt wie ein südostasiatischer Traum. Tatsächlich ist die Anderthalbmillionenstadt ein Moloch.

Das hässliche Gesicht Mandalays offenbart sich uns, als wir mit dem Moped auf eine der Hauptstraßen abbiegen. Die Stadt brodelt vor Hitze und spuckt regelmäßig Staub wie eine Dampflock.

An jeder Kreuzung drängeln sich Dutzende von Mopeds vor und neben Autos. In der Umgebung von den Kleinbussen, die eine schwer abzuschätzende Anzahl von Menschen transportieren, ist Obacht geboten: Die Schaffner und auch der ein oder andere Passagier spucken ihren Betelnussspeichel gekonnt in roten Fontänen auf den Asphalt.

Unsere Rollen verteilen wir beim Moped übrigens klassisch. Paulina sitzt auf dem Sozius und hält sich an mir fest. Besser gesagt: Sie umklammert mich mit aller Kraft, weil ich die Gangschaltung noch nicht reibungslos mit dem Fuß bediene – und der Motorroller ab und zu bockt wie ein Hengst beim Rodeo.

Sobald wir die Stadtgrenze erreicht haben, flaut der Verkehr ab. Wir entspannen uns. Ich beschleunige auf 60 km/h, singe »*Born to be wild*« und Paulina knipst uns mit ihrem Telefon beim Cruisen auf der burmesischen Landstraße.

Unser Ziel ist der Ort *Amarapura,* wo es die längste Teakholzbrücke der Welt zu besichtigen gibt. Zum Glück verfahren wir uns auf dem Weg dorthin und lernen so das vielleicht zehnjährige Mädchen Sandha kennen. Ihre Familie verkauft Mopedbenzin in Colaflaschen vor einer zunächst unscheinbaren Tempelanlage.

»Können wir dort hinein?«, frage ich die familiäre Runde, während ich eine benzinfreie Cola trinke. Ratlose Blicke. Der Tempel scheint nicht für die Öffentlichkeit zugänglich zu sein. Aber die zierliche Tochter mit kunstvollem *Thanakha* im Gesicht, wird geschickt, die Fremden durch das Heiligtum zu führen. Frauen und junge Mädchen, und auch manche Jungen, bemalen in Burma ihre Gesichter großflächig oder in Streifen mit dieser gelblichen Paste. Das *Thanakha,* das aus der Rinde eines heimischen Baumes hergestellt wird, gilt als Mittel der Hautpflege, Sonnenschutz und als Make-up, das die Haut aufhellt. Auch die Burmesinnen streben wie der Großteil der Frauen im restlichen Südostasien einen möglichst blassen Teint an.

Das Mädchen mit dem Thanakha stellt sich als Sandha vor. Ansonsten gestalten sich die Verständigung schwierig. Auch hat sie wenig Vorstellung davon, wo die Länder Mexiko und Deutschland liegen mögen. Umgekehrt sind unsere Kenntnisse des Buddhismus arg limitiert. Wir lächeln all das gegenseitig weg, und sie führt uns durch die Tempelanlage. Das Auffälligste hier: eine Stille, als würden wir durch Watte laufen. Sandha erklärt uns mit gedämpfter Stimme die Heiligtümer, kniet immer wieder nieder und betet vor einer der Buddha-Statuen. Der akustische Kontrast einige eifrige Verbeugungen und eine Spende später: Ich schmeiße die Maschine des Motorrads an. Um ehrlich zu sein, ich versuche es zunächst drei-, viermal. Ich lege mein gesamtes Gewicht in den Fuß, um den Kickstarter schnell nach unten zu drücken. Paulina blickt vermutlich ungeduldig vom Sozius aus auf meinen Rücken. Die zierliche Sandha macht sich bereits auf den Weg, um mich zu unterstützen. Da knattert der Motor endlich und brummt so erleichtert, wie ich es bin.

»Kann es ein besseres Transportmittel als ein Moped geben?«, fragen wir uns, als wir mit diesen Eindrücken die U-Bein-Brücke erreichen. Dieses 1,2 Kilometer lange Bretterwerk ließ der Bürgermeister im Jahr 1850 erbauen. Gerade angekommen, entdecken wir eine dreiköpfige Gruppe westlicher Touristen. Sie werden von einem Reiseführer zu einem Van geleitet. Wie etwa in Südafrika oder Sri Lanka kann man hier in Burma für, gemessen am europäischen Geldbeutel, kleines Geld einen Fahrer engagieren, der einen im Van durchs Land kutschiert.

»Hätten wir das auch machen sollen?«, frage ich Paulina, als ich sehe, wie die Reisegruppe beim Einsteigen in das klimatisierte Fahrzeug gekühlte Getränke erhält.

»Was ist los, Backpacker?«, fragt Paulina.

»Ich mein ja nur, du magst es doch gern so bequem.«

»Für mich ist alles super so.«

»Für mich auch, hatte gedacht, dir wäre zu heiß.«

»Nö.«

Ich merke, wie der Staub an meinem Schweiß festklebt – und denke an ein paniertes Schnitzel.

Muss der Weg also ein steiniger sein, damit sich die Reise authentisch anfühlt?

Zeit darüber nachzudenken habe ich auf dem Schiff *River Princess,* das uns im Anschluss einige Tage vorbei an üppigem Grün und Buddha-Statuen den Irrawady-Fluß abwärtsschippert – in das Tempel-El-Dorado Bagan. Immerhin haben wir nicht das billigere *Slow Boat* genommen. Unterwegs winken wir einigen Backpackern zu, als wir solch einen Rostdampfer überholen. Sie vegetieren auf dem Deck zwischen Kisten herum. So sind die armen Typen dann mehrere Tage unterwegs, während wir das Ziel in einigen Stunden erreichen.

»Das wäre vielleicht auch ganz lustig gewesen«, sagt Paulina. Ich antworte »Mmhmmh« und denke: Was ist hier los? Versteckte Kamera? Frau vertauscht? Malaria-Delirium? Ich werde Paulinas Symptome in Bagan weiter beobachten.

Rund 3000 buddhistische Tempel gibt es in Bagan zu besichtigen. Über 200 Jahre lang haben die burmesischen Könige hier religiöse Bauwerke errichtet – wohl auch um sich eine Eintrittskarte fürs Nirwana zu erkaufen. Und das auf einer Fläche ungefähr 40 mal so groß wie das Saarland. Heute ist Bagan gerade zu Sonnenaufgang und Sonnenuntergang ein beliebtes Fotomotiv: So weit das Auge reicht, stehen Tempel in unterschiedlichsten Ausführungen in der ansonsten kargen Landschaft. Darüber schweben Heißluftballons, deren Miete jedoch unser Reisebudget übersteigt.

Meine Vorstellung ist, wir erkunden diese heilige Stätte wie einst *Angkor Wat* in Kambodscha. Damals engagierten wir – zunächst gegen meinen Backpacker-Willen – ein kleines Team, bestehend aus einem Tuk-Tuk-Fahrer sowie einem Reiseführer. So gelangten wir bequem und gut informiert zu den wichtigsten und abgelegenen Tempeln. »Im Reiseführer steht, am besten lässt sich Bagan per Fahrrad erkunden«, sagt Paulina, als wir mit dem Taxi in unserem Hotel ankommen. Vielleicht hat sie Fieber?

Im selben Reiseführer steht, wie ich am Abend des folgenden Tages lese, man solle aufgrund der Temperaturen nur frühmorgens oder abends zu den Tempeln fahren. Gegen halb zwölf – man darf also schon von mittags sprechen – steigen wir am nächsten Tag auf die Räder, die wir vom Hotel ausleihen. Dass mein Hinterrad nur noch über wenig Luft verfügt, merke ich leider zu spät. Läuft ja alles unter Sport. Aber dann höre ich ein Brummen und spüre einen erfrischenden Windhauch. Es ist ein E-Bike, das uns mit betonter Lässigkeit überholt. Darauf: viel zu frische Touristen.

Vor einem Hitzeschlag warnte mich mein Opa regelmäßig, seit meiner ersten Reise in den Süden (wahrscheinlich Bayern). In jedem Reiseführer schildert das Gesundheitskapitel die möglicherweise sogar fatalen Auswirkungen von Überhitzung auf den menschlichen Körper.

An diesem Tag in Bagan verstehe ich zum ersten Mal den ernsthaften Hintergrund dieser Warnungen. Wir strampeln von Pagode zu Buddha zu Tempel zu Pagode. Die Sonne brennt auf uns nieder, ohne auch nur einen Ansatz von Erbarmen zu zeigen. Irgendwann, ungefähr bei Buddha Nummer 126, zeigen Paulina und ich die gleichen Symptome: rasender Puls, Schwindel, leichte Übelkeit und verschwommene Sicht. Ich will nicht sterben, denke ich. Und schon gar nicht so weit entfernt von Niedersachsen und Berlin. Die Rettung finden wir in Form einer Verkaufsstelle für Kaltgetränke im Schatten einiger Bäume. Man reicht uns nasse Servietten, die wir uns in den Nacken und auf die puterroten Wangen legen. Ich denke: Irgendwo da oben fliegen schon die ersten Heißluftballons mit frisch geduschten Touris über Bagan, um den schönsten Sonnenuntergangsmoment zu erwischen. An uns rauschen Vans mit Reisenden vorbei, die vermutlich gerade den Kragen ihres Polohemds hochstellen, weil die Klimaanlage so stark pustet. Ich brauche mehr Komfort, flüstere ich mir möglichst leise in Gedanken zu. Zwei Stunden später liegen wir am Pool unseres Hotels.

»Morgen nehmen wir uns ein E-Bike«, lautet meine klare Ansage. »Sogar einen E-Scooter«, sagt Paulina, »ist gemütlicher und damit sind wir noch schneller.«

Die Welt ist wieder in den Fugen.

Was ist angesichts von Ballons, Mopeds, Fahrrädern, Vans und E-Scootern der Flashpacker-Reisestil? Die Antwort darauf befriedigt erst auf den zweiten Blick: Das muss jeder für sich selbst herausfinden – und unter Umständen auch die ein oder andere Fehlentscheidung akzeptieren. Für uns wirken die Kleingruppen in den Vans gehetzt. Aber gerade wer Hitze nicht gut verträgt oder eben wenig Zeit hat, sollte diese Option wählen. Für uns war der E-Scooter am Ende die optimale Entscheidung: unabhängig, kräfteschonend, kühlender Fahrtwind.

Es gibt beim Flashpacking kein Richtig oder Falsch. Bei organisierten Gruppentouren sind wir eher vorsichtig, ob es uns zu sehr in der Bewegungsfreiheit einschränkt. Eine Reisegruppe war aber zum Beispiel die beste Wahl, als es darum ging, die Chinesische Mauer zu besuchen. Allein hätten wir es niemals zu dem nichtüberfüllten Teil dieses Weltwunders geschafft. Der Weg muss also keinesfalls steinig sein, damit sich ein Land authentisch erleben lässt.

Aber manchmal ist er es einfach. Oder man hat den besten Weg eben nicht gefunden – und fährt Fahrrad statt Scooter. Oder man hat den Fehler begangen und am falschen Ende gespart. Bestes Beispiel dafür: Taxifahrten.

Natürlich ist es möglich, aus dem Nachtbus auszusteigen und die letzten zwei Kilometer zum Hotel oder Hostel zu Fuß zurückzulegen. Der Regen ist ja nicht so dramatisch, mag der Backpacker denken. Und immerhin lassen sich sechs Dollar sparen. Das ist möglich. Aber dann wiederum ist es auch möglich, mit einem Rucksack voller Steine den Himalaya zu besteigen. Kann man machen, ist aber nicht empfehlenswert. Taxi zu fahren ist in vielen Ländern der Erde nicht sonderlich teuer und lohnt sich bisweilen sogar für Strecken von bis zu einer Stunde. Und wo das Taxifahren vergleichsweise viel kostet, dort gibt es meistens ein gut ausgebautes System von U-Bahnen oder Bussen.

Der Flashpacker sucht das jeweils optimale Verkehrsmittel. Dafür muss er manchmal mit Rucksack in einen fahrenden Bus springen. Ein anderes Mal schaut er vom Flugzeug aus auf die Anden hinab – und freut sich, keine 24-Stunden-Bus-Folter über sich ergehen lassen zu müssen.

Flashpacker-Tipps:

- **Abwägen wagen:** Optimal kommst du von A nach B, wenn du das beste Transportmittel für die jeweilige Strecke in puncto Preis, Bequemlichkeit, Sicherheit, Reisedauer und Erlebnisfaktor findest.

- **Alle Flashpacker fliegen hoch:** Es existiert keine Busstrecke auf der Welt, die über einen Zeitraum von 24 Stunden Spaß macht. Wenn ein Flugticket nicht gerade das gesamte Budget aufbraucht: Fliegen!

- **Upgraden statt gerädert ankommen:** Bei Nachtbussen lohnt es sich immer, einen Aufpreis zu zahlen. Auf nächtliche Pannen muss man trotzdem nicht verzichten.

- **Taxis:** Es gibt keinen Grund, den letzten Kilometer vom Bahnhof zur Unterkunft zu Fuß zurückzulegen. Taxi oder Tuk-Tuk nehmen! Falls das in diesem Land teuer ist, gibt es *Uber* oder öffentliche Verkehrsmittel. In manchen Ländern kannst du mit Taxis auch längere Strecken zurücklegen – such dir dazu Mitfahrer!

6. Omm-Faktor

Wie viel Spirituelles verkraftet der Flashpacker?

Jetzt bloß nicht die innere Mitte verlieren: Yoga auf dem Lion's Head in Kapstadt.

MUSIK ZUM LESEN

http://spoti.fi/2oedjhl

iTravel: Wie viel Omm geht, wenn du immer »on« bist?

Wo soll man nur hinschauen: digitale Reiseführerlektüre auf Koh Kradan, Thailand.

Wir treffen uns in genau fünf Tagen um 15 Uhr am Krawattenladen von Atocha. Dann jeweils zur vollen Stunde, falls noch nicht alle da sein sollten.

So lautete unsere Verabredung, bevor wir unsere Rucksäcke im Bahnhof von Madrid buckelten und getrennter Wege gingen. Zwei von uns setzen über nach Marokko, zwei bereisten Andalusien, ich fuhr mit meiner Gitarre im Gepäck zu einem Hippiefestival in den Norden Portugals.

Es war das Jahr 1996, fünf Freunde im Alter von 18 Jahren auf Interrail-Reise durch Südeuropa. Ein Mobiltelefon besaßen damals nur Bundeskanzler Helmut Kohl und der Besitzer der Pizzeria in Neustadt am Rübenberge. Wir konnten uns nicht anrufen, simsen, eine WhatsApp oder eine Nachricht über Facebook oder Snapchat schreiben. Wir hätten allenfalls »über Bande«, über unsere Eltern, miteinander kommunizieren können. Nötig wurde es in den darauffolgenden Tagen nicht. Schon um zwanzig vor drei trafen sich die Freunde aus der niedersächsischen Provinz fünf Tage später an einem Krawattenladen im Atocha-Bahnhof von Madrid. Deutsche Pünktlichkeit.

Selbst eine Reise durch Europa bedeutete damals, von der Heimat fast gänzlich abgeschnitten zu sein. Von einem Münztelefon auf der *Rambla* in Barcelona konnte ich meine Familie auf ihrer vierstelligen Festnetznummer erreichen. Bei dem sogenannten *Rainbow-Festival* in den Bergen Nordportugals war ich einige Tage komplett abgeschnitten von der Welt. Hätte ein Tornado Niedersachsen verwüstet – ich hätte mit 300 Hippies im Kreis unterm Sternenhimmel gestanden, ein *Om* gesummt und nichts davon geahnt.

Diese Zeiten erscheinen weit weg, ein anderes Jahrtausend. Nicht nur, weil in Restaurants damals noch leidenschaftlich geraucht wurde und die schnellsten Computer weniger leisteten als ein Smartphone heute. Sondern vor allem auch, weil es nicht mehr vorstellbar ist, keinerlei Kontakt zu seiner Familie, zu den Freunden, zu haben. Wir sind *always on,* erreichbar und allzeit sendebereit. Wir kündigen auf Facebook an, dass wir in den kommenden zwei Tagen eine Internetpause machen. Wir tragen *Powerbanks* mit uns herum, damit dem Telefon niemals der Saft ausgeht. Wir fotografieren unser Essen, posten Time-Lap-Videos von Radtouren, teilen GIFs, lesen internationale Nachrichten, versichern uns gegenseitig unserer politischen Meinung, verabreden uns als Gruppe zum Grillen und finden mithilfe des Smartphones den Weg dorthin.

Das gilt natürlich nicht nur für zu Hause: Handys funktionieren mittlerweile beinahe überall auf der Welt. Auf unserer Reise waren wir lediglich im Hochland Boliviens für einige Tage ohne Mobilfunkempfang. Ansonsten lassen sich auf Reisen über Roaming, eine SIM-Karte des jeweiligen Landes oder über WLAN-Netze im Hotel die Möglichkeiten des Smartphones fast wie zu Hause ausschöpfen. Insbesondere Flashpacker zeichnen sich dadurch aus, dass sie die aktuellste Technologie in ihrem Rucksack verstaut haben: Smartphone, Tablet, Laptop – nicht wenige schleppen alle drei Geräte um die Welt. Smartwatches und Google-Glasses werden bald genauso zur Standardausrüstung zählen. Auch Backpacker mit dem Anspruch, mit Minimalgepäck zu reisen, zücken ganz selbstverständlich abends im Hostel ihr Smartphone und loggen sich in das WLAN ein.

Es geht nicht mehr um die Frage, *ob* man Devices auf die Reise mitnimmt, sondern *wie* man sie nutzt. Wer heute bewusst auf ein internetfähiges Gerät in seinem Rucksack verzichtet, fällt in die gleiche Kategorie wie die *Amish,* die an der Ostküste der USA durch ihre vorsintflutliche Kleidung und ihre Pferdekutschen auffallen: verschroben-süß. Wer sich der Technologie widersetzen möchte, sehnt sich nach einer Zeit zurück, als der Weltenbummler Hardy Krüger und der Survival-Globetrotter Rüdiger Nehberg in Talkshows über ihre Abenteuer berichteten. Sendungen, die ich als Kind im Schlafanzug gucken durfte, wenn es gerade nicht *Wetten, dass* gab.

Wir befinden uns im Zeitalter des iTravel – dem Reisen mit Netz.

Dieses ständige *On-Sein* verändert die Art, wie wir reisen. Wenn ein Rucksackreisender heute sagt »Da steckt mein ganzes Leben drin«, dann klopft er nicht auf seinen Rucksack, sondern auf sein Smartphone. In E-Mails oder der Cloud haben Reisende alle wichtigen Dokumente digital abgelegt: Pass, Flugtickets, Impfausweis, Versicherungspolicen. Und wer von einer Reise zurückkehrt, könnte seiner Familie und seinen Freunden einfach das Smartphone in die Hand drücken. Darin ist alles gespeichert: Fotos, Videos, Kommentare, ja sogar die Standorte und damit die Route so exakt, wie die amerikanischen Militärsatelliten es jeweils zuließen. Internetfähige Geräte sind der treue Begleiter des Rucksackreisenden: Sie helfen bei der Orientierung, dokumentieren in Bild, Ton und GPS-Daten die Reise und unterhalten den Besitzer mit seiner Lieblingsmusik und Filmen.

Für die Organisation der Reise ist es hilfreich, das Internet zu nutzen: Wie bereits beschrieben, lassen sich Übernachtungen am besten übers Netz buchen. Aber auch Reiseblogs können aktuellere Tipps und Hinweise geben als der Reiseführer. Letzteren speichert man am besten als PDF in einem Cloud-Dienst à la *Dropbox*. So ist der Reiseführer auf allen Geräten verfügbar – und man muss nicht mehr das beleibte Druckwerk durch eine Stadt schleppen. Mit Städte-Apps wiederum kann man auch Offline den Taxifahrer durch die Straßen lotsen – zum Geheimtipp-Restaurant.

Ein weiterer Segen des internetgestützten Reisens ist, dass man über Dienste wie *WhatsApp* mit Familie und Freunden in Kontakt bleibt. Ich schicke ihnen auf unserer Reise in regelmäßigen Abständen unseren Standort. So sind wir zwar 12 000 Kilometer entfernt, aber meine Eltern kennen trotzdem unseren Aufenthaltsort bis auf fünf Meter genau. Umgekehrt erfahre ich, wie das Leben in Deutschland seinen gewohnten Gang geht. Dieses Wissen beruhigt, wenn man weit weg ist.

Wenn das Internet einen besonders stabilen Eindruck macht, rufen Paulina und ich unsere Liebsten via Skype an. An Heiligabend kann ich so mit meinem 95-jährigen Opa sprechen und ihn sehen – im Hintergrund flackert das Feuer im Kamin neben dem Tannenbaum, die Nichten tollen herum, die musikalischen Klassiker dudeln aus dem Radio. Für meinen Großvater in Niedersachsen ist ein Stück Science-Fiction Realität geworden. Wir laufen im T-Shirt durch Lima, ich gehe vor der Bescherung noch surfen. Faszinierende Gleichzeitigkeit.

Ein weiterer Vorteil des Reisens in Zeiten des Internets: Mit neuen Bekanntschaften freundet man sich bei Facebook an und ist so unkompliziert weiterhin in Kontakt – zum Beispiel, um nachzufragen, ob der Touranbieter Soundso vertrauenswürdig ist. Und manchmal sieht man etwa in Thailand die Statusmeldung »Bangkok« eines Freundes und kann sich direkt zu einem Drink verabreden. Paulina und ich sind mit zwei iPhones und einem Laptop unterwegs, den wir auch ab und zu nutzen, um einen Film zu sehen. Wenn ein Hostel gutes Internet hat, streamen wir eine US-Serie oder ich schaue mal *Tatort*.

Kann man sich auf eine fremde Kultur einlassen, wenn man abends Thiel und Börne durch Münster laufen sieht? Kann man Neues er-

leben, wenn man weiß, in welcher Kneipe die Kumpels Fußball gucken – und was die Nichte zum Geburtstag geschenkt bekommen
hat? Wie sehr kann man den Kopf freibekommen, wenn ihn Informationen und Bilder aus der Heimat verstopfen? Und wie intensiv
ist das Erleben, wenn man währenddessen daran denkt, wie sich das
Abenteuer des Tages als Facebook-Post verwerten lässt?

Mit Letzterem geht einher, dass wir Reisenden ein Vielfaches
an Bildern produzieren als noch vor einigen Jahren. Denn die Aussicht auf unmittelbare Veröffentlichung und das damit verbunde-
ne Feedback motiviert die Menschen, noch mehr zu fotografieren.
Das Phänomen ist nicht neu: Der Schweizer Beststellerautor Max
Frisch (»Homo Faber«) beschwerte sich 1934 in einem Essay »Knip-
sen oder sehen?« über die »Dauerknipser«: »Je mehr Fotoapparate
auf der Welt sind, umso weniger Menschenaugen gibt es.« Die Erinnerung bleibe »unterentwickelt«, notiert der damals 23-jährige
Frisch. Wie schlimm steht es 80 Jahre später um unser Erleben auf
Reisen, im iTravel-Zeitalter? Dazu zwei Szenen:

Szene 1, Port Campbell National Park, Australien

Wie hypnotisiert blicken Paulina und ich auf die Kalkfelsen, die
bis zu 60 Meter aus dem indischen Ozean herausragen: die einen wie
Ausrufezeichen, andere wie fette Tintenkleckse. Sie inszenieren sich
so übertrieben in der Brandung, als wollten sie dem Betrachter auf
diesem Podium der Natur etwas Bedeutendes mitteilen. Vielleicht
ist auch dies ein Grund, warum die Australier sie *12 Apostel* getauft
haben. Ob sie von Gott gesandt und zu diesem Dienst abgestellt
wurden oder sie ein geologisches Phänomen sind, darüber gehen die
Meinungen auseinander. Fest steht: Es waren niemals zwölf Felsen,
sondern lediglich neun. Im Jahr 2005 ist einer der Apostel durch das
stete Nagen von Wind und Wellen in sich zusammengebrochen. Da

waren es nur noch acht. Vier bis fünf können Paulina und ich von unserem etwas erhöhten Aussichtspunkt erkennen. »Haltet durch, Jungs!«, möchte man den Felsformationen zurufen. Arm in Arm stehen Paulina und ich einige Meter vor dem Abgrund, den ein kleiner Zaun begrenzt – und beobachten den Kampf zwischen Fels und Meer, wie er sich seit Jahrhunderten hier abspielt.

Der Geräuschpegel dieser Arena in der Brandung verhindert, dass Paulina und ich hören, was auf uns zurollt.

Ich spüre, wie mich plötzlich jemand an der Schulter packt und so stark zur Seite stößt, dass ich Paulina mitreiße. Ärgerlich drehe ich mich um, möchte den Angreifer zur Rede stellen. Doch dann sehe ich, wer sich da in die erste (gerade noch die einzige) Reihe gedrängelt hat: ein vielleicht anderthalb Meter großes, weibliches Persönchen von rund 80 Jahren, mit Pudelmütze, asiatischer Herkunft. Das Meer von Sprachsilben, das auf uns einbricht, verrät, dass die Eindringlinge in unsere Zweisamkeit aus China stammen. Denn die Dame im Oma-Alter ist natürlich nicht allein. Wir sind von einer Reisegruppe umzingelt – und werden, begleitet von Knuffen in die Nieren, in die zweite, dritte und vierte Reihe bugsiert. Ein Knirps von vielleicht vier Jahren haut mir mit seinen Fäustchen gegen den Po, als trainierte er am Sandsack. Wer in der Masse von 1,4 Milliarden Menschen nicht untergehen will, muss wohl früh lernen, sich zu behaupten. Für uns ein Vorgeschmack auf die U-Bahn in Shanghai, die wir einige Wochen später pünktlich zur Rushhour betreten werden.

Mit räumlichem Abstand zum Geschehen bei den Aussie-Aposteln beobachten wir eine Zeiterscheinung, die sich schneller ausbreitet als die Pest im Mittelalter: *Selfiesticks.* Auf diese bis zu einem Meter ausfahrbaren Teleskopstangen schnallt der narzisstische Hobbyfotograf sein Smartphone, um sich vor berühmter Kulisse abzulichten. In diesem Fall die 12 Apostel. Wenn ich recht sehe, besitzen alle Teilnehmer der Reisegruppe eine solche Selbstporträtstange – und nutzen sie ausgiebig. Bis auf die Oma mit Pudelmütze schaut niemand von ihnen direkt aufs Meer. Vielmehr sehen sie die Felsformationen auf dem Bildschirm ihres Smartphones, das sie für die beste Perspektive in die Höhe strecken. Immerhin fragt uns niemand, ob wir ein Foto von ihnen machen. Selbst Selfiesticks haben ihre positive Seite.

Szene 2, Nyaungshwe, Burma

Eine Gruppe von jungen Frauen marschiert in Viererreihen über den staubigen Untergrund. Sie tragen Blumen im Haar, ihre Kleider glitzern rot, golden, rosa, weiß und silber. Auf der Ladefläche eines Pick-ups thront eine Buddha-Statue, die von zwei Teenagern festgehalten wird. Mit Stolz tragen sie Pickelmützen, changierende Gewänder und eckige Schulterdekorationen. *Bobby-Polizist trifft auf Star-Light-Express.* In der Prozession folgen mit Blumenkränzen geschmückte Pferde, auf denen – wie kleine Herrscher – stark geschminkte Jungen und Mädchen sitzen. Ein alter Pferdewagen liefert die Musik: Darauf sind Trommeln und Lautsprecher festgeschnallt, die die Melodien eines nebenherlaufenden Flötenspielers verstärken.

Ich stehe am Rande dieser Parade wie ein Bub, der das erste Mal ein Schützenfest, den Rosenmontagsumzug oder den *Karneval der Kulturen* bestaunt: ohne tiefere Kenntnis, was das bunte Treiben eigentlich genau soll, und mit ebenso großer Faszination. Es ist einer dieser Momente, wo der Verstand nur wenig Worte durch die Synapsen quetscht: *Wooow.* Wenn Walt Disney und die Pixar-Animateure einen fernöstlichen Straßenumzug inszenierten, er sähe exakt so aus.

»Etwas weiter nach links!« Diese Worte reißen mich aus meinem meditativen Glückszustand. Es ist Paulina, die nun mit der Hand wedelt wie ein Regisseur. Meine Frau steht mit ihrem Smartphone wenige Meter entfernt und versucht wohl, den Umzug und mich in einen Bildausschnitt zu zwängen.

»Jetzt mach doch nicht so ein Gesicht!«

»Ich hab keine Lust auf Fotos.«

»Später freust du dich über die Bilder.«

»Aber jetzt will ich nur den Moment genießen.«

»Dann mach das doch, anstatt mich anzumotzen.«

»Ich motze gar nicht, ich will nur meine Ruhe haben.«

Wie so viele Auseinandersetzungen zwischen Paaren klingt auch dieser Disput nach einem Sketch von Loriot. In der Situation ist es für die Betroffenen weniger humorig. Es ist der einzige von 187 Tagen, an dem wir kein weiteres Wort miteinander wechseln.

Am Ende ist es sehr individuell, ab wann Fotografieren das eigene Erleben beschränkt. Zumindest sind Paulina und ich am nächsten Morgen zu dieser Erkenntnis gelangt. Sie knipst so viel sie mag und gibt mir möglichst nicht das Gefühl, an einem Fotoshooting teilzunehmen. Über die Fotos von dem burmesischen Straßenumzug freue ich mich übrigens später sehr. Nur blicke ich ein wenig grimmig drein.

Wie viel Omm geht also, wenn man immer on ist?

Eine Reise unterscheidet sich im Kern nicht vom Alltag daheim. Es gibt Menschen, die bei jedem Essen, Spaziergang, Ausflug oder Kneipenbesuch darüber nachdenken, wie sich ihr Erleben am erfolgreichsten (also maximale Like-Zahl) mit den Freunden und Followern in den sozialen Medien aufbereiten lässt. *Leben, um darüber zu posten.* Wer auf einer Reise diese zweite Ebene des Erlebens verhindern möchte, hat zwei Möglichkeiten: Er verzichtet ganz auf das Posten (ich), oder er oder sie durchbricht das Social-Media-Prinzip der Echtzeit (Paulina). Wer nicht aus Gewohnheit sofort am Abend seinen Tag in Wort, Bild und Video unter die Community bringt, senkt sein Sendebedürfnis. Paulina hat sich in diesem Sinne selbst beschränkt und unsere Fotos nach jedem bereisten Land als ein Album auf Facebook gestellt – anstatt täglich einen Schnappschuss zu senden.

Wer in dieser Weise Distanz zur Online-Gemeinschaft hält, ist offen für das, was ich einen Om-Moment nenne: ein erhabenes Gefühl, ein vielleicht sogar spirituelles Erlebnis, das sich am besten ganz ohne valiumähnliche Präparate einstellt. Zum Beispiel als Paulina und ich einige Kilometer von der Küste des mexikanischen Bundesstaats Oaxaca mit einem größeren Beiboot über die Wellen springen. Mit blubberndem Außenborder nähern wir uns langsam einem Sardinenschwarm, als wir die ersten Rückenflossen sehen: zwei Delfine, fünf, zehn. Am Ende sind es mindestens 80 Tümmler, denen wir an diesem Vormittag begegnen. Paulina und ich springen, ohne groß nachzudenken, ins Wasser und hören unter der Oberfläche das Piepsen der Delfine. Bis auf wenige Meter kommen wir an die Tiere heran, wir merken, wie sie uns begutachten, aber Abstand halten. Auf dem Rückweg begleiten uns einige Delfine, spielen rechts und links des Bootes in der Bugwelle. Paulina ist von der Zutraulichkeit dieser Tiere zu Tränen gerührt. Viele Fotos haben wir übrigens nicht davon.

Sind solche Om-Momente wirklich *life-changing,* wie viele Reiseblogger in Versalien notieren? LIFE-CHANGING. Paulina und ich haben uns bereits in Berlin des Verdachts erwehrt, bei unserer Auszeit handele es sich um einen Selbstfindungstrip á la *Eat, pray, love.*

Das ist Backpacker-Folklore, die man nicht nur in Asien beobachten kann. Da hockt der ungeduschte Reisende mit freiem Oberkörper im Schneidersitz am Strand und blickt ins Unendliche. Oder er trommelt sich auf einem Berg in Ektase. Als müsste er einem Bild, das wir von jungen Sinnsuchenden im Kopf haben, entsprechen. Flashpacker, also wir, sitzen vergleichsweise abgeklärt daneben und lesen den Wikipedia-Eintrag *Buddha*.

Wir sind nicht losgezogen, weil wir hofften, religiöse Fragen für uns beantworten zu können. Es war auch nicht unser Anliegen, unseren Körper zu reinigen und unser Unterbewusstsein zu erleuchten. Oder wie ein Kalifornier mir in jenem bolivianischen Café Berlin gesteht: »Ich bin losgezogen, um mich selbst zu finden. Und alles, was ich fand, war die Erkenntnis, dass ich einfach gern reise.«

Karma, Aura und Chakren waren kein Thema für uns, aber wir mussten feststellen: Wenn man monatelang reist, bleiben einige bewegende Momente einfach nicht aus.

In Kapstadt führt uns die deutsche Yogalehrerin Steffi auf den Gipfel des *Lion's Head*. Von dort aus blicken wir auf das Wahrzeichen Tafelberg und versuchen uns am *herabschauenden Hund,* der *Kobra* und natürlich dem *Sonnengruß.* Paulina gelingt es gut, mir ist körperliche Flexibilität nicht gerade in die Wiege gelegt. Aber angesichts der Bergnatur, dem Blick über Stadt und Meer sowie der beruhigenden Wirkung der Yogabewegung möchte auch ich in diesem Moment am liebsten den Erdball umarmen und sagen: »Du bist die beste aller möglichen Welten!«

Wie ein mexikanischer Schamane mein Herz zum Schwitzen brachte.

Tepoztlán, Mexiko

Bereitet die Schwitzhütte vor, in der er unsere Organe verschieben will: ein Schamane im »magischen Dorf« Tepoztlán, Mexiko.

Paulina schreit und lacht zugleich. Eine Trommel summt träge im Vierertakt ein *Hejajaja-Hejajaja* dazu. Ein Mann murmelt in indigener Sprache für uns Unverständliches – mal ruhig, mal aufgeregt, als würde gleich etwas passieren.

Was macht er da nur mit Paulina?, denke ich. Ich starre in die Dunkelheit, erkenne nichts. Es riecht nach Kräutern. Wahrscheinlich besser so. Es ist heiß, mein Herz schlägt so schnell, dass ich nicht ausschließen kann, das Bewusstsein zu verlieren. In der Hand halte ich eine Aloe-Vera-Pflanze, die die Haut kühlen soll. Es nützt nichts. Dann merke ich, wie der Mann zu mir herübertritt.

Er ist ein Schamane, ein mexikanischer Heiler, der uns in seine Schwitzhütte eingeladen hat: ins traditionelle *Temazcal*. In der Lehmhütte sitzen meine Eltern, die wir hier in Mexiko treffen, Paulinas Vater mit seiner Frau und ihr Bruder mit seiner Freundin. Es geht nicht um Wellness und Entspannung, wie ich am eigenen Leibe erfahre. Maya und Azteken, die nicht als zimperlich galten, nutzten Hütten dieser Art, um Krankheiten zu heilen. Ich fühlte mich eigentlich recht gesund, bis ich in dieses igluförmige Inferno stieg.

Durch eine Öffnung auf Bodenhöhe kriecht man in die Lehmhütte hinein, die im ovalen Innenraum Platz für rund zehn Personen bietet. Es ist eng, sehr eng, 1,60 Meter Luft bleiben einem nach oben. Kein Entkommen vor der feuchten Hitze.

»Eure Organe werden schwitzen und sich ausdehnen«, erklärte uns der Schamane namens Juan zuvor. Da sah er noch ganz unschamanisch aus: Sommerklamotten, keine Federn, keine Gesichtsbemalungen, sondern ein bedrucktes T-Shirt. »Euer Verstand wird sich dagegen wehren, ihr werdet rauswollen. Aber nur durch das leichte Verschieben der Organe kann ich euch heilen.«

Ich zwinkerte Paulina zu – nicht aus Spott, sondern aus Überheblichkeit. In Deutschland gehen wir oft in die Sauna. Mir kann es da fast nicht warm genug sein. Das Temazcal wird, so erklärt uns Juan, lediglich auf circa 60 Grad erhitzt. Traditionell trägt der Schamanengehilfe, der auch fürs Trommeln zuständig ist, glühende Steine in die Hütte. In unserem Iglu erhitzen Gasflammen die Steine, die während der gesamten Dauer der Zeremonie unter Kräuteraufgüssen zischen. 45 lange Minuten.

Als der Schamane vor mich tritt, habe ich das Zeitgefühl bereits komplett verloren: Sind wir seit 20 Minuten oder zwei Stunden in dieser Hütte? Obwohl er nur wenige Zentimeter vor mir steht, kann ich den Schamanen nur schemenhaft erkennen. Er trägt einen Lendenschurz, aber keinerlei Filmindianer-Accessoires wie Federschmuck. Er murmelt rhythmisch und bewegt sich wie in Trance. Nein, er ist wirklich in Trance. Es erinnert an die alkoholspastischen Bewegungen Joe Cockers bei seinem Woodstock-Auftritt. Nun scheint er zu schimpfen. Kann er auch Gedanken lesen?

Der Schamane beginnt, mich mit einem Kräuterbüschel zu touchieren. Ganz sanft. Nichts, was die Leser von *50 Shades of Grey* erregen würde. Solche Kräuterklopfer habe ich vor Jahren in Ecuador gesehen: Sie sollen den Menschen vom Bösen reinigen. Plötzlich greift mir der Heiler in den Nacken und bohrt mit aller Kraft den Daumen in mein Fleisch. So geht die Tortur also los, denke ich. Bereit für die Schmerzen. Dann tastet er meinen rechten Rippenbogen ab, drückt abschließend an meiner Hand herum. Es ist unangenehm, schmerzt, aber im Vergleich zu Paulina habe ich wohl Glück. Der Schamane spricht einen aufgeregten Sermon und lässt von mir ab. Hat er gesagt: *Hoffnungsloser Fall, da verschwende ich nur meine Zeit?*

So wandert er von einem Familienmitglied zum anderen – mit unterschiedlichen Reaktionen. Meine Mutter bleibt still, mein Vater schreit wie ein Veganer auf dem Schlachthof. Dann endlich öffnet der Gehilfe die Iglu-Tür und hilft uns, herauszukommen. Ich bin wacklig auf den Beinen und froh, dass er mich stützt. Wir legen uns in ein lauwarmes Blubberbecken, lauschen unter der Wasseroberfläche dem Zerplatzen der Blasen. Ich fühle mich, als hätte jemand mir innerlich die Haare ganz gehörig durchgewuschelt.

Dass wir vom Quetschen durch die Temazcal-Tür bis hierher eine symbolische Geburt durchlaufen haben, wird uns der Schamane erst später erklären. Der Puls reguliert sich langsam, Erschöpfung und Entspannung setzen ein. Nach einigen Minuten im wohltemperierten Wasser richte ich mich auf, um den Zustand meiner Familie zu überprüfen. Paulina räkelt sich, bei allen sind erste Bewegungen zu erkennen. Nur mein Vater liegt reglos, den Kopf schlaff am Beckenrand. *Papa!?* Ich hechte zu ihm hinüber und schüttele ihn. Papa? Er schlägt die Augen auf: »Was ist denn?« Er war lediglich eingeschlafen.

Schamane Juan scheint auch erleichtert und berichtet, was er an uns geheilt hat. Ich solle mit meinem Herzen aufpassen. Paulinas Rückenschmerzen (trotz Flashpacker-Komfort) hat er vor allem durch Akupressur an ihrer Hand behandelt.

»Was genau war das gerade?«, ist der häufigste Satz des restlichen Abends. Ist es einem Erwachsenen doch nur noch selten vergönnt, eine neue Erfahrung zu machen, deren Hintergründe und Wirkung er sich nicht ganz erklären kann. Man mag es ein Hokuspokus im Hitzedelirium nennen, Fakt ist: Paulinas Rückenschmerzen sind am nächsten Tag verschwunden. Die Umgebung mag ihren Anteil an der Intensität unseres Temazcal-Abenteuers haben – zumindest wenn man an die Existenz besonders energetischer Orte glaubt.

Wir sind in Tepoztlán, rund 80 Kilometer südlich von Mexiko-Stadt. Der Ort mit rund 15 000 Einwohnern hat ganz offiziell von der Regierung das Siegel *Pueblo Mágico* erhalten – ein staatlich anerkanntes »magisches Dorf« also. Und tatsächlich geht dem Besucher von Tepoztlán schnell das Wort *bezaubernd* über die Lippen: Häuser in kräftigem Rot und Gelb säumen die Straßen aus Kopfsteinpflaster. Auf dem Markt verkaufen Indio-Damen aus den umliegenden Bergdörfern ihre Waren, bieten Alt-Hippies sowie hippe Alternativos aus den USA und Europa ihr Kunsthandwerk und Heilsteine an – und die Heilerinnen und Heiler nehmen Reinigungen gleich vor Ort vor. Sie kurieren unter anderem den »bösen Blick«. Das örtliche Wassereis »Tepoznieves« hingegen hellt die Stimmung auf und heilt Untergewicht.

Etwas höher auf dem Berg *Tepozteco,* bei rund 2000 Metern, steht eine Pyramide, die im 12. Jahrhundert von den Mexica-Stämmen errichtet wurde. Und als wäre es noch nicht genug mit der Magie in diesem Dorf, soll eine halbe Stunde von der Innenstadt entfernt ein energetischer Knotenpunkt liegen. Der Dalai-Lama habe, so ist im Internet zu lesen, dies bei einem Besuch im Jahr 2006 bestätigt.

Von diesen Energiequellen gebe es auf dem gesamten Erdball nur wenige, erklärt uns die Dame an der Rezeption des Boutique-Hotels *Hostal de la Luz,* wo wir uns für einige Tage einquartiert haben. Auf diesem Gelände befindet sich auch unser Temazcal. Neben weiteren Schwitzhütten und einem Meditationsraum gibt es hier zwei Pools, einen Whirlpool, gute mexikanische Küche mit ausgezeichneten Weinen aus dem Norden des Landes. Selbstverständlich bietet sich von den traditionell eingerichteten Zimmern ein Blick auf das Bergpanorama, das man durchaus *magisch* nennen darf.

Das *Hostal* hat mit einem Backpacker-Hostel nichts gemein. Es ist die perfekte Option für den Flashpacker, der sich ein oder zwei Nächte Boutique-Luxus gönnen möchte – und bei komfortablem Übernachten ein Abenteuer in Form des Temazcals erleben kann. Schamane und Klimaanlage.

Das Hotel in Tepoztlán ist einerseits sehr mexikanisch-folkloristisch. Andererseits folgt das Design einem internationalen Megatrend: die Vereinnahmung fernöstlicher Traditionen und das Zitieren von buddhistischen Symbolen. Hier und da sind Buddha-Figuren zwang-

los in die Architektur des Außenbereichs integriert. Diesen religiösen Lifestyle-Crossover kann man auf der ganzen Welt besichtigen.
In der Berlin-Mitte-Therme stehen Buddha-Figuren, Steine mit asiatischen Inschriften etc. einfach für Gelassenheit, für Entspannung
und irgendwie fernöstliche Einheit von Geist und Körper. Grob. Mit
dieser deutschen Prägung und dem Eindruck, dass Yoga, Meditation
und wohl auch Fengshui das Leben verbessern und verlängern, sind
wir dorthin gereist, wo der Exportschlager herkommt: in buddhis-
tisch geprägte Länder.

Beim Buddha: Wie ich einen Hügel hinaufpilgere und kein Kloster zum Meditieren finde.

Mandalay, Burma

Buddhistische Begleitung für 1700 Stufen: Kaung (links) steigt mit mir den Mandalay Hill hinauf, erklärt mir Religiöses und stellt mir seinen Bruder vor. Am Liebsten spielen sie Fußball.

»Willst du nicht doch mit mir zu Fuß gehen?«, rufe ich nach vorn. Wir sitzen auf einem inoffiziellen Motorradtaxi in Mandalay – selbst zu fahren, habe ich in dieser Stadt aufgegeben. Das heißt aber auch, dass wir uns zu dritt auf die Sitzbank quetschen: der Fahrer, Paulina und ich, der versucht, nicht nach hinten wegzurutschen. »Auf keinen Fall«, antwortet Paulina rigoroser als nötig. »Ich warte oben auf dich!«

Es geht um den Aufstieg zum Gipfel des *Mandalay Hill,* eine rund 240 Meter hohe Erhebung in der alten Königsstadt Burmas. 1700 Stufen führen hinauf zur *Sutaungpyei-Pagoda,* die insbesondere wegen ihrer Terrasse mit Panoramablick über Mandalay und auf die mit Stupas gesprenkelte Landschaft beliebt ist. Gerade bei Sonnenuntergang soll sich der Besuch lohnen. Den Weg dorthin zurückzulegen, gilt für Buddhisten als »lobenswerte Tat« und für Backpacker als eine Erfahrung, die sie in Blogs als *spirituell* beschreiben. Ich für meinen Teil laufe einfach gern.

Am Fuß des Hügels empfangen uns zwei weiß-goldene Drachenlöwen – die mythischen Wächterfiguren *Chinthes,* die einen zum Beispiel auch auf burmesischen Geldscheinen (Währung: *Kyat*) angrinsen. Ich lasse mich vom Motorrad rutschen und reiche Paulina meine Flipflops. Den Weg vorbei an einigen buddhistischen Heiligtümern muss man selbstverständlich barfuß laufen. Paulina braust mit dem Motorradtaxi davon, und ich stehe auf der ersten Stufe und blicke hinauf. Die Treppe verläuft anfangs steil nach oben und ist durchgängig überdacht, um die Pilger vor der Sonne zu schützen. Jetzt am frühen Abend liegt der Aufstieg ohnehin im Schatten, und andere Wanderer sind auch nicht zu sehen. Kaum habe ich die Drachenlöwen (oder Löwendrachen?) passiert, bin ich völlig allein. Selbst der Großstadtlärm versiegt nach wenigen Minuten. Ich trage das, was Paulina und ich Tempelhose nennen: eine dunkelrote Stoffhose mit Baggy-Schnitt, die man benötigt, um respektvoll heilige Stätten zu betreten – und die verdammt bequem ist.

Ich stapfe die Stufen hinauf und fühle mich wie ein Karateschüler, der von seinem Meister zuallererst Demut gelehrt bekommt. Das beinhaltet – zumindest in Filmen – meist exzessiv einen Berg hinaufzulaufen. Ich erreiche meinen ersten Buddha auf diesem Weg: Es ist eine haushohe, vergoldete Statue, die mit einem Arm in Richtung Mandalay zeigt. Der Legende zufolge war Buddha genau an dieser Stelle und prophezeite, dass im Jahr 2400 buddhistischer Zeitrechnung, nach unserem Kalender 1857, hier eine bedeutende Stadt errichtet werde. Und tatsächlich machte König Mindon in jenem Jahr Mandalay zur Hauptstadt seines Reichs. Self-fulfilling prophecy.

Der Buddha, der mir bei meinem Aufstieg begegnet, ist übrigens nicht der adipöse Herr, der zum Inventar deutscher Chinarestaurants gehört. Hier ist es ein feingliedriger Mann mit androgynem Gesicht und auffallend langen Ohrläppchen. Paulina und ich haben ihn in unterschiedlichen Haltungen und Posen kennengelernt – jede mit ihrer eigenen religiösen Bedeutung. Am eindrücklichsten finden wir die *Hört-auf-zu-kämpfen-Geste,* bei der Buddha die Handflächen auf Brusthöhe ausstreckt. Diese kann er sitzend oder stehend ausführen. Sehr sympathisch erscheint mir der *Liegende Buddha,* der seinen Kopf lässig auf den rechten Arm stützt. Den wohl berühmtesten dieser Art haben wir in Bangkoks *Wat Pho*-Tempel gesehen. Einen der längsten können wir in Yangon bewundern: Von der edelsteinbesetzten Krone bis zu den mit Symbolen verzierten Fußsohlen erstreckt sich die Figur im Chaukhtatgyi-Tempel über 65 Meter. Die Geschichte hinter diesem *Liegenden Buddha:* Die Statue eines *Stehenden Buddha* ist an dieser Stelle umgefallen – die Gläubigen sahen das als eindeutiges Zeichen. Der Buddha wollte liegen. Am beeindruckendsten erscheint uns in Sri Lankas *Polonarura* eine liegende Figur, die mit hoher Kunstfertigkeit in einen Felsvorsprung gemeißelt wurde.

Solche Superlative hätten dem historischen Buddha, der lange vor mir den Mandalay-Hügel bestieg, sicher missfallen. Stichwort: Bescheidenheit.

Einige Wochen zuvor hatte ich mir ein Buch über Buddhas Leben in einem Tempel gekauft, das eine amerikanische Autorin aus nicht-religiöser Perspektive verfasst hat. Siddhartha Gautama lebte 500 v.Chr. in Nordindien. Er stammt aus einer wohlhabenden Familie, wohnt in einem Palast, heiratet, seine Frau gebiert einen Sohn. Eines Tages erscheint ihm sein Leben angesichts des Leids in der Welt sinnlos, und er verlässt kurzerhand seine Familie und Heimat. Siddhartha trifft auf seiner Jahre andauernden Wanderschaft viele Gelehrte, lebt seitdem asketisch und hungert sich so schlank, wie er in den Statuen dargestellt wird. Als er unter einer Pappelfeige darüber grübelt, wie er die Welt vom Leid befreien könne und über dieser Frage einnickt, wird er erleuchtet – sein Erwachen, das sogenannte *Bodhi,* wird daher im doppelten Sinne verstanden. Die Pappelfeige wird als *Bodhi Tree* bezeichnet. Und Siddhartha heißt seitdem *Buddha,* der Erwachte eben.

Auch ich erwache. Aus meinen Gedanken nämlich, während ich den *Stehenden Buddha* vom Mandalay-Hügel anschaue. Ich stapfe die Treppen weiter hinauf. Kein Mensch nirgends. Zumindest kann man sich nicht verlaufen, denke ich. Auf dem Pilgerpfad begegne ich stattdessen weiteren Buddha-Figuren. Einer von ihnen betet im Sitzen und schaut dabei zur Seite. Ich lehne mich hinüber, um ihm in die Augen zu schauen. Aus seinem Gesicht spricht Güte und Glück. Das ist es wohl, was die Menschen aus dem Westen so sehr am Buddhismus fasziniert: Die gelassene Herangehensweise ans Leben verspricht Zufriedenheit. Das Meditieren, das gläubige Buddhisten regelmäßig praktizieren, ist im Zuge der spirituellen Fernostsehnsucht der Deutschen bis in die Volkshochschulen hineingeschwappt.

Einen Tag vor meiner Pilgertour bin ich in Mandalay auf der Suche nach dem Original – einem burmesischen Meditationszentrum. Paulina ist wenig begeistert von der Idee, steigt aber mit mir ins Taxi, das uns zum Zentrum mit dem vielversprechenden *Dhamma Mandala* bringt. Graue Mauern, ein schlichter Innenhof – das Zentrum erinnert an eine Kaserne. Wir können einen Blick in einen Meditationsraum erhaschen, der nach alter Schulturnhalle in Deutschland aussieht. In Reih und Glied hocken vielleicht 40 Meditationsschüler auf dem Boden. Auch das Büro dieser Einrichtung entspricht nicht meinen Vorstellungen: Anstatt dass uns jemand mit verklärtem Lächeln und süß säuselnd einen Tee anbietet, heißt es harsch: »Was wollen Sie?«

Der Mann im grauen Anzug ist vielleicht 50, sieht aber aus, als hätte er ebenso lang Amtsschimmel eingeatmet. Das Büro ist eingerichtet wie das Einwohnermeldeamt 1982, nur auf eine Pflanze wurde verzichtet. Hier werde *Vipassana* praktiziert, erklärt uns der Meditationsbeamte. »Sie können gleich hierbleiben.«

»Äh, ich wollte mich zunächst informieren. Gibt es Schnupperkurse?«

»Sie müssen sich für mindestens zehn Tage verpflichten.«

»Oh.«

»Sie müssen einen strikten Tagesablauf und unsere Regeln befolgen.«

»Aha.«

»Aufstehen um 4 Uhr, nach 12 Uhr gibt es nichts mehr zu essen.«

»Mmmh.«

»Halb zehn dann Licht aus. Natürlich dürfen Sie nicht sprechen, außer im Gespräch mit Ihrem Lehrer.«

»Okay.«

»Und Sie dürfen sich keinerlei Vergnügungen hingeben.«

Die machen es einem wirklich sehr schmackhaft, denke ich.

»Bleib ruhig gleich hier, ich fliege auf eine Thai-Insel«, sagt Paulina und zeigt pantomimisch, wie mir der Kopf geschoren wird.

Ich erkundige mich noch pflichtgemäß nach den Kosten (Antwort: null), sage etwas wie »Ich überleg's mir«, als hätte ich ein Hemd im Laden zurücklegen lassen. Dann fahren wir mit dem Taxi ins nächste Meditationszentrum. Und ins nächste. Ich meine in einem dieser immer gleichen Büros sogar schon eine Haarschneidemaschine entdeckt zu haben. Überall heißt es in unterschiedlichen Worten: Vipassana *light* gibt's nicht.

Am Mandalay Hill sehe ich nun aus dem Augenwinkel jemanden, der diese mönchstypische Frisur trägt. »Er schaut auf dich«, sagt ein vielleicht neunjähriger Junge im orangefarbenen Gewand und meint den zur Seite blickenden Buddha.

Er fragt in gebrochenem Englisch, ob er mich den verbleibenden Weg begleiten dürfe. Ich finde die Idee gut. Der Junge, der sich als Kaung vorstellt, kann mir bestimmt etwas über seinen Alltag als Mönch erzählen. Wir steigen die Treppen nun gemeinsam – und er erzählt einfach darauf los. Um, wie er sagt, sein Englisch zu verbessern.

Kaung lebt seit zwei Jahren in einem Kloster in Mandalay. »Ich vermisse meine Eltern sehr«, gesteht er.

Am nächsten Morgen wird er gemeinsam mit seinem älteren Bruder einige Stunden mit dem Bus in seine Heimat zu seiner Familie fahren. Sie wohnen in der Grenzregion zu Thailand, nicht weit vom touristisch erschlossenen *Chiang Rai*. Den Mandalay-Pilgerweg läuft er jedes Jahr ein Mal. Sein Bruder ist schon vorausgegangen.

In Burma ist es üblich, dass vor allem Jungen im Grundschulalter für mindestens ein Jahr in ein Kloster gehen. Insbesondere, wenn die Eltern zu arm sind, um ihre Kinder zu ernähren, bleiben sie länger. Das Leben im Kloster ist strikt. »Wir stehen um vier Uhr morgens auf«, erzählt Kaung. Das kenne ich schon und beneide ihn nicht. Ich vergesse, ihn zu fragen, ob sie auch zum Beispiel Fußball spielen oder nur meditieren. Kaung erklärt mir, was die vielen bunten Lichterketten an manchen Buddha-Statuen in Burma bedeuten. Irgendwas mit Aura und Erleuchtung.

Während wir so den Hügel hinaufwandeln, denke ich an das Konzept von Karma. Soweit ich das verstanden habe, bestimmen meine guten und bösen Taten, was mit mir in diesem sowie in künftigen Leben passiert – als was ich wiedergeboren werde. In Hostels kursiert die Theorie, dass durch das Bewusstsein fürs Karma die Kriminalität in Südostasien trotz hoher Armut vergleichsweise niedrig ist. Ich kann mir das gut vorstellen. Umgekehrt haben Paulina und ich in dieser Region mehrfach Menschen, die sich ausnahmsweise als ganz gemeine Schlitzohren oder Kleinkriminelle herausstellten, entsprechend beschimpft: »*Bad Karma, bad Karma, dude.*« Die hatten das Nirwana aber wohl eh schon auf den Sankt Nimmerleinstag verschoben und zeigten sich wenig beeindruckt.

Mein neuer Freund Kaung dagegen sammelt sicher einige Karma-Punkte, indem er mich den Hügel hinauf begleitet. Trotz einer gewissen Ernsthaftigkeit, die Deutsche in seinem Alter sicher nicht an den Tag legen: Kaung ist in erster Linie kein Mönch, sondern ein ganz normales Kind, das am liebsten spielen möchte. Da komme ich ihm vielleicht auch gerade recht. Wir laufen durch eine rund 50 Meter lange Allee aus improvisierten Kiosken, die den Schildern zufolge vor allem kalte Getränke im Angebot haben. Als Kaung und ich barfuß hier entlanglaufen, ist alles geschlossen, völlig ausgestorben. Nur der Dreck ist geblieben.

Paulina wird Augen machen, wenn ich mit einem kleinen Mönch oben ankomme, denke ich.

Es dauert eine Weile, bis wir Paulina auf dem unübersichtlichen Gelände des Gipfels entdecken. Sie lehnt an einem Zaun und spricht mit einem vielleicht 12-jährigen Jungen, der ein Mönchsgewand trägt. Paulina ist erleichtert, mich zu sehen. Habe ich für die 45-Minuten-Strecke doch fast anderthalb Stunden gebraucht.

»Das ist mein Bruder«, sagt Kaung und blickt zu Paulinas Gesprächspartner.

»Wir haben uns über Meditation und Fußball unterhalten. Sie spielen jeden Tag im Hof des Klosters«, berichtet meine Frau. Was sie wohl zum Ausdruck bringen will: Man muss nicht mühsam einen Hügel hinaufkraxeln. Es ist möglich, mehr oder weniger bequem mit dem Motorrad hochzufahren, die letzten Meter mit einer Rolltreppe zurückzulegen – und trotzdem mit einem Kindermönch ins Gespräch zu kommen.

Der Sonnenuntergang, den wir uns mit den beiden Brüdern gemeinsam anschauen, ist kaum zu sehen. Dieser Tage zünden die Bauern nach altem Brauch ihre Felder an. Wenn ich mich recht an meine Schulzeit erinnere, funktioniert das wie der im Deutschen schön betitelte »Brandrodungswanderfeldbau«. Die Asche wirkt als Dünger. Die Umgebung Mandalays liegt deshalb unter einem dichten Rauchschleier. Aber schließlich geht es an diesem Abend ohnehin mehr um innere Einsichten als Aussichten. Wir nehmen uns auf dem Mandalay Hill fest vor, ein wenig buddhistische Gelassenheit in unseren Berliner Alltag mitzunehmen. Und, um das vorwegzunehmen, es hat wirklich funktioniert: ungefähr drei Wochen lang.

Die Bewohner der Fidschi-Inseln dagegen sind nicht so schnell aus der Ruhe zu bringen. Das Blau der Südsee und das Rauschen der Wellen tragen sicher zu ihrer grundentspannten Lebenseinstellung bei. Aber auch ein zeremonielles Getränk namens *Kava* verhilft den Fidschianern zu ihrem untertourigen Puls und inspiriert sie zu Ukulelen-Musik. Wir haben es ausprobiert. Haben wir so viel Spiritualität verkraftet?

Bula Bula, Bob: Wie wir in der Südsee Göttliches entdecken.

Yasawas, Fidschi

Ukulelen-Solo zum Meeresrauschen und Rauschpfeffer-Trank: So entspannt man in Fidschi richtig.

Glücklich schätzen konnte sich, wer eine Pistole inklusive einer Patrone bekam – bevor er mit dem Beiboot auf einer Insel abgesetzt wurde. Für die Seefahrer des 18. Jahrhunderts war dies zusammen mit dem gefürchteten Kielholen die größtmögliche Strafe für ein

Besatzungsmitglied. Die Munition war lediglich dazu gedacht, dass der Betroffene seiner Perspektivlosigkeit ein Ende setzen konnte.

Diese ersten Momente eines ausgesetzten Seemanns male ich mir aus, als wir in einem Motorschiff an den *Mamanucas* vorbeifahren. Wir sind auf dem Weg von Fidschis Hauptinsel *Viti Levu* Richtung Norden. Die *Mamanucas* sehen aus, als hätte Gott noch einige Brocken Erde übrig gehabt und sie locker in die Südsee geworfen – hier, ungefähr 3000 Kilometer östlich von Australiens *Great Barrier Reef.* Manche der rundlichen Landstückchen erheben sich zu einem spitzen Hügel. Einziges Mobiliar auf den wenigen Quadratmetern: Palmen und Sand. Die Mamanucas wären auch heute noch ein geeigneter Ort, einen Seemann seinem Schicksal zu überlassen. Wer allerdings – so wie ich – vom Deck eines Fährschiffs das türkisfarbene Wasser und die Puderzuckerstrände genießt, erkennt die Grausamkeit der Strafe zunächst nicht.

Was sich hier vor unseren Augen aufbaut wie ein Bildschirmschoner, ist der ultimative Sehnsuchtsort von uns nördlichen Europäern. Auch die Mexikanerin, die neben mir steht und fotografiert, ist begeistert: »Oh, mein Gott!«

Wie bestellt fliegt ein Fischschwarm durch die Luft. Aber ganz allein auf solch einer Insel zu sein, ist wohl nur für ein paar Tage ein spirituelles Erlebnis. Dagegen ist ein burmesisches Schweigekloster ein Kindergeburtstag mit Schnitzeljagd. Irgendwo hier wurde passenderweise der Film *Cast Away* mit Tom Hanks gedreht. Die ursprüngliche Vorlage der Geschichte habe ich schon als Kind mit Begeisterung gelesen und mich zu Robinson und Freitag geträumt. Die einzige Insel, auf die es mich damals hätte verschlagen können, wäre jedoch der Wilhelmstein gewesen – eine künstlich angelegte Insel im Steinhuder Meer. Mit dem Playmobil-Piratenschiff habe ich damals die Meuterei auf der Bounty nachgespielt.

Nach einigen Stunden erreichen wir die *Yasawas* und damit einen Originalschauplatz der Bounty-Geschichte. Denn der erste Europäer, der diese Inselkette zu Gesicht bekam, war William Bligh – der Kapitän der *Bounty*. Genauer gesagt der Exkapitän, denn zu diesem Zeitpunkt hatte seine Crew ihn schon in eine gerade mal sieben Meter lange Barkasse verbannt. Mit elf getreuen Männern schipperte er durch diese Gewässer, die heute zur Republik Fidschi gehören, und legte aus der (berechtigten) Angst vor Kannibalen nicht an. Ich wünschte für Bligh und seine Besatzung, es hätte damals schon Bob Marley gegeben: *Everything's gonna be alright.*

Dieser Teil des Liedes *No woman, no cry* gehört zu den hartnäckigsten Ohrwürmern eines Rucksackreisenden und tönt aus dem Bluetooth-Lautsprecher eines Backpackers, der neben uns auf dem Schiffsdeck liegt und seine Dreadlocks knetet. Bob Marley ist in allen Hostels, an allen Stränden dieser Erde, in Dauerschleife zu hören. Würde ich die Musik des alten Rastafaris mit auf eine einsame Insel nehmen?, frage ich mich. Diese jamaikanische Religion, die man wohl nicht zu Unrecht meist mit Marihuanakonsum in Verbindung bringt, wäre vielleicht ein angemessener Glaube für dieses Südseeidyll.

»Bula, bula«, rufen uns zwei Männer auf einem Dingi zu, das an unserem Schiff anlegt. Hallo, hallo! Nach gut fünf Stunden ist die Insel *Nacula* in Sicht, die unter Reisenden als *Blue Lagoon* bekannt ist, da es dort ein Hotel für 30 Gäste gibt, das so heißt. Außer uns möchte noch ein Paar aus Kalifornien in die Nacula-Bucht. Gemeinsam werden wir auf dem Beiboot die letzten 200 Meter zur Insel gebracht. Am Steg stehen sechs Männer und Frauen, sie singen und klatschen, einer spielt Gitarre. Es klingt für den Südseelaien nach Hawaii. Und es sieht auch alles danach aus: die gemusterten Hemden der Strandsänger, die Blüten hinter ihren Ohren. Seit dem Fidschi-Flughafen trage ich übrigens eine der Muschelketten um den Hals, die dort großzügig verteilt werden. Die Freude der Sänger am Strand scheint echt, als jeder von ihnen uns mit einem großen »*Bula*« an die Brust drückt. Meine Freude ist jedenfalls echt: ein tropisches Inselparadies, Südseemelodien und Menschen, die mich herzen.

Natur, Musik, Menschen – das könnte nicht nur der Titel eines Günther-Jauch-Jahresrückblicks sein. Es sind auch die Zutaten meines Glücksrezepts der kommenden Tage auf Fidschis Yasawa-Inseln. Angesichts der Unterwasserwelt eines Riffes wenige Meter vom Strand entfernt, muss auch ein überzeugter Atheist ins Grübeln kommen. Die Korallenlandschaft, durch die Fische in allen Farben und Formen huschen, kann ohne eine kreative göttliche Hand doch kaum entstanden sein. Das zumindest denke ich, als Paulina und ich mit prustenden Schnorcheln rund 100 Meter von der Küste entfernt diese Welten entdecken. Unter Wasser formen wir im Blickfeld des anderen immer wieder das Okay-O mit Daumen und Zeigefinger, das für uns auch bedeutet: *Oh, wie schön.*

Das Religiöse ist allgegenwärtig. »Listen to the pope«, ruft jemand vom Strand zu uns herüber, als Paulina und ich vom Schnorcheln zurück zum Strand schwimmen wollen. *Hört auf den Papst?* Paulina und ich gucken uns ratlos an. Die Strömung ist ganz schön stark und zieht uns wieder aufs Meer hinaus. »The pope, the pope!« Der Mann am Strand brüllt seine Predigt noch lauter hinaus. Nun fuchtelt er dazu mit den Armen wie ein Fluglotse auf Speed.

»Was will der Mann?«, frage ich Paulina. Aquatisches Achselzucken. Ich versuche mir das Wasser aus den Gehörgängen zu schütteln. *»Take the rope! The rope!«.* Erst jetzt sehen wir, dass die Inselbewohner im Wasser ein Seil gespannt haben, an dem man sich zum Land zurückhangeln kann. Welch göttliche Fügung!

An Land sitzen drei Männer und spielen im Schneidersitz Gitarre und Ukulele. Fast durchgängig dreistimmig intonieren sie den schnörkeligen Südseesound. Das Meer rauscht akkurat im Takt, so wie es das über Jahrtausende einstudiert hat. Die Männer laden Paulina und mich indes mit Gesten in ihre Runde ein. *»Bula, bula!«* Obwohl wir auf der Reise mehrfach Yoga praktizierten, fordert selbst ein Schneidersitz meine Flexibilität der Beine heraus. Was ich aber kann, ist rhythmisch klatschen und mir unbekannte Melodien selbstbewusst mitsummen. Paulina wiegt sich im Takt. Nach jedem Song rührt der Gitarrist mit einer Kelle in einer Schüssel herum, die in unserer Mitte steht. Es stellt sich heraus, wir sind nicht in eine Jamsession geraten, sondern in eine Zeremonie hineingeplatzt. »Kava«, informiert uns der kräftige Gitarrist und zeigt auf eine Brühe in der Schüssel, die aussieht, wie eine schmutzige Pfütze. Natürlich ist dies ein Getränk und zugleich ein Angebot, das wir nicht ablehnen können. Bei der Zeremonie wird das Gebräu herumgereicht und der Natur mit einem kurzen Schrei gedankt. Der Mann mit der Ukulele auf dem Schoß reicht mir das Schälchen weiter, in dem noch ein Schluck Kava dümpelt. Ich kneife die Augen zu und trinke. Kava schmeckt so moderig wie es aussieht. Paulina ist als Nächste dran und schlürft vorsichtig.

Das Getränk wird aus dem sogenannten Rauschpfeffer produziert, der getrocknet, zerstoßen und mit Wasser aufgegossen wird. Der Genuss von Kava soll – der Name der Pflanze legt es nahe – eine berauschende, sedierende Wirkung haben. Ich fühle mich extrem entspannt, aber das mag auch an der Gesamtsituation liegen. Zur Erinnerung: Südsee-Idyll, Melodien mit süßlichen Harmonien, Meeresrauschen, Puderzuckerstrand und Kokospalmen. Wer sich hier nicht fühlt, als würde er eins mit der göttlichen Natur, der hat kein Herz.

»Gott muss hier gewesen sein«, sagt Paulina, als wir später andachtsvoll aufs Meer hinausblicken. Gemeinsam erinnern wir uns an Momente, die uns ähnlich stark berührt haben: die Besteigung des Wayna Picchu, die Fahrten mit Luke durch den Krüger-Nationalpark, die Mondlandschaften der Uyuni-Salzpfanne, die Teeplantagen Sri Lankas. Vielleicht überraschend für uns Komfort-Abenteurer: Viele der beeindruckendsten Reisemomente hatten mit der Natur zu tun.

Wie viel Spiritualität verträgt der Flashpacker nun also? Von diesem seelischen Wattebausch Fidschi kann, so denke ich, niemand genug bekommen. Ob Bounty-Kapitän Bligh ein religiöser Mensch war, weiß ich nicht. Aber dort draußen hat er sich vom Himmel leiten lassen (mit einem Sextanten) und nach fast zwei Monaten auf See einen sicheren Hafen erreicht.

»Ich wünschte, diese Reise würde nie zu Ende gehen«, sagt Paulina. Die Sonne geht unverschämt kitschig unter.

»Ich auch,« antworte ich wie in der Schlussszene der »Waltons«.

Flashpacker-Tipps:

- **Reise mit Netz:** Das Internet vereinfacht die Organisation und den Kontakt nach Hause. Aber Vorsicht: Wer nur an den nächsten Facebook-Post denkt, verpasst die besten Momente. Falls du gefährdet bist, stelle dir selbst klare Regeln auf!

- **Frag nach Buddha:** Fremde Kulturen sind meistens von der jeweiligen Religion geprägt. Sprich mit den Menschen, um etwas darüber zu erfahren. Warum etwa sind die Buddha-Figuren nicht so korpulent wie beim Chinesen an der Ecke?

- **Sag mal Om:** Du möchtest einen Schnupperkurs der Meditationskunst belegen, ganz ohne Schweigen und Fasten? Das geht am besten in Deutschland. Auf der Reise bist du ohnehin entspannt. Für ein spirituelles Gefühl und gegen Schmerzen vom Rucksack, probier's mal mit Yoga!

- **Natürlicher Gottesdienst:** Die bewegendsten Momente wirst du vermutlich weder in einer Bar noch in einem Tempel erleben – sondern irgendwo weit draußen in der Natur. Dann einfach mal Smartphone zur Seite, atmen und genießen. Ommm!

Nachwort

Was bleibt vom Flashpacking –
zurück in der Heimat?

Wir bleiben »on track«: einmal Flashpacker, immer Flashpacker.

MUSIK ZUM LESEN

http://spoti.fi/2p59Fdx

Berlin-Kreuzberg. Es ist Frühling, zum Glück quält die Sonne sich ein wenig durch die Wolken. Paulina und ich flanieren in Winterklamotten durch unser Viertel, den *Graefekiez.* Vorbei an dem Café Goldmarie, in dem wir an jenem regnerischen Tag unser bisher größtes Abenteuer planten: sechs Monate mit dem Rucksack um die Welt. *Weißt du noch?*

Wir sind auch froh, wieder zu Hause zu sein. Ich freute mich auf meine Familie, Freunde, Schnitzel, Brot, Weizenbier. Auf unsere Couch, die Spülmaschine und Leitungswasser.

Unser letzter Stopp war Oman auf der Arabischen Halbinsel. Die *Große Sultan-Qabus-Moschee,* Märkte mit Gewürzhäufchen an jedem Stand, Teppichen, Burkinis, Wasserpfeifen und 1001-Nacht-Krimskrams – in der Hauptstadt Maskat erleben wir erstmals arabische Kultur. Und so bekommen wir Lust, weiter zu reisen, muslimisch geprägte Länder und die Wüste zu erkunden. Ohnehin ist das einzige Souvenir, das wir nach sechs Monaten mitbringen, eine lange Bucket List mit Ländern und Regionen, die wir eines Tages bereisen wollen: von Mosambik über Patagonien bis nach Papua-Neuguinea. Es gibt mehr auf diesem Erdball, als man in einem Menschenleben entdecken könnte.

Diese Erkenntnis der Unendlichkeit gibt dem Reiselustigen ein gutes Gefühl und nährt die Hoffnung auf eine buddhistische Wiedergeburt. Zumindest ist das bei mir so.

»Wie ist es zurückzukommen?«, fragen uns Freunde.

Anfangs schwieriger als gedacht.

»Stell dir vor, du nimmst sechs Monate jeden Tag eine euphorisierende Droge und hörst dann plötzlich damit auf«, antworte ich. *Reiseentzug.*

»Hat euch die Auszeit verändert?«, fragen andere.

Wir sprechen nicht mit neu erworbenem Akzent, wie manch einer nach wenigen Monaten in den USA. Wir fremdeln nicht völlig mit der deutschen Kultur und beginnen Sätze mit: »Ja, aber in Aaaasien.« Mein Bart ist noch lang, einige Armbänder aus Südamerika bleiben am Handgelenk. Aber die Sonnenbräune hält bei mir nur einige Tage, bei Paulina einige Wochen. Die Gelassenheit verblasst mit ähnlicher Geschwindigkeit. Was bleibt also vom Flashpacking, wenn man zurück ist in der Heimat?

Flashpacker sind überall.
Wir erreichen die Admiralbrücke, die über den Berliner Landwehrkanal führt. Auf Pollern, die ursprünglich nur den Verkehr beruhigen sollten, und auf dem Boden daneben sitzen junge Menschen und trinken Bier. Jemand spielt Gitarre und singt mit französischem Zungenschlag einen Bob-Marley-Klassiker (*Redemption Song*). Zwei Spanier mit Reiserucksäcken laufen an uns vorbei, blicken auf ihr Smartphone und suchen wahrscheinlich ihre Airbnb-Unterkunft. Wie ein Wasserfall klingt es, als zwei blonde Mädchen in Outdoorjacken mit ihren Rollkoffern an uns vorbeirauschen. Wir machen in dem Gemurmel auf der Brücke einige Gesprächsfetzen aus: »*Where are you from? What's your favourite German beer?*«

Backpacker, Städtereisende, Partytouristen, Menschen aus dem Kiez – vor unserer Haustür in Berlin versammeln sich die unterschiedlichsten Typen, die wir von der Reise kennen. Ein Pärchen hat eine Decke ausgebreitet, holt Rotwein, Brot und Käse aus seinem Gepäck. Flashpacker vielleicht. Jetzt sind wir die Locals. Die Reisenden zu beobachten lässt uns unser Zuhause neu erleben. Ob Berlin, Hamburg oder Bad Salzuflen – wer sich mit Reisenden umgibt, fühlt sich, als wäre er unterwegs.

Wir setzen uns neben den Franzosen, der mittlerweile *Knocking on heaven's door* intoniert, und reden über die Zukunft, die nächste Reise. »Auf gar keinen Fall«, sagt Paulina und bewegt den Kopf so heftig, als müsste sie eine Mücke von der Nase schütteln. Ich hatte lediglich vorgeschlagen, unsere kabinengenormten Rollkoffer zu entstauben, und auf eine beliebte Mittelmeerinsel zu reisen. *Als Pauschalurlaub.*

»Nein, nein, nein«, sagt Paulina und wischt auf ihre schwer nachzuahmende Weise mit der Hand harsch durch die Luft. »Wir sind Flashpacker!«

Dabei gehe es nicht um die Frage: Rollkoffer oder Rucksack. »Flashpacking – das ist eine Einstellung, wie man reist«, doziert Pau. Weder Pauschalurlaub noch das Leiden eines Backpackers. Die Art des Gepäcks ist unerheblich. Wir hätten unsere Reise vermutlich auch mit zwei Koffern bestreiten können. Der Rucksack ist zum einen oftmals praktisch, zum anderen ist er ein Symbol dafür, dass der Reisende authentische Erfahrungen sammeln möchte.

Paulina und ich haben unseren Reisestil gefunden: Wir sind Komfort-Abenteurer. Was das im Detail bedeutet, bestimmen wir von Fall zu Fall neu. So wie wir auch unseren Alltag immer wieder feintunen. Denn unser Leben, das weiß auch der schlechteste Philosoph, ist schließlich eine Reise. Und deshalb lassen sich insbesondere als Flashpacker Dinge unterwegs lernen, die sich auch in der Heimat als nützlich erweisen: eine Balance zwischen Komfort und Abenteuer zu finden beispielsweise.

»Dann machen wir Flashpacking auf Mallorca«, sage ich zu Paulina auf Kreuzbergs Admiralbrücke. Wir bleiben, was wir sind: Flashpacker. Im Alltag genauso wie auf zweiwöchigen Reisen – oder bei der nächsten Weltumrundung.

Anhang

Paulinas Packtipps.

für Flashpacker

Die Meisterin am Werk: Paulina bei Schritt eins des Rucksackpackens.

»Mein Gott, dein Gepäck ist so schwer, hast du da Steine anstatt Klamotten drin?«

Das höre ich oft von meinem Mann Sascha, wenn er mir hilft, meinen Koffer die Treppen herunterzutragen. Ich muss zugeben, ich gehöre zu jenen Menschen, die einfach zu viel für den Urlaub einpacken. Viel mehr, als ich eigentlich benötige. Man kann sich vorstellen, wie ich mit dem Rucksack vor dem Kleiderschrank stand, als es darum ging, eine Auswahl für eine sechsmonatige Weltreise zu treffen: für unterschiedliche Klimazonen, Anlässe und Umgebungen (Stadt, Strand, Dschungel etc.). Und natürlich gibt es als Flashpacker auch Situationen, in denen man ein Outfit braucht, das nicht zum Himmel schreit: »Ich reise monatelang mit dem Rucksack.«

Ich habe am Ende gute Lösungen gefunden, die ich gern mit dir teilen möchte. Dabei geht es nicht nur darum, möglichst leicht zu reisen. Auch ist es wichtig, so zu packen, dass man effizient und unkompliziert bestimmte Sachen herausnehmen kann. Hier meine drei goldenen Packregeln:

- 1. Unabhängig davon, was du am Ende einpackst: **Packe niemals mehr als zwölf Kilo!** Ich habe mich (fast immer) an dieses Limit gehalten und fühlte mich in meiner Auswahl nicht eingeschränkt. Denk dran: Du kannst dir auf der Reise alles kaufen und das oftmals günstiger als in Deutschland. Gewicht reduzieren und etwas Gutes tun auf der Reise geht ganz leicht: Verschenke zwischendurch deine Klamotten!

- 2. **Packe nur Wäsche für eine Woche,** waschen musst du sowieso! In vielen Ländern bezahlst du einen Preis pro Kilo für einen kompletten Service inklusive bügeln.

- 3. **Packe deine Kleidung in unterschiedliche Beutel,** zum Beispiel sortiert nach dem jeweiligen Einsatzgebiet: Klamotten für heißes Wetter, für die Stadt etc. Das spart Zeit, und deine Kleidung bleibt in den Beuteln frisch. Dazu eignen sich beispielsweise Jute- oder andere Stoffbeutel. In Outdoorläden gibt es auch spezielle Kompressionsbeutel.

Und jetzt verrate ich dir mein größtes Geheimnis. Hier ist meine **Packliste:**

- 6 T-Shirts
- 2 Röcke / für Männer: Shorts
- 1 Jeans
- 1 lange, leichte Baumwollhose (z. B. für Tempelbesuche)
- 1 semiförmliches Kleid / für Männer: Hemd
- 1 Pullover
- 1 Regenjacke
- Unterwäsche für eine Woche
- Bikini / für Männer: Badehose
- 3 Paar Socken
- Flipflops
- Sehr bequeme, offene Schuhe (z. B. Birkenstock)
- 1x Ballerinas
- Leichter Trekking- / Wanderschuh
- 1x Reisehandtuch (aus Mikrofaser, trocknet schnell)
- 1x Jugendherbergsschlafsack (dünner Baumwollrucksack)
- Sonnenhut
- Sonnenbrille
- die nötigsten Badutensilien (müssen in ein Reisenecessaire passen)
- Laptop / Smartphone
- Beachte: Mückenspray bekommt man überall auf der Welt. Gute Sonnencreme (ohne Whitening-Effekt) gibt es dagegen nicht überall. Hinzu kommt noch eine Reiseapotheke, die man sich individuell zusammenstellen lassen sollte.

Und das ist schon alles. So hast du Kleidung für alle Anlässe: vom Streetfood-Stand bis zum schicken Restaurant.

Ich wünsche dir, dass du das befreiende Gefühl genießen wirst, alles, was du brauchst, in nur einer Tasche zu haben.

Paulina González Tiburcio Sanchez

Danke an …

- meine Eltern Monika und Jochen, die mich immer bei all meinen Ideen unterstützt haben – und mich mit dem Reisevirus infizierten, indem sie mich mit 16 ein Jahr in die USA schickten.
- Paulina, mit der ich noch 100 Mal um die Welt reisen möchte, die die Idee zu unserer Reise hatte und die mir bei jedem kleinsten Schritt zu diesem Buch geholfen hat.
- meine gesamte Familie in Deutschland und Mexiko.
- Matthias Lohre, der die Idee hatte, ich könnte doch mal über die Reise schreiben.
- Natalie Tenberg von der Agentur Wenner, die der Idee mit offenem Ohr und guten Einfällen in die Realität verhalf.
- Johannes Engelke, meinen Lektor vom Goldmann-Verlag, dass er sich hat begeistern lassen und andere begeistern konnte.
- meine Patentante Marta dafür, dass sie mir meinen ersten Schlafsack für eine Reise schenkte, und dass sie mir ihr griechisches Haus zum Schriftstellerspielen überlassen hat.
- meinen Arbeitgeber, *Zum Goldenen Hirschen,* dafür, dass die Jungs das Projekt unterstützt und mir die nötige Zeit freigeräumt haben.
- alle, die uns mit Reisetipps versorgt haben, vor allem Jan und Olli.
- alle, die Hinweise und Feedback gegeben haben, insbesondere Lukas, Andi, Helge, Jeff, Chris, Christian, Sebastian, Nils und Jan Leube.
- alle, mit denen wir gereist sind und bei denen wir untergekommen sind: Familie Remmers, Karina, Carl, John und Susann Foord, die Youngs, die Frumkins, Nati, Marcos-Daniel, Mrudula, Pablo, Mapi, Tim, Hannah, Naomi, Sam, Felix, Finn, Desi, Santi …
- Siebrand Rehberg für das Autorenfoto.

Länderverzeichnis

- Argentinien, S. 65, 176, 205
- Australien, S. 176, 213, 244
- Bolivien, S. 18, 96
- Brasilien, S. 41
- Burma, S. 74, 135, 205, 224, 246, 256
- China, S. 162
- Fidschi, S. 265
- Kolumbien, S. 168
- Mexiko, S. 120, 155, 250
- Oman, S. 147, 247
- Peru, S. 81, 115, 150, 182, 198
- Sri Lanka, S. 46, 58 189
- Südafrika, S. 29, 108, 146
- Thailand, S. 63, 135
- USA, S. 146, 185

Register

Aguas Calientes 81, 90
Airbnb 59 ff.
Anden 69, 71
Architektur, koloniale 19
Argentinien 65, 205
Around-the-World-Ticket 16, 203
Arugam Bay 193
Australien 176, 213, 218, 244

Bagan 224
Bangkok 63, 135, 138, 140
Barber Shop 179 f.
Betelnuss 226 f.
Bewertungen 42, 78
Bier 184 f.
Bogota 228
Bolivien 36, 97
Boutiquehotel 22, 70, 73, 78
Brasilien 41
Bucket List 94, 202
Buddha 258 ff.
Buenos Aires 67, 203 f.
Burma (Myanmar) 205, 224, 227, 231, 246, 256

China 162 f.
Colombo 48
Córdoba 205, 209, 211
Couchsurfing 60
Cusco 81, 86 ff., 151, 199

Digital Nomad 70
Dschungelführer 43 f.
Dschungelwanderung 17
Durchfallkrankheiten 21, 138

Fidschi 39, 201, 265, 268
Funktionskleidung 32

Galle 48
Gästehaus 44
Gauchofolklore 70
Giftschlange 44
Glamping 98, 107

Hängematte 36, 44, 65 f., 71
Haputale 192
Himalaya 15
Holzhütte 32
Hostel 18, 37, 42, 62, 65 f., 78, 90, 140, 143
Hotel 37, 65 ff., 78
Hotelrezensionen 70

Huacachina 115 ff.
Huangzhou 162 f., 228

Ica 176
Ilha Grande 41 ff.
Inca Trail 81, 85, 89, 95
Infinitypool 77, 169
Inle See 135, 141, 229
Internet 18, 91, 112
Interrail-Ticket 209

Jeeptour 97

Kaffee 168 ff.
Kapstadt 109 f., 145, 237
Kingsize-Doppelbett 50
Klimaanlage 35, 38 f.,45, 56, 137
Kloster 22, 140, 142, 224 ff., 256, 261 ff.
Koka 102
Kolumbien 168
Kriminalität 48
Krüger-Nationalpark 29 f.

La Paz 19, 106
Lima 152
Lodge 45
Luftfeuchtigkeit 43, 75

Machu Picchu 81 ff., 92 f., 199
Madrid 240
Magen-Darm-Probleme 21

Magen-Darm-Trakt 207
Malaria-Prophylaxe-Tablette 34
Mandalay 205, 225, 229, 256 ff.
Meditationszentrum 260
Melbourne 61, 177, 179, 181, 214 f.
Mexiko 120 ff., 230, 250
Mexiko-Stadt 120, 125, 155, 159, 228
Mönch 225 f., 261 ff.
Montería 174
Monwabisi 108, 113
Moskito 36
Moskitonetz 34
Motorrikscha 49
Muizenberg 108, 110, 113 f., 133, 145
Musiktradition, regionale 69
Muskat 147
Myanmar 74, 135

Pauschaltourismus 40
Peru 81, 115, 150, 152, 176, 198
Preis-Leistungs-Verhältnis 38, 42
Privatsphäre 61

Rauschpfeffer 269 f.
Reiseblog(ger) 15, 98, 242
Reisespeisekarte 164 f.
Rollkofferurlauber 66
Rucksackreisende 35, 37, 40, 65 f.

Salar de Uyuni 96 ff.
Salcantay 88, 90
Salento 173
Salta 65, 69, 205, 211
San Antonio 102
Sandboarding 117 f.
Sandrally 117
São Paulo 42 f.
Schlafsack 32, 37
Sehenswürdigkeiten 75
Shanghai 62
Skype 73, 75
Sri-Lanka (Ceylon) 46 ff., 59 f.,
    189, 204, 231, 270
Standard, hygienischer 68
Strandhütte 17
Streetfood 47, 139, 186
Streetfoodmarket 145, 148
Sucre 19
Südafrika 29, 36, 108, 231
Superfood 104
Sydney 181, 216, 220

Telenovela 121 ff.
Tempel 84, 86, 251, 230 ff., 258 f.,
    271
Temperatur 43, 75
Tepoztlán 250, 253 f.

Thailand 63, 135, 261
Thanakha 230
Threewheeler 58 f.
Tilcara 65
Toilettenspülung 52
Township 111, 114, 146
Tuk-Tuk 49, 55, 58, 187, 192 ff.,
    236
Tupíza 96 ff.

Übernachtungsstandard 39
Unesco-Weltkulturerbe 19
Uyuni-Salzseen 19

Ventilator 50 f., 53
Vulkane 101

Wein 177 ff.
Wellness 71
Weltenbürger 88, 92
Weltumrundung 32
Wettervorhersage 75

Yarra Valley 176, 178, 181
Yasawas 265, 268

Zelt 32, 34
Zug 89

Unsere Leseempfehlung

288 Seiten
Auch als E-Book
erhältlich

Wie weit müssen wir fahren, um irgendwann einmal anzukommen? Die Antwort auf diese Frage muss jeder selbst herausfinden, doch das Wichtigste ist erst einmal das Losfahren. Denn wer nicht wegfährt, kann auch nicht heimkommen. Für Anika Landsteiner ist Reisen eine Herzensangelegenheit, die sie bereits um die ganze Welt geführt hat. Mit ihren Beobachtungen und Gedanken zeichnet sie manchmal das große Bild, manchmal spürt sie Zwischentöne auf – ob auf Dschungelpfaden in Kolumbien oder einem staubigen kalifornischen Highway. Der richtige Zeitpunkt zum Losfahren? Immer genau jetzt!

www.goldmann-verlag.de
www.facebook.com/goldmannverlag

GOLDMANN
Lesen erleben